W0052530

LONNIE BARBACH

VERZAUBERE MEIN VERLANGEN

Frauen schreiben sinnliche Geschichten

Aus dem Englischen
von Eva Gregor und Anneliese Tornow

WILHELM HEYNE VERLAG
MÜNCHEN

HEYNE ALLGEMEINE REIHE
Nr. 01/9129

Titel der Originalausgabe
PLEASURES. WOMEN WRITE EROTICA

Das Buch erschien bereits unter dem Titel
». . . und mein Verlangen ist grenzenlos«.

2. Auflage

Copyright © 1984 by Lonnie Barbach
Alle deutschsprachigen Rechte beim
Scherz Verlag, Bern und München
Lizenzausgabe mit Genehmigung des
Scherz Verlag, Bern und München
Wilhelm Heyne Verlag GmbH & Co. KG, München
Printed in Germany 1995
Umschlagillustration: Bildagentur Bavaria/TCL, Gauting
Umschlaggestaltung: Atelier Ingrid Schütz, München
Gesamtherstellung: Ebner Ulm

ISBN 3-453-07580-3

Inhalt

Verbotene Spiele 255

Autoren-Biographien 333

Vorwort

Bücher, die in erotischer Hinsicht speziell für Frauen geschrieben wurden, gibt es wenige. Dabei scheint durchaus Bedarf daran zu bestehen. Immer wieder empfohlen werden »Die sexuellen Phantasien der Frauen« von Nancy Friday oder die erotischen Geschichten von Anaïs Nin (»Das Delta der Venus«, »Die verborgenen Früchte«). Darüber hinaus ist – abgesehen von ein paar viktorianischen Klassikern und kurzen erotischen Szenen in Romanen von Erica Jong oder Gael Greene – auf dem Buchmarkt nicht viel zu finden. Dazu kommt, daß viele Frauen es noch gar nicht wagen, gezielt nach erotischer Literatur zu fragen, und wenn sie es tun, dann stellen sie bei der Lektüre enttäuscht fest, daß die Bücher mehrheitlich männerorientiert geschrieben sind, Einstellungen und Erfahrungen, mit denen sie sich nicht identifizieren können, widerspiegeln – und sie nicht erotisieren!

Nach zwölfjähriger Arbeit als Psychologin und Sexualtherapeutin bin ich davon überzeugt, daß Frauen zufriedener und selbstsicherer sind, wenn sie ein gutes Verhältnis zur eigenen Sexualität haben und sie auch pflegen. Ein erfülltes Sexualleben verschafft Frauen nicht nur eine Vielfalt von körperlichen Freuden, sondern kann unendlich viel dazu beitragen, eine stabile und befriedigende Gefühlsbasis in einer Liebesbeziehung zu schaffen. Wenn Frauen sexuell empfinden, über ihr Sexualleben nachdenken und über ihre sexuellen Gefühle ebenso schreiben wie über andere Aspekte ihres Lebens, so ist das gesund für sie.

Ich hatte schon lange mit dem Gedanken gespielt, eine Sammlung von Erotica speziell für Frauen zusammenzustellen, und ich fand auch eine Lösung für das Dilemma der weiblichen Leser, die sich von den gängigen Erotica nicht angeregt fühlten. Wenn Frauen *selbst* über reale Erlebnisse, die sie erregend fanden, schreiben würden, wären diese Geschichten dann nicht von Natur aus für Frauen interessanter als die von Männern verfaßten Erotica? Und: Würden auf tatsächlichen Erlebnissen basierende Erotica nicht repräsentativer sein für das, woran sich Frauen freuen können, als die Phantasie-Erotica? Neben der anregenden Wirkung einer solchen Geschichten-Sammlung »aus erster Hand« würden mit Sicherheit auch Bereiche der weiblichen Sexualität dokumentiert, über die Untersuchungen bislang nur wenig oder gar nichts zutage gefördert hatten. Darüber hinaus wollte ich mit einer solchen Geschichten-Sammlung den Frauen aber auch zeigen, daß sie wegen sexueller Erlebnisse, Wünsche und Aktivitäten kein schlechtes Gewissen haben müssen. Denn die meisten der Leserinnen würden sich im einen oder anderen Erlebnis wiedererkennen und sich mit Erfahrungen, vor denen sie vielleicht zunächst erschraken, nicht mehr allein fühlen. Dies war auch ein Grund dafür, die Geschichten von verschiedenen Autorinnen schreiben zu lassen; so sind eine Vielzahl von Frauen mit den unterschiedlichsten Einstellungen und Erfahrungen vertreten, an denen die Leserinnen teilnehmen und die ihnen helfen können, ihre eigenen sexuellen Neigungen und Erlebnisse, die sie vielleicht als unüblich oder unnatürlich empfinden, besser zu akzeptieren. In dieser Auffassung bestärkten mich viele Frauen, die ich befragte, und viele Autorinnen sagten aus diesem Grunde ihre Mitarbeit zu.

Wie habe ich die Autorinnen gefunden – Frauen, die bereit waren, ihre intimsten Erlebnisse als Erzählungen zu Papier zu bringen? Ich begann bei meinen Freundinnen. Viele von ihnen sind Schriftstellerinnen, die meinem Projekt positiv gegenüberstanden und mir auch Geschichten schickten. Dann kontaktierte ich andere Schriftstellerinnen, deren Arbeit ich bewunderte. Ich schrieb an über hundert Roman- und Sachbuch-Autorinnen, die überwiegend positiv reagierten. Einige wollten sich nicht auf reale Erlebnisse beschränken lassen, weil sie meinten, die seien längst nicht so gut wie das, was sie frei fabulieren könnten. Eine bekannte Autorin formulierte das so: »Einen Schriftsteller auf die Realität beschränken hieße, einem Schauspieler Handschellen anlegen.« Es läßt sich zuweilen also schwer feststellen, wo die Realität aufhört und die Phantasie beginnt. Selbst wenn eine Autorin die besten Absichten hat, eine Erfahrung aus dem Gedächtnis zu schildern, erinnert sie sich oft nur an das, woran sie sich erinnern will, fügt hinzu, was fehlt, und läßt weg, was weniger wünschenswert erscheint. In diesem Sinne gibt es so etwas wie ein »reales Erlebnis« vielleicht gar nicht. Außerdem neigen Phantasie und Realität bei einem sexuellen Erlebnis oft dazu, sich gründlich zu vermischen.

Manche der Autorinnen baten mich mit guten Gründen darum, anonym schreiben zu dürfen. Das habe ich akzeptiert.

Schließlich wählte ich die in diesem Band enthaltenen Geschichten aus, weil sie einen breiten Fächer sexueller Erfahrungen darstellen. Jede einzelne von ihnen wurde von mindestens einem außenstehenden Leser als erotisch empfunden. Alle wurden von Männern *und* Frauen gelesen und begutachtet, was zu einem interessanten zusätzlichen Ergebnis führte: Während Frauen von Männern geschriebene Erotica oft überhaupt nicht erregend finden, erklärten die

Männer, daß praktisch alle diese »weiblichen« Geschichten sie erotisierten...

In diesem Buch haben sich Schriftstellerinnen für andere Frauen exponiert und etwas vom intimsten Teil ihrer Persönlichkeit preisgegeben. Ich bin sicher, sie wecken damit bei Frauen *und* Männern Verständnis dafür, daß erotische Abenteuerlust und Freude am Sex positive Aspekte der weiblichen Sinnlichkeit sind, die man genießen und nicht mit schlechtem Gewissen verdrängen soll.

Lonnie Barbach

Emotionale Beziehungen

Eine Gefühlsbeziehung zwischen den Partnern wird von Männern und Frauen als wichtigste Voraussetzung für guten Sex betrachtet. Anteilnahme, Vertrauen, Vertrautheit, Liebe bis zu echter Hingabe tragen dazu bei, aus einem befriedigenden körperlichen Erlebnis etwas viel Tiefergehendes zu machen. Wenn das emotionelle und das physische Element zusammentreffen, kann es zu einer Art geistiger Vereinigung kommen, zu einem Ineinanderfließen, einer Wechselbeziehung der Kräfte, die den Bereich des Physischen übersteigt und körperliche Liebe zu etwas viel Höherem emporhebt. Ein erotisches Erlebnis weitet sich in Vertrauen, Freundschaft, Liebe aus – oder umgekehrt.

Manchmal gründet eine intensive und enge gefühlshafte Beziehung nicht in der Wirklichkeit. Besonders im Frühstadium kann der Mensch, den wir zu lieben meinen, eine Projektion unserer eigenen Phantasie sein. Aber auch diese Projektion kann eine intensive und mächtige erotische Komponente darstellen – selbst wenn die Beziehung später daran scheitert. Erotische Erlebnisse zwischen Frauen sind praktisch ausschließlich eine Frage der emotionalen Beziehung. Auch erste sexuelle Liebeserlebnisse, die besondere Bedeutung hatten, gehören dazu.

Die Frage der Gefühlsbeziehung ist ein ganz wichtiger Aspekt weiblicher Erotik, und die folgenden Erzählungen habe ich unter diesem Aspekt zusammengestellt.

Suzanne Miller

Erwachen

Elliots Hand legt sich sofort beruhigend auf mein Kreuz, wie sie das immer tut, wenn er neben mir ruht, während ich mich langsam zu regen beginne, bis ich erwache. Ich liebe Elliot seit vielen Jahren, und diese vertraute und doch jedesmal unerwartete Geste rührt mich immer wieder aufs neue. Zuweilen frage ich mich, wie es kommt, daß in mir auch heute noch ein subtiles, ungeschmälertes Verlangen nach ihm so lebendig brennt wie eine Flamme; Vertrautheit stumpft unsere Empfänglichkeit für die sich verändernde Schönheit derer, die wir lieben, gewöhnlich ab.

Wir schlafen nicht in Löffelstellung, haben kaum Meinungsverschiedenheiten, gehen nicht zum Analytiker, und die Zeit, die wir gemeinsam verbringen, ist so unberechenbar und unvollkommen wie die widersprüchlichen Wesen, die wir selbst sind. Wir leben ganz einfach zusammen, wie es die Tiere tun.

Elliots Hand weiß – ob Elliot selbst es weiß oder nicht –, daß ich ihre Wärme, ihre Elektrizität, ihre Festigkeit brauche, um leben zu können. Aufgrund unserer Vorliebe für Trennungen habe ich oft ohne sie gelebt, doch sie ist der Strom des Lebens für mich, diese Hand auf meinem Rükken; sie ist meine Nahrung, meine Sehnsucht, meine *raison d'être*. Durch seine Handfläche beginnt Elliots Sonnenglut langsam ihre Wärme zu verstrahlen: von meinem Kreuz aus weiter, durch meinen Bauch, der flach auf dem Bett liegt; sie überflutet mein Herz, fließt wie geschmolzene Lava über meinen Venushügel hinab, weiter und immer weiter, an den Innenseiten meiner Beine hinab, und weckt wie Lichter die Hohlräume unterhalb meiner Knöchel.

Er liest vielleicht, ist sich der Reise, die wir angetreten haben, möglicherweise gar nicht bewußt. Es ist, als sei sein Instinkt ihm voraus, dränge ihn auf mich zu, löse ihn aus seinem einsamen Flug. Ich weiß es nicht – ist es uns überhaupt möglich, unmittelbare Kenntnis vom Erleben eines anderen Menschen zu erlangen? Dennoch sucht meine Phantasie nach erklärenden Bildern; was ist es, in Elliots tiefstem Innern, das mich kennt? Ich frage ihn nicht, ich spüre, wie seine Elektrizität mich durchströmt und wieder verläßt; ungeachtet unserer eventuellen Absicht beginnen unsere Moleküle ihren intimen, rhythmischen Tanz.

Ich lausche auf die Geräusche der Vögel vor unserem Häuschen, dann auf das Geräusch unseres Atems, der jetzt im Takt geht, während all meine Sinne lebendig werden. Dieses Mal, dieses einzigartige, unwiederholbare Mal höre ich das Rascheln einer Seite. Leise gleitet eine Zeitschrift zu Boden. Augenblicke vergehen; der Druck seiner Hand verändert sich kaum merklich. Unser Atem geht langsam, rhythmisch, entspannt.

Meine Augen wehren sich gegen den Morgen, bleiben geschlossen, und ich liege wach in dieser lichten Dunkelheit. Ohne Worte weiß Elliot, daß ich erwacht bin; unser Ritual ist das Schweigen. Wir sind uns wie Waisen nahe, unendlich weit entfernt, in diesem Moment, von dem Tag, der sich uns schon bald aufdrängen wird. Und weiter noch entfernt von unseren Differenzen, unseren Sorgen, entfernt von jenen, die wir so häufig zu sein vorgeben, sogar einer gegenüber dem anderen.

Elliot zieht seine Hand zurück und dreht sich auf die Seite, Gesicht zu mir. Sofort empfinde ich eine vorübergehende Leere, ein Sehnen, weil die Elektrizität abreißt und wieder einsetzt, als er die Hand wieder an ihren Platz legt. Als er näherrückt, steigen vergangene Bilder in mir auf wie Träume. Elliot auf den Knien, wie er meine Arme packt, während ich dasitze, durch Angst von ihm getrennt, während er mich zu sich herüberholt, mit den Blicken mich aus der Defensive dorthin ruft, wo wir uns berühren können. Ich erinnere mich an eine Straßenecke in San Francisco, wo Elliot mir den Arm um die Taille legt und mich an sich zieht, als ich gerade gehorsam einem grünen Licht folgen will. Das Licht, die Menschenmenge, die Geräusche – alles stand still, wie jetzt die Welt stillsteht, und Elliot, mein bezaubernder, überraschender Elliot mit der ganzen Grazie seines Wesens panthergleich, unerwartet an mich heranrückt. Ich habe gelebt, ohne zu wissen, ob er mich begehrt – bis zu diesen Augenblicken, die ohne Vorwarnung kommen, mich herausreißen aus dem, was wir waren, wie ich meinte, mich befreien.

Ich öffne mich ihm, als seine Hand von jenem geheiligten Hain langsam, doch ohne jedes Zögern meine Wirbelsäule entlang aufwärtswandert. Ich spüre, wie schlaffe Morgensträhnen meiner Haare zu voller Schönheit gestreichelt, quer über die breiten, erhitzten Flächen meines Gesichts gezaust werden. Wir verhalten uns still und fremd zueinander, jeder in sich zurückgezogen. Ich spüre sein Gesicht dicht über meinem Haar, meinem Ohr; wir sind still und neu. Ich kann nicht tief genug atmen, und ich fürchte mich zu atmen, diese zeitlose Einsamkeit zu stören.

Als ich mich ihm zuwende, bin ich ganz und gar flüssig – kein Knochen, keine Muskeln, kein Widerstand; unsere Beine kreuzen sich ohne unser Zutun zu einem Muster, das ihnen vertraut ist. Mein Gesicht findet die Höhlung seiner Kehle, in der es sich verstecken kann. Meine Brüste verlieren ihre Form, schmiegen sich weich an seine sich hebende und senkende Brust. Meine Hand hebt sich, faßt behutsam sein Ohrläppchen, meine Finger streicheln sanft die zarte Haut, die meine erregende Berührung kennt; eine Berührung, die rasch alle Geister bannt, die vielleicht in Elliots Phantasie tanzen.

Nachdem meine Hand die vertraute Verbindung herge-
stellt hat, gleitet sie an seiner Brust herab, schlängelt sich
um die flache Kurve seiner Männertaille und weiter, bis zu
dem plateauähnlichen Zentrum am Ende seiner Wirbelsäule, seines Schlangenschwanzes. Mein Mittelfinger umkreist
dieses knochige Terrain mit sanftem Druck und zieht ihn
unentrinnbar zu mir heran.

Wir sind alte Freunde und neues Territorium, wir sind
urzeitliche Liebende, Zelebranten des Mysteriums. Wir
fangen an, uns zu küssen – falls man so leicht gehauchte
Berührungen als Küsse bezeichnen kann. Unsere Lippen,
unserer steigenden Hitze gegenüber scheinbar gleichgültig,
lassen sich Zeit mit ihren willkürlichen, flüchtigen Begeg-
nungen. Unsere Körper drängen sich aneinander, der Ver-
heißung der letzten Heimstatt entgegen, während unsere
Münder unbekümmert den eigenen Ritualen des Schmek-
kens, Beißen, Schmeichelns folgen, tiefergehenden Atem
und zärtliches Drängen auslösen.

Elliot hat mir erzählt, daß er vor unserer Liebe häufig
Angst hat und glaubt, daß er sie ewig haben wird. Es muß
jetzt sein, daß er sich in diesem uralten Angstzustand
befindet, jetzt, da er so sehr verletzlich ist. Ich bin ein
dunkler Abgrund, in den er nicht eindringen kann, ohne
sich zu verirren, zu verändern, ohne sich selbst fremd zu
werden. Gemeinsam gehen wir diesem Tod entgegen, jeder
für sich und doch im anderen; unwiderstehlich gezogen und
beherrscht von einem so tiefen Bedürfnis, daß es unseren
heiligsten Konventionen, unseren tiefsten Widerstrebun-
gen trotzt; so demütigend, daß es uns vollständig sichtbar
macht, daß nichts verborgen bleiben kann. Selbst unsere
Geräusche gehören nicht mehr uns, sondern kommen aus
einer uralten Region, in der wir lange vor unseren gelehrten
Ausdrücken gewohnt haben.

Wir schweben wie Phantome, ich selbst zwischen dem,

was ich war, und dem, was ich werde. Jetzt können wir uns nicht trennen. Unsere Vereinigung ist eine Schwelle, an der wir nicht mehr auf jene schmerzhafte Weise allein sind, die wir kennen. Wir sind eine Bewegung, ein Pulsieren, sonst nichts; nicht ich, nicht Elliot. Etwas zugleich Fremdes und Erinnertes. Ein großer Schock, ein Erschauern der Hingabe. Ein Geräusch dessen, was Tod sein könnte, was aber auch Geburt sein könnte. Ein Gipfel des Lebendigseins, von dem wir fallen, ganz in den Augenblick hineinfallen, nicht zwei, sondern eins; geliebt, erlöst, ganz.

Heilung

Sarah sagte immer, seit der Entfernung ihrer Gebärmutter seien ihre Orgasmen anders. Sie erinnerte sich genau, daß sich zuerst ihr Uterus zusammengezogen habe, und das sei jetzt vorbei.

Nach der Heimkehr aus dem Krankenhaus beginnt der Schmerz nachzulassen. Ich gehe jeden Tag ein längeres Stück spazieren, ich lese Science-fiction-Bücher, ich heile. Christine begleitet mich, kocht meine Lieblingsspeisen, hält und tröstet mich.

Eines Nachmittags, als sie an ihrem Schreibtisch vor der Schreibmaschine sitzt, beuge ich mich über sie. Sie dreht sich zur Seite und berührt ganz leicht meinen Arm und meine Schenkel, küßt mich mit Lippen, die weich und hungrig geworden sind, wie es den ihren manchmal ergeht. Ihre Stimme ist heiser geworden und überraschend tief: eine Eigenschaft, die stets ihre Erregung verrät.

Wir legen uns aufs Bett, und wieder berührt sie meinen Arm, meine Brust, schlüpft unter meinen Kimono. Mein Becken beginnt sich ihr rhythmisch entgegenzurecken, und ich öffne mich ihr, hebe mein Bein und stemme mein Knie gegen die Wand. Sich drehend, umfaßt sie mein anderes Bein ganz leicht mit ihren beiden und streicht mit den Fingern an dem Gummischlauch herab, den ich trage, um meinen Bauch zu stützen, bis dahin, wo mein Pelzchen gerade wieder zu wachsen beginnt. Langsam, mit einem Finger, malt sie energische, kleine Kreise in den Schlitz meiner Mons. Ich beginne zu zittern und ramme meine Hüften fester zwischen ihren Körper und die Wand.

Ihr Finger taucht tiefer hinein, kehrt feucht und glatt zu meinem Zentrum zurück und zieht dieses Mal größere Kreise um die Glans, wobei sie, wie immer, darüber kichert, daß ich so naß geworden bin. Kurz gleite ich in eine meiner Lieblingsphantasien hinüber. Jene, in der wir uns die ganze Nacht geliebt haben, in der sie verlangt, daß ich immer und immer wieder komme, auf jede nur mögliche Art und Weise, manuell, oral, anal, in der sie mich zu unser beider Vergnügen streichelt und reizt, bis ich über jeden Gedanken, über meinen eigenen, vibrierenden Willen und mein Richtungsgefühl hinaus bin und ihr ganz einfach folge, wohin sie mich führt.

Ich kehre zu ihren Fingern zurück, die zwischen meinen Beinen jetzt nach jedem Abstecher in die Phantasie den Stakkato-Rhythmus der Erregung heftiger trommeln. Seltsam, daß sie mich nach all diesen Jahren immer noch zu diesen gewichtslosen, goldenen Höhen des Begehrens bringen kann.

Ich will dich, wiederhole ich in Gedanken, ich will dich, mach, daß ich komme! Ich will dich, mach, daß ich komme! Außerhalb meines Kopfes höre ich, daß ich leise stöhnende, fiepende Laute ausstoße, ich schiebe meine Hüften wieder zurecht und bewege einen Arm so, daß ich mit beiden ihren Hals umschlingen und sie noch fester an mich ziehen kann.

Plötzlich merke ich, daß ich gleich kommen werde, kann's ihr aber nicht mitteilen, kann nicht einmal sagen: »Nicht aufhören!« Ich fürchte mich, den Rücken durchzubiegen, fürchte mich, meinen frisch verheilenden Bauchmuskeln zu spannen, komme so lautlos, daß ich weiß, sie hat keine Ahnung, daß ich gekommen bin. Ich bitte sie, mich unten anzufassen, damit sie die Spasmen fühlt, und sehe, wie ihr Gesicht bei diesem äußerlichen und sichtbaren Zeichen aufleuchtet. »Oh, gut! Du funktionierst noch«, sagt sie erfreut. »Hattest du Angst, ich würde nicht?« fragte ich sie. »Ja«, antwortet sie. »Ich auch«, gestehe ich und schmiege mich an ihren Hals, um mich treiben zu lassen, zu träumen und mich zu erinnern.

Während ich so daliege, habe ich das intensive Bedürfnis, mich nach unten zu recken und sie zu küssen. Ich lache über mich selbst: Meine Beweglichkeit ist immer noch stark eingeschränkt. Ich kann nicht auf dem Bauch liegen, nicht einmal für kurze Zeit. Ich bitte sie, nach vorn an die Bettkante zu rutschen, damit ich mich zwischen ihre Beine knien kann. Sie sieht mich zweifelnd an, zieht aber ihr Höschen aus und schiebt sich ans Fußende des Bettes. Ich muß ihr versprechen, sofort aufzuhören, wenn mir etwas weh tut, damit sie es selbst zu Ende bringen kann.

Auf den Knien bewege ich mich vorsichtig von einer Seite zur anderen, vor und zurück, bitte sie, mehr aufs Bett hinaufzurutschen, damit mein Brustkorb eine bequeme Stütze hat, während mein Unterleib frei beweglich ist. Ich blicke hinab, auf ihr weiches, goldenes Nest, und verspüre wieder diese Ehrfurcht, die beim Anblick von soviel Schönheit in mir aufsteigt.

Tief mein Gesicht hineintauchend, lecke ich an meinen Fingern und teile ihre Falten, sauge jenes wahrhaft zu Kopf steigende Parfüm in mich ein. Mit der Zunge ihre Lippen teilend, suche ich nach unmittelbaren Reaktionen, nach Stellen, wo ihre Lust an die Oberfläche steigt. Ich umfasse ihre Hüften mit beiden Armen, korrigiere meine Position und falle entspannt in meditative, fließende Kopfbewegungen, während meine Zunge ihre Klitoris streichelt, das Häutchen sanft nach unten schiebt. Ihr Becken bestimmt den Rhythmus; es hebt sich mir immer schneller entgegen.

Ich ermahne mich, daß ich diejenige bin, die heilen muß. Ich brauche mich nicht um ihretwillen zurückzuhalten. Ich verstärke die Stimulation, ziehe die Oberlippe über die

Zähne und drücke den Schaft unmittelbar nördlich ihrer Glans hinab. Sie wirft sich von einer Seite auf die andere. Ich weiß, daß sie jetzt kommt, und bleibe bei einer steten Bewegung, ohne Tempo und Richtung zu verändern.

Heftig kommt sie zum Höhepunkt. Ich halte ihre Schenkel ganz fest, denn ich kann ihr nicht übers Bett folgen. Mit ihren weichen Beinen umklammert sie meinen Kopf so fest, daß ich von ihren Lauten nichts mehr höre. Dann entspannt sie sich ein wenig. »Genug«, sagt sie, sich immer noch meiner Zunge entgegenhebend. »Genug, ich kann nicht mehr.« Ich klettere zu ihr ins Bett und ziehe eine Strickdecke über uns, damit wir es warm und sicher haben.

Christine bekommt ihre Periode. Heute bringe ich ihr Wärmflaschen, Tee, Wein, kümmere mich um sie. Denke daran, daß ich nie wieder die allmonatlichen Schmerzen haben werde. Kein Blut mehr auf dem Bettlaken. Sie fragt mich, ob ich was dagegen habe, daß sie den Vibrator benutzt, um einen Orgasmus zur Entspannung, zur Erleichterung der Krämpfe zu bekommen. Ich habe nichts dagegen, schmiege mich an sie, denke daran, wie oft wir gemeinsam mit dem knubbelgekrönten Zauberstab gespielt, Positionen entdeckt haben, in denen wir die Stimulation gemeinsam erleben konnten, lachend versucht haben, gleichzeitig zu kommen. Jetzt surrt und summt sie vor sich hin, kommt schnell zum Höhepunkt und scheint anschließend dahinzuschmelzen, so weich ist ihr Körper neben mir. Sie hält mich im Arm, bis wir beide in den Schlaf sinken.

In der Hitze des Nachmittags liege ich, bekleidet nur mit dem rosa Gummischlauch um Bauch und Hüften, auf dem Couchbett und lese. Sie setzt sich zu mir, will über das Abendbrot sprechen, und berührt mich wie zufällig dort, zwischen den Beinen. Ich reagiere augenblicklich auf sie, und wir grinsen beide. Fast so nüchtern wie ein Arzt untersucht sie meine Schamlippen, berührt sie, berührt sie immer wieder. »Wir könnten…«, beginne ich. »Hmmmm…«, gibt sie zurück, klettert aufs Bett und kniet sich quer über meine Beine. Ich öffne den Reißverschluß ihrer Shorts und greife hinein, aber der Winkel ist falsch, deswegen begnüge ich mich damit, meine Finger unter den Saum ihres Hosenbeins zu schieben und an ihrem Schenkel auf und ab zu streichen.

Meine Leidenschaft steigt sehr schnell, als sie nicht aufhört, zu streicheln, zu ziehen, den Blick anfangs auf ihre Finger richtet, dann auf mein Gesicht. Ich stelle mir vor, daß ich eine stark wirkende Droge genommen habe und daß mein Körper vollständig gelöst ist; Sorgen, Spannungen, Schmerzen – alles verschwunden, so daß ich in einer immerwährenden Gegenwart gefangen bin und all meine Sinne vielfach verstärkt sind. Mit einer Hand drücke ich ihre Brust, mit der anderen spiele ich mit meiner eigenen Brustwarze, genieße die Wellen der Erregung, die daraufhin in meinen Unterleib hinabschießen, wo sie sich ihren Bewegungen mitteilen.

Mein Körper spannt sich, verkrampft sich und erschlafft dann wieder – einmal, zweimal. Ich ermahne mich, nur keine Angst zu haben: früher oder später werde ich kommen, durch ihre Hand oder die eigene. Immer wieder benetzt sie die Finger und führt sie in weit ausholenden Strichen über meine inneren Lippen. Ich atme kurz, hechelnd, entspanne mich, hyperventiliere, beginne von neuem meinen grünen, leuchtenden Berg zu erklimmen.

Tief innen spüre ich, daß sich ein besonders großer aufbaut, habe ich jenes Gefühl, von dem ich glaubte, es für immer verloren zu haben. Ganz behutsam lasse ich ihn in mir aufsteigen, will ihn auf gar keinen Fall forcieren, sondern ihm soviel Zeit lassen, wie er will, bis ich mich selbst plötzlich laut aufheulen, ganz und gar Laut werden höre:

Wenig schön, rauh schnarrend in meiner Kehle, umfängt er uns beide, und ich finde wieder zu meinem Körper, zitternd, mich an sie klammernd, den Tränen sehr nahe.

Später erkläre ich ihr, wenn meine Reaktion nicht ganz genauso sei wie früher, so merke ich den Unterschied nicht. Sie strahlt mich an und erzählt mir, daß Gertie, unser gelber Labrador, sich herumgewälzt und tief geseufzt hat, als ich kam.

Ich liege auf der Seite und treibe hinein und hinaus, aus Erinnerungen/Schlaf. Kurz zuvor hatte ich an Masturbation gedacht und mein Turn-on-Regal gemustert: zwei Bücher von Anaïs Nin, »Die Geschichte der O«, Nancy Fridays »Sexuelle Phantasien der Frau«. Ich beschließe, auf Christine zu warten.

Sie kommt nach Hause, kriecht hinter mir ins Bett. Genüßlich wende ich mich von meinen Träumen ab und überlasse mich ihren Zärtlichkeiten, ihrem Liebesgeflüster. Über mich gebeugt, säumt sie mein Ohr mit ihrer Zunge. Ich stoße kleine, aufmunternde Laute aus, und die Zunge dringt tiefer ins Innere vor, kreisend, sich windend, alles berührend. Da mein anderes Ohr im Kissen vergraben ist, wirken, sobald sie tiefer eindringt, alle Geräusche fern. Sie beginnt mein Ohr mit schnellen Zungenstößen zu bearbeiten. Ich klemme die Beine zusammen, schicke Pfeile der Erregung in meinen Körper hinauf, in meine Beine hinab. Mehrmals kneift sie, um meine fast unerträgliche Erregung noch zu steigern, mit den Fingern meine Brustwarze.

Ich erkläre ihr, daß ich mich selbst berühren werde, und als ich es tue, finde ich meine Klitoris vergrößert, pulsierend, die Schamlippen dick geschwollen. Sie tropft Öl auf ihre Finger und schiebt einen davon in meinen Hintern. Ich glaube fast zu explodieren, vor all der kribbelnden, schwellenden Erregung überall in meinem Körper, als sie ihren Finger tief in mich hineinschiebt, hinein, hinaus, hinein, hinaus. Mein Orgasmus schäumt schnell auf, überfällt mich zuerst ganz außen und schickt seine Wellen dann bis in mein Zentrum.

Halb im Schlaf erzähle ich ihr, ich hätte kurz vor der Operation so sehr gefürchtet, der Sex werde sich irgendwie auf grundlegende Art und Weise verändern, daß ich beschloß, nicht einmal daran zu denken, geschweige denn mit ihr darüber zu sprechen. Sie umarmt mich und sagt, daß sie das versteht.

Lynn Scott Myers

Siebzehn Jahre

Wenn ich ein Porträt mit braunen Augen male, setze ich immer einen Tupfer Himmelblau neben die Umbra- und Sienatöne. Augen müssen glänzen und den Blick anziehen; sie sind das erste, was man auf einem Porträt und bei einem Menschen anschaut. Darrell hatte solche Augen; wie für ein Porträt saß er oft lange Zeit da und schaute mich unablässig an mit einem Blick, bei dem ich mich wie eine Göttin fühlte. Jedes Porträt mit braunen Augen, das ich male, hat Darrells Augen. Jeder Mann, den ich seither geliebt habe, verdankt es Darrell, daß ich hinter den Augen und hinter dem Penis immer auch die Seele sah.

Als ich vor siebzehn Jahren meine sexuelle Erstkommunion erlebte, war das wie eine Befreiung; ich explodierte in Orgasmen, die mein ganzes Sein in wellenförmige Bewegung versetzten. Das geschah, weil ich ihn liebte und noch zu jung war, um Liebe von Sex zu trennen, mit achtzehn Jahren aber doch alt genug, um zu wissen, was da eigentlich vor sich ging. Damals dachte ich, genau dafür geschaffen und geboren zu sein: die sexuelle Offenbarung von Penetration und Empfängnis. Die vollkommene schöpferische Vereinigung. Gerade darauf hatte ich gewartet, denn ich war eine Künstlerin auf der Suche nach dem ästhetischen Ideal. Mir war ein wunderbar erotischer, liebender Mann geschenkt worden, doch gleichzeitig wurde ich zu dem Glauben verdammt, alle Männer könnten so sein. Dieser Mensch mit den braunen Augen zeichnete mich aus, erfüllte mich für alle Zeit mit übermütigem Begehren und entdeckte meine Wollust: die Energie, ohne die es Inspiration, Abenteuer, Erfindung nicht gäbe. In jenem Sommer in

England wurde ich völlig umgekrempelt und gewann eine ganz natürliche, unabhängige Kraft, indem ich mit einem anderen Menschen eins wurde.

Wisbech ist eine kleine Stadt drei Eisenbahnstunden nördlich von London nahe der Ostküste Englands. Die Gegend ist so fruchtbar wie eine dralle junge Frau. Ihr straffer Leib ist sanft gerundet und trägt üppige Obstgärten mit Kirschen, Pflaumen, Birnen und Äpfeln. Vögel tauchen in die aufgepflügten Erdschollen hinter den Traktoren, die Felder von Zuckerrüben und Erdbeeren bearbeiten. Die goldenen Honig- und Ockertöne von Gerste und Weizen schimmern neben dem Saftgrün der Obstgärten und Büsche. Und im frühen Juli, im regnerischen Juli brechen weintraubengroße Erbsen hervor und überziehen das Patchworkmuster der Farmen aus cremeweißen Häusern und roten Blumenkästen mit einem grünen Nebel.

Ich kam mit sechzehn anderen amerikanischen Studenten nach Wisbech zur Obsternte. Die örtliche Obstverwertungsgesellschaft hatte die Idee gehabt, Studenten aus aller Welt quasi als billige Gastarbeiter anzuheuern. In der kleinen Stadt gab es nicht genug Hände, um die üppig tragenden Bäume abzuernten. Wir wohnten in Baracken, die noch aus dem Zweiten Weltkrieg stammten und nun der Firma gehörten. Wir waren eine buntgemischte internationale Truppe: Dänen, Deutsche, Griechen, Holländer, Afrikaner, Tschechen, Türken, Pakistani, Franzosen, Skandinavier und Spanier. Und weil es die Zeit der Beatles und Bob Dylans war, gab es Auflehnung gegen das Althergebrachte, Rebellion, heiße Diskussionen, Drogen, östliche Philosophie, westliche Psychologie, Sprachlektionen, Feste, Musik, Musik und nochmals Musik. Wir waren ein zeitloser Mikrokosmos ethnologischer und geistiger Erlebnisse, ein Nachtasyl des Lebens, ein Stück Atmosphäre, in dem alles und nichts geschah.

Die Firma hatte in Wisbech Angestellte und Aufseher und Transporteure, die uns jeden Tag zu den Plantagen brachten, die Leitern austeilten, bestimmte Bäume markierten, unsere Ernte abwogen und uns ganz allgemein verabscheuten, weil wir fremd waren, Hippies, glücklich und vermutlich verlaust. Was für Eindringlinge in den Augen der puritanischen Einheimischen! Das wurde allerdings dadurch ausgeglichen, daß niemand sonst die überreifen Früchte für einen Shilling pro Korb geerntet hätte. Uns gefiel es; die Gesellschaft stellte drei warme Mahlzeiten und eine Schlafkoje für fünf Pfund pro Woche und einen frechen, ältlichen Homosexuellen namens Arthur (ihn verabscheute man ebenfalls), der ständig herumlief und vergeblich Kartoffelschäler für den Küchendienst suchte. Im örtlichen Gasthaus wurden wir zu unserem Entzücken in ein lärmendes Hinterzimmer verbannt – eine Fortsetzung unseres Mikrokosmos. Die einheimischen Bauern und Aufseher tranken im Vorderzimmer warmes, helles Bier, würfelten und klatschten über die Fremden und den »Schwulen«.

Mir kam all das gerade recht. Ich saugte es in mich auf, ebenso kraftvoll und vital wie die Landschaft um mich herum. Mir war es gleich, ob die Schlafkojen Ungeziefer hatten und die Suppe mehlig war. Niemand beklagte sich; nach einem Erntetag und ein paar Stunden im Wirtshaus fielen wir todmüde in die Betten, während draußen die Gerstenfelder wisperten oder der Regen auf das Blechdach fiel.

An meinem ersten Morgen in den Feldern sah ich von der Ladefläche des Lastwagens aus die Kirschbäume durch einen feinen, grünlichen Nieselregen. Die Norwegerinnen beendeten ihr Volkslied, als der Lastwagen anhielt. Wir waren etwa fünfunddreißig langhaarige, abgerissene, rührende Pflücker in Räuberzivil. Die Geschlechter ließen sich in diesem Aufzug nicht unterscheiden. Wir sprangen von der Ladefläche, lachend, aufgeregt, tatendurstig. Ich stand vor einem Baum und bestaunte die Kirschen, unter deren saftiger, süßer Fülle sich die Äste bogen. Grelles Kadmiumrot und Karmesinrot sprangen mir in die Augen, die saftgrünen Blätter klebten an meinen Backen, als ich zwischen den Zweigen hindurch nach den Früchten griff. Der Saft lief mir beim Pflücken in die Achselhöhlen. Ich aß und saugte. Meine Finger wurden rot und rissig, meine Lippen glänzten blutrot. Ich tanzte. Ich sang im grünen Nieselregen. Es war wie Weihnachten.

Ich brachte meine ersten vier Körbe zur Wiegestelle und stellte mich hinter einem lächelnden Türken an. Zum erstenmal sah ich aus der Nähe die in Tweed gekleideten Aufseher, die einheimischen Burschen, denen alles unterstand. Rittlings auf einem Traktor hinter dem Wiegetisch saß ein junger, robuster Mensch, derselbe, der uns vor zwei Tagen mit dem Lastwagen von der Bahnstation abgeholt hatte und dessen bewußtes Starren mich verblüfft hatte. Er war der Jüngste einer Vierergruppe, die den kleinen, hölzernen Klapptisch mit der Waage und einer Schachtel mit blechernem Farm-»Geld« umstand. In dem feuchten Dunst muß ich ihnen lächerlich eifrig erschienen sein, und sie hatten ihren Spaß daran. Einer, etwa fünfzig Jahre alt, mit flacher Kappe, abgetragener Fischgrätjacke mit Lederflikken auf den Ellbogen und dicken Wollhosen, die in schwarze Schaftstiefel gesteckt waren, lehnte sich zurück und wischte seine Stirn ab. »Unsere Bäume gefallen dir, was, Mädchen?« Der auf dem Traktor wandte seinen ruhigen Blick nicht von mir, sprach kein Wort und grinste bloß. Er trug eine Strickmütze schräg auf einem Gewirr brauner Locken; sein dicker, handgestrickter Pullover über dem Flanellhemd perlte vor Nässe. Die Blue Jeans, die seine massiven Schenkel bedeckten, waren über hohen, ledernen

Schnürstiefeln aufgekrempelt. Der ständige Blickkontakt mit ihm war mir unangenehm; verlegen nahm ich mein Geld in Empfang und trabte zurück zu meinem Baum. Mit rotem Gesicht lief ich vorbei an einer spanischen Tonadilla, einem griechischen Nomos-Gesang und einem Chor typisch amerikanischer Klagen.

Nach einem herrlichen Tag kletterten wir wieder auf den Lastwagen, naß bis auf die Haut. Das Farmgeld klimperte in unseren Hosentaschen. Unter den Bäumen, die über unseren Köpfen dahinzogen, purzelten wir auf der Ladefläche durcheinander; die Gänge des Lastwagens quietschten. Wir waren ein roter, schlammiger Haufen. Unsere Wollsachen rochen nach Moschus, nasses Haar klebte an müde lächelnden Gesichtern. Im Lager wurden wir alle miteinander auf dem Kies abgesetzt. Ich war merkwürdig beschwingt, als hätten sich die Kirschen, die ich gegessen hatte, in Wein verwandelt.

Ich traf Darrell an diesem Abend im Gasthaus. Er war mit zweien seiner Kameraden in das Hinterzimmer gekommen, um einigen Zigeunern bei Streichholztricks zuzusehen. Der Raum war überfüllt. Aus allen Ecken hörte man Chansons, Madrigale, Lieder, Canzonette und Flamencos. Ich saß, berauscht von den Tönen und der ganzen Szene, neben meiner Freundin Louise.

Einer der Zigeuner hatte es ihr angetan.

»Schau dir mal den an, er hat keine Schneidezähne«, sagte sie und stieß mich leise an. Er streckte ihr die Zunge heraus, während seine spitzen Finger flink mit den Münzen hantierten.

»Ja, sieht komisch aus.« Ich glühte.

»Wer ist der, der dich da anstarrt?«

»Einer von denen von der Plantage.« Der ganze Raum war voller Mädchen. Ich verstand nicht, warum er dauernd mich ansah.

»Ach so. Wahrscheinlich wirst du markiert.« Louise kicherte unterdrückt ihr schwüles Kichern. Wir waren unzertrennlich seit Amsterdam, dem Beginn unseres Trecks. Louise mußte sich ihr Psychologiestudium selbst verdienen. Sie war nicht auf den Mund gefallen.

»Meinst du, daß er mit seinen Kumpels gewettet hat oder so was?«

»Aber nein, übertreib nicht gleich!«

Nach einer Stunde voller Tricks, Gekreische und Späßen ging Louise mit dem Zigeuner weg. Sie sagte, sie wolle etwas über seine Lebensweise erfahren, doch in Wirklichkeit wollte sie mit einem »ungewöhnlichen Reiseerlebnis« nach Hause zurückkehren. Ich war verblüfft über ihre Courage; sie zwinkerte mir zu, als sie ging. Gegen zehn leerte sich der Raum; nur Darrell und seine Freunde und ein paar andere waren noch da. Ich konnte jetzt hören, was sie sprachen, aber kaum etwas verstehen.

»He, Darry, kannst fast vierzig Kilo am Tag wegbringen«, sagte der erste.

»Nee, Peter. Ich war damit in King's Lynn, mit dem alten Ding, und es hat mir fast die Kurbelwelle zerrissen«, sagte Darrell.

»Komm, Darr, du in King's, hör doch auf. Weißt du noch, als du die Kurbel mit den Zähnen wieder hingekriegt hast?« sagte der zweite Bursche, und alle brachen in Gelächter aus.

Ich stand auf, um mit der letzten Gruppe zu unserem Camp zurückzugehen. Darrell sprang auf und holte mich an der Tür ein.

»Kann ich dich zum Camp zurückbringen?«

»Nein, vielen Dank, eh... es ist ja nicht weit«, stammelte ich.

»Na, dann trink noch einen Schluck mit uns.« Ich blickte auf den Fußboden, dann auf seine schlammverspritzten

Stiefel, auf seine aufgekrempelten Jeans, die großen, unregelmäßigen Maschen seines Pullovers und schließlich in sein Gesicht, das erwartungsvoll grinste.

»Gut, okay.« Ein Stuhl wurde für mich geholt, und ich setzte mich zu ihnen.

»Ich heiße Darrell, aber meine Freunde nennen mich Darry. Das hier ist Low und das Peter«, sagte er lächelnd und lebhaft, eindeutig der Anführer der Gruppe. Ein Bier wurde vor mich hingestellt, und Darry beugte sich vor, um mich zu studieren und auf das zu warten, was ich sagen würde. Seine langen Beine waren gespreizt, sein breiter Rücken vorgeneigt, die Ellbogen auf dem Tisch. Er hatte seine großen Hände zusammengelegt und wartete. »Das ist die, von der ich dir erzählt habe, Low.« Ich räusperte mich und sagte ihnen, wer ich sei und woher ich käme.

Wir redeten bis zur Sperrstunde über das Camp, über amerikanische Autos und darüber, wieso ich in Wisbech war; darüber, was sie über die Fremden dachten, über ihre eigene Arbeit, darüber, wer ihre Väter waren und welche Art von Autos sie hatten oder sich wünschten. Darrell führte einen Trick mit einem Streichholz und einem Shilling vor, die er geschickt zwischen seinen Fingern manipulierte. Wir verstanden uns gut mit der Gruppe und miteinander, waren etwas schüchtern, aber neugierig. Ich hörte ihren Reden aufmerksam zu und bat sie oft, Worte zu wiederholen. Dafür machte ich ihnen einige amerikanische Dialekte vor. Ihr Lachen und ihre echte Anteilnahme aneinander hatten nichts Argwöhnisches oder Hinterlistiges. Ich sah zu, wie seine Freunde Darrell beobachteten und dann mich. Sie hatten ihn gern, das war klar. Zur Sperrstunde, da stand Darrell auf und reichte mir seine schwielige Hand, charmant wie ein englischer Gentleman. Keiner wandte den Blick ab, als ich aufstand und meine Hand in seine legte.

»Jetzt bringe ich dich zum Camp zurück.«

Ich war sehr spröde und schüchtern und ging an die falsche Seite seines Autos, eines kleinen, blauen, viertürigen Vauxhall. Er lachte. Ich blickte auf sein Gesicht, die hohe Stirn, glatt und hell im Mondlicht, und die großen, dunklen Augen, die traurig und nachdenklich wirkten. Er war galant, sicher und anständig. Eine Ausnahme. Er bestand darauf, ich solle nicht mit ihm kommen, wenn ich Angst hätte, doch ich hätte nichts zu befürchten. Ich saß auf dem Sitz, der eigentlich der Fahrersitz hätte sein müssen, und wir fuhren los in die Nacht. Auf dem Kiesweg zum Eingang des Camps verlangsamte Darrell die Fahrt und wandte sich mir zu.

»Ich möchte mit dir reden, ist das in Ordnung?« Ich nickte und nahm an, er würde an Ort und Stelle anhalten. Doch er fuhr am Eingang vorbei. Ich holte tief Luft. Er fuhr direkt zu der Kirschplantage, wo wir am gleichen Tag gepflückt hatten. Darrell hielt den Wagen an, blickte gerade vor sich hin, zündete eine Zigarette an und begann zu sprechen. Der Klang seiner Worte hypnotisierte mich, ich stellte mich langsam darauf ein und verstand seinen Dialekt besser. Er sprach von seinen Wünschen und seinen Schuldgefühlen. Er wollte ausbrechen aus Wisbech und die Welt entdecken. Ich repräsentierte für ihn ein Guckloch. Amerika. Europa. Sein Vater war Farmer, auch er würde eines Tages eine Farm haben, aber erst später, nachdem er Reisen gemacht, gearbeitet oder gekämpft hätte, irgendwo, irgendwas. Er liebte sein Land, seine Mutter und seinen »Pa«, seine Brüder und Schwestern. Darrell war neunzehn, die Welt war für ihn ein Fest. Ich lauschte, fasziniert, und verstand. Seine Lippen, die die Worte formten, waren schön und geschmeidig. Er gestand, er könne über diese Dinge mit seinen alteingesessenen Freunden nicht so frei reden. Seine langen, kräftigen Arme gestikulierten, zeugten von Stärke und Angst. Er löcherte mich mit Fragen über meine Familie und mein Zuhause und verglich sie mit den seinen. Seine Energie war grenzenlos. Nach mehreren Stunden rutschte er auf seinem Sitz hin und her und fragte, ob ich ein bißchen über die Wiese laufen wolle.

Wir stiegen aus und verschwanden beide für einen Augenblick in den Büschen. Dann rannten wir auf eine Scheune zu, die sich im Mondlicht duckte. Der Mond war hell und klar, der Himmel wolkenlos. Am Ende der Wiese hielt Darrell an, nahm spielerisch eine Boxerpose ein und hob die Fäuste. Wir sprangen und alberten herum. Unabsichtlich berührte seine Hand meine Wange. »Oh, tut mir leid«, sagte er und zuckte zurück wegen seiner Tolpatschigkeit, »meine Liebste«, und er warf seine Arme um mich und hob mich hoch in die Luft. Ich war hingerissen. Eine Liebste!

An den nächsten drei Abenden suchten wir dieselbe Plantage auf. Wir redeten ohne Unterlaß: Wir verglichen die Vorurteile unserer Gesellschaften, unserer Heimat. Was von den Männern erwartet wurde und was von den Frauen. Darells Hand in meinem Nacken oder eine Zigarette haltend, seine Zähne zusammengebissen, die Brauen gerunzelt. Tagsüber pflückte ich wie in Trance. Die Aufseher wußten, daß ihr Darry sich mit der Amerikanerin traf. Ich trabte vergnügt mit meinen Körben herum, immer von seinem geheimen Blick verfolgt. Er wollte sehen, wie verantwortungsbewußt ich mit dem Stück von ihm umging, das er mir gab. Daran, daß die Aufseher auf einmal reizend und aufmerksam zu mir waren, merkte ich, daß er ebenso verantwortungsbewußt war. Ich bewährte mich und wahrte seine Geheimnisse. Mein Herz wurde weich. Ich war jetzt die einzige Amerikanerin, die noch im Camp war. Louise, immer rastlos, fuhr ohne mich nach Edinburgh weiter.

Daß ich nicht mit Louise gegangen war, war das Zeichen, das er sich wünschte. Erst am nächsten Abend sprachen wir über unser explosives Entzücken aneinander. Er merkte, daß ich mich allein sicher fühlte. Daß ich aber bei ihm blieb, weil ich bleiben wollte, fähig, meine eigenen Entscheidungen zu treffen, ohne Anforderungen oder Erwartungen an ihn. Er sprach über die kommende Kartoffelernte, den üblichen Wetterumschwung im August mit einer neuen Art Wind, die vom Fluß herüberkommen würde. Und ob ich gern am nächsten Tag mit ihm auf dem Traktor fahren würde, um die Erdbeerfelder zu bearbeiten? Darrell hielt mitten im Satz inne und sah mich an. Dann nahm er mich in die Arme und zog mich an sich. Ich blickte in sein Gesicht, so hell und blaß im abendlichen Dämmerlicht; wispernd fiel ein leichter Regen. Seine traurigen braunen Augen blickten lange in meine. Er legte seine Arme um meine Schultern, ich suchte seine Lippen, und wir hielten einander in der Wärme unserer dicken Pullover umfaßt. Endlich – es war wie eine Erlösung. Darrell seufzte vor Erleichterung und hauchte gegen meine Wange: »Meine starke Liebste, meine Liebste, meine Liebste.« Ich war aufgewühlt und selig; sein Geruch, das leichte Kratzen seines Kinns, die Weichheit seines Halses, seine feuchten Wangen, seine starke Umarmung, in der ich seinen Herzschlag spürte. Ich küßte seine Augen, umfaßte seinen lockigen Hinterkopf und drückte meine Lippen auf seine, überwältigt von seiner Aufrichtigkeit. Er küßte mich mit einer Mischung aus Verzweiflung und Qual.

»Ich muß dich lieben, meine liebe Liebste. Wenn du bereit bist. Ich weiß, daß du Jungfrau bist.«

»Ja«, sagte ich ohne Zögern.

»Den ersten vergißt du nie.«

»Ich weiß.« Ich sah ihn an, sah direkt in ihn hinein, wollte so viel sagen und wußte doch nichts zu sagen. Er strich mit dem Finger über meine Wange bis zu den Lippen.

»Morgen«, sagte er.

»Ja.«

»Ich möchte der erste sein.« Wir umarmten und küßten uns, bis mein Kinn rauh war von seinem Bart und meine Lippen taub. In glücklicher Vorfreude auf unsere »Hochzeit« rannten wir an diesem Abend wieder die Wiese hinunter. Er ließ mich gewinnen, holte mich von hinten ein, hob mich hoch und wirbelte mich herum.

Am nächsten Abend erwartete mich Darrell an der Tür zum Gasthaus. Er trug eine wollene Jacke über einem weißen Hemd, eine weite, lange Hose und diesmal keine Stiefel. Er war glattrasiert und duftete nach Old Spice. Ich hatte einen weißen Pullover, einen brauen Rock und Strümpfe an und versuchte, unauffällig auszusehen. Die Leute vom Camp kamen nach und nach in das Hinterzimmer und beachteten uns nicht. Ich ging mit Darrell in das vordere Zimmer, zum ersten Mal. Die Aufseher waren da und die alten Farmer, die ihre Nasen in dunkelbraune Biergläser steckten. Peter und Low erwarteten uns an einem Tisch neben dem Kamin, dessen Sims mit geschnitzten Holzenten und Zinnkrügen vollgestellt war. Alle hoben den Blick, denn Darrell war für sie das Ideal, der vielversprechende junge Mann, und er führte seine Liebste vor. Die Amerikanerin. Eine Fremde. Ich war gewissermaßen auserwählt, und wegen der Stellung ihres Lieblingssohnes wurde ich vollkommen akzeptiert. Sie stießen einander leise an. Wir setzten uns zu Darrells Freunden, und der ganze Raum summte. Ich war der Mittelpunkt der Aufmerksamkeit. Eine gewisse Erregung lag in der Luft. Da, das war die Amerikanerin, und heute abend würde Darrell sie in Besitz nehmen. Mir war noch gar nicht aufgegangen, wie bedeutungsschwer das Ganze war. Es war so einfach, aber vielsagend; förmlich, aber doch freundlich und natürlich. Mein Gesicht war heiß, Darrell hatte einen roten Kopf wie ein Truthahn. Die Aufmerksamkeit machte ihn verlegen. Ich benahm mich so anmutig wie möglich, eine errötende Braut. Jetzt gab es kein Zurück mehr.

Wir fuhren in den Kirschgarten. Wolken zogen vor dem Mond vorbei und färbten die grüngrauen Schatten violett. Ich erwiderte Darrells liebevollen Blick, froh, endlich mit ihm allein zu sein. Er nahm mich in die Arme und bewunderte mich als seine Königin; mein Auftritt vor seinem Publikum war vielsagend gewesen.

»Ich liebe dich, mein lieber, lieber Liebling«, sagte er. »Ich möchte dir Freude machen, damit du es nie vergißt.« Er vergrub sein Gesicht an meinem Hals und schob seine Hände unter meinen Pullover, zum erstenmal. Kühl lagen sie auf meinem Rücken. Seufzend zog er mich an sich. Ich küßte ihn, erregt und zitternd von der Elektrizität seiner Berührung.

»Darrell, ich bin ganz überwältigt, ich –« Er brachte mich mit einem Kuß zum Schweigen und nahm meine Hand. Er führte mich zum Rücksitz und öffnete beide Türen, um Platz zu schaffen. Er zog seine Jacke aus und legte sie auf den Vordersitz, dann setzte er sich neben mich. Leise flüsterten wir miteinander; Darrell bedeckte mein Gesicht mit zarten Küssen, als sei ich ein Gegenstand der Andacht. Er legte mir die Hände auf den Rücken, murmelte mir ins Ohr, wie er mich begehre, und öffnete kundig meinen Büstenhalter. Ich atmete schwer, als die zitternden, rauhen Handflächen seitlich unter meinen Achselhöhlen vorbeistrichen und sich um meine Brüste legten. »Meine Schöne, meine Liebste, wie habe ich darauf gewartet.« Er zog mir den Pullover hoch, bog meinen Kopf nach hinten und umfaßte sanft meine Brüste. Dann küßte er sie rund um die Brustwarzen herum, bis ich mich stöhnend in den Sitz zurücklegte.

»Darrell, Darrell.«

Der Mond verschwand hinter einer perlgrauen Wolke.

Ich blickte auf, als ich seine Zunge weich auf meiner rechten Brustwarze spürte. Ich schloß die Augen, hob ihm meine Brüste entgegen, drückte ihn an mich. Er rieb seine Wangen, seine Ohren, sein Haar an mir. Dann schob er sich über mich und küßte meinen geöffneten Mund. Ich spürte durch das Hemd seinen Rücken, seine Schultern, die gespannten Muskeln seiner Arme. Wie eine Blinde tastete ich nach seiner Brust und fühlte die aufgerichteten Brustwarzen. Er lag mit seinem ganzen Gewicht auf mir, flüsterte an meinem Ohr und meinem Hals.

Ich blickte nach draußen in die Bäume, deren Blätter sich im Mondlicht bewegten, und drückte Darrells lockigen Kopf an meine Lippen.

Mein Pullover war bis zum Hals hochgezogen. Darrell saugte an meiner linken Brustwarze, während er mir den Rock hochschob. Er berührte meine warmen Schenkel über den Strümpfen mit den Fingerspitzen. Dann kniete er sich auf den Boden, beugte sich vor und rieb seine Lippen an meinen Schenkeln, während er meine Strümpfe vom Strumpfgürtel löste. Mit der Zunge schob er die Strümpfe herunter und küßte zart am Rand meines Höschen entlang, ließ seine nasse Zunge darunter und in mein Schamhaar schlüpfen. Ich liebte ihn. Ich begehrte ihn so, daß es weh tat.

Still standen die Obstbäume im Dunkel. Der köstliche Geruch von nassem Gras und Erde hüllte uns ein. Der Mond verschwand.

Darrell richtete sich draußen auf, zog sein Hemd aus und öffnete seine Hose. Ich sah seine mächtige Brust und seine Muskeln. Ich wand mich auf meinem Sitz. Darrell legte sich auf mich und wärmte mich, küssend, drückend, saugend. Ich fühlte seinen glatten Rücken, seine heißen Achseln. Ich zog ihn an mich, um ihn zu küssen, suchte seine Zunge mit meiner. Ich saugte an seinen Lippen, seinen Wangen, seinem Hals, während er sein erigiertes Glied gegen meinen Schenkel preßte und seine Hand in meine Höschen gleiten ließ. Er schob sie herunter; sein Mittelfinger verweilte leicht auf meiner klopfenden Klitoris. Ich keuchte. Er bewegte seinen Finger tiefer zu meiner feuchten Vagina. »O Gott, wie süß du bist, du bist so bereit, so geil, meine liebe, liebe Liebste.« Ich küßte ihn, preßte mich ihm entgegen. Er erwiderte meinen Kuß so, als wolle er mich beruhigen. Der glatte Kopf seines Gliedes liebkoste langsam meine Klitoris, rundherum, herauf und herunter, vor und zurück. Ich war so naß, daß der Sitz unter mir schlüpfrig war. Ich glaubte, ich würde schreien, ich wollte gestraft, zurechtgewiesen, festgehalten, durchbohrt werden. Ich wand mich vor Verlangen danach, die Beine gespreizt, den Rücken durchgebogen. »Ich komme zu dir, Liebste, ich liebe dich, meine starke Liebste«, flüsterte Darrell heiser und schwer atmend, als wolle er sich ein wenig unter Kontrolle bringen. Langsam glitt sein Glied tiefer und verweilte vor meiner nassen Vagina. Er drückte nach oben und preßte den Kopf seines Gliedes gegen meine dünne Membrane. Er schob sein Glied leicht hinein, dann wieder heraus, wieder hinein, drang jedesmal ein wenig tiefer ein. »Ich will dir nicht weh tun, Liebste«, keuchte er.

»Oh, bitte, bitte, o mein Gott.« Ich umklammerte seine Schultern und zog die Knie an, um ihn eindringen zu lassen, ihn durch das Hindernis zu drücken, ihm näher zu kommen. Lustvolle Zuckungen brachen irgendwo am Ende meiner Wirbelsäule hervor. Ich konnte mich nicht mehr beherrschen und griff nach seinem Gesäß, preßte es herunter und drückte mich ihm entgegen. Etwas in mir gab nach. »Oh, Darry, ich liebe dich, ich liebe dich«, schrie ich. Ich preßte meine erregte Klitoris an ihn, und sein Penis stieß tief in mich hinein. Die Wände meiner Vagina pulsierten. Mein Orgasmus war ebenso stark wie seiner und durchflutete mich, während er sein Glied hart gegen und in mich stieß. »Aaaaaaaaaa. Ahhhhhhhhhhh.«

»O mein Gott«, ächzte Darrell, »Jesus.«

Ich war aufgelöst, ich verströmte. Darrell hielt inne. Seine tiefen Stöße und sein starkes Glied ängstigten mich. Der Schaft seines Penis pulsierte wieder und wieder. Ich konnte sein Eindringen spüren, die Wellenbewegungen, seinen Orgasmus und den Nachhall. Darrell hielt mich, blieb in mir.

Unsere Herzen rasten. Tränen liefen mir über die Wangen, während er mich zärtlich umfaßte, heftig atmend und murmelnd. »Liebling, meine süße, süße Liebste.«

Mir war schwindlig, als schwebe ich über den Bäumen, während Darrells Penis zärtlich mein Inneres massierte. Wir umklammerten einander, bis unser Atem sich beruhigt hatte. Sanft zog sich Darrell mit einem Strom von Wärme zurück. Er rieb seine nassen Wangen an meinen Brustwarzen, küßte dann meinen Bauch. Mir war, als segelte ich unter Wolken, und der Mond streifte die Bäume. Seine Lippen spielten mit meinem Schamhaar, er küßte meine Klitoris, leckte sanft und zärtlich die Ränder meiner Vagina. Ich spürte, wie seine Zunge forschte, suchte, als wolle sie jeden Schmerz wiedergutmachen. Er küßte mich über und über. Ich schwebte.

Darrell richtete sich auf, nahm mich in die Arme und schaute mich an. Er zog mich hoch, um mich zu küssen. Ich schmeckte mein Blut, seine Tränen, Salz, Erde, Blätter, Meer, Gerste, Kirschen und Wein.

Damals, vor siebzehn Jahren, machte ich eine Riesendummheit. Ich will nicht von unseren sechs glücklichen Wochen erzählen, unseren vagen Heiratsplänen, dem Landhaus, das wir uns aussuchten, davon, wie gastlich die Stadt unser strahlendes Verhältnis aufnahm; davon, wie freundlich seine Familie unserer innigen Verbindung begegnete; von den Geschenken. Ich will mich nicht weiter auslassen über meine törichten innerlichen Besorgnisse, ich würde Darrell behindern oder er mich, oder wir seien zu jung, oder was meine ferne Familie dazu sagen würde, oder ich würde meine Heimat vermissen und dergleichen Dummheiten. Nein.

Ich ging in das gute, alte Amerika zurück, um zu studieren, wie es von mir erwartet wurde. Um Mathematik zu lernen, wo ich doch den Mond schon besaß. Um Sprachen und anthropologische Theorie zu lernen, wo ich sie doch schon am eigenen Leib erfahren hatte. Ich wurde blasiert und trug Wimperntusche. Ich hatte hundert Jobs. Ich legte Tausende von Meilen zurück, hatte tausend Liebhaber, malte tausend Porträts. Ich ließ mir die Zehen lecken, mich auf Trapeze schwingen, ich schnupfte Koks. Und nun, siebzehn Jahre danach, werde ich, ehe das Jahr um ist, wieder auf dem Bahnsteig in Wisbech, England, stehen. Ich habe meine Fahrkarte. Und durch den grünen Nieselregen werde ich die goldenen Honig- und Ockertöne jener Felder wiedersehen. Und das Patchworkmuster der Farmen mit den cremefarbenen Häusern und den roten Blumenkästen. Ich weiß nicht, was aus mir werden wird. Ich muß meinen Schmerz entweder in mir verschließen, oder ich muß ihn loswerden: Die Qual, zu wissen, daß ich eine Närrin war, als ich fortging.

Anonym

Der Fund

Sie trommelte mit ihren langen, dünnen Fingern auf den Tisch, trank einen Schluck Kaffee und zog eine Grimasse. Nicht genug Zucker. Sie lächelte und dachte an Marelias schockiertes Gesicht. »Das ist Gift«, würde sie sagen, »reines Gift.«

Zucker rieselt in die Tasse wie Sand auf ihren Bauch; Marelia kniet, schüttelt ihre nassen, schwarzen Locken in der Sonne und läßt den Sand durch ihre Finger auf Laras Bauch rinnen. Auf der Heimfahrt vom Strand, als die Dämmerung hereinbrach und der Tag in seine eigenen Träume versank, hatten sie sich geküßt – den Salzgeschmack noch im Mund.

»Laß uns für eine Woche in die Wüste fahren«, hatte Lara vorgeschlagen. »Ich werde Martin sagen, daß ich meine Tante in Palm Springs besuche. Sie hat dort eine Galerie, und er wird sich freuen, weil er meint, daß ich auf diese Weise wichtige Leute kennenlernen kann.«

Marelia hatte nicht begeistert ausgesehen. »Ich weiß nicht. Ich komme schwer weg.«

Martin rief von oben: »Wo sind die Schlüssel zum Volkswagen, Lara?«

Sie starrte auf die Küchenwand; rote Tupfen auf weißem Papier tanzten vor ihren Augen. Wieder: »Lara, ich bin spät dran. Suchst du sie bitte?«

Sie kaute an der bereits aufgerissenen Nagelhaut ihres Daumens und zog mit den Zähnen daran, ehe sie antwortete. »Sie liegen wahrscheinlich auf der Kommode.« Sie stand auf und setzte neues Wasser auf. *Vielleicht hätte Marelia heute Zeit, ins Museum zu gehen.*

»Sie sind nicht auf der Kommode. Ich habe dir doch gesagt, du sollst diese verdammte Putzfrau nichts auf meiner Kommode anrühren lassen. Wenn sie gegangen ist, kann ich nie etwas wiederfinden.«

Ihr Kopf schmerzte. Sie löste das Gummiband und ließ ihr Haar auf die Schultern fallen. Es duftete nach Rosenwasser. Marelia hatte ihr eine große Flasche davon gekauft, und sie benutzte es jetzt lieber als ihre Zitronenspülung, die sie sonst immer genommen hatte. Oben hörte sie Schubladen knallen.

Martin Levin sprang in großen Sätzen die Treppe herunter, die Schlüssel in der Hand herumwirbelnd. Er erinnerte Lara an ein Rennpferd mit seinem anmutigen Hals, seinen Augen mit den schweren Lidern und seinem sprechenden Blick. Von den Fesseln bis zu den Schultern wirkte er energisch und straff; sein ganzer Körper war wie elektrisch geladen. Sie hatte sich in diese Kraft, diese Energie verliebt und gehofft, durch jahrelanges Schlafen, Essen und Lieben mit ihm könne sie sie sich zu eigen machen.

»Und wo waren die Schlüssel?« fragte sie.

»Auf der Kommode«, sagte er. »Wie du gesagt hast.« Er rieb sich munter die Hände und sah nach dem Herd.

»Keine Eier heute?«

»Du hast nicht gesagt, daß du Eier willst.«

»Nein? Zu dumm. Ich hätte wirklich Lust darauf gehabt.« Er nahm sie in die Arme. »Ich werde in der Stadt eine Kleinigkeit essen.«

Sie hatte das Gefühl, er bestrafe sie, indem er nicht mit ihr frühstückte. »Ich mache Kaffee, und im Ofen sind Brötchen.«

»Nein, schon gut. Heute abend essen wir in Ruhe zusammen, okay? Du machst dein berühmtes Stroganoff, und ich bringe Champagner mit.«

Er lächelte und küßte sie leicht auf den Mund. Sie spürte

den intensiven Drang, ihn zu schlagen. Er hatte etwas so Sicheres!

Nachdem die Tür zugefallen war, wünschte sie ihn zurück, wünschte, er würde seine Hände um ihr Gesicht legen, seinen harten Leib gegen ihren schüchternen Bauch drücken. Sie wollte mit ihm verschmelzen, sicher sein, daß irgendein Bruchstück von ihm in ihr blieb, damit er nicht vergesse zurückzukommen. Er war ihre Verbindung zur Außenwelt, in der Menschen Dinge erledigen, in der Handlungen Folgen haben. Die wirkliche Welt, dachte sie, während sie über den dicken Teppich ging. Sie trank ihren Kaffee aus und hoffte, *sie würde Marelia heute sehen.*

Zuerst hatten die Augen sie angezogen: ein dunkel glühendes Braun, mit Umbra gefleckt. Lara saß am Tisch der Bibliothek und starrte die gegenübersitzende Frau an. Ihre Haut war weiß, glatt wie Porzellan, ihr Haar eine Fülle von üppigen schwarzen Locken, lässig mit einem türkisfarbenen Band aus dem Gesicht gehalten. Schließlich stellte Lara sich vor, erklärte, sie sei Malerin und würde sie gerne porträtieren. Würde sie ihr sitzen? Sie würde sie dafür bezahlen. Die Frau sah sie erstaunt an und brach in ein volles Lachen aus, das den Bibliothekar mißbilligend den Mund verziehen ließ. Nein, sie sah sich wirklich nicht als Modell. Schließlich war sie zu füllig und ihre Nase zu groß. Modelle waren doch immer diese hageren, knochigen Typen?

Lara lächelte und schüttelte den Kopf. »Nicht die, für die ich mich interessiere. Sie können jede beliebige Figur haben, solange sie das besitzen, was Sie haben. Ich habe Sie beobachtet.«

Die Augen der Frau weiteten sich. »Und was ist das?« fragte sie.

Lara war selbst überrascht über ihre direkte, sichere Antwort. »Eine Art dunkles Strahlen.«

Die Frau klappte ihr Buch zu. »Sie machen mich verlegen. Sie schmeicheln mir.«

»Aber nein«, antwortete Lara. »Ich bin Malerin. Ich habe einen guten Blick.« Marelia lachte, und Lara fragte: »Wie heißen Sie?«

»Marelia.«

»Was lesen Sie da?«

»Gedichte. Mögen sie Lyrik?«

Lara nickte. »Sind Sie Dichterin?« fragte sie.

»Ich wäre gern eine«, antwortete Marelia. »Ich würde gern Gedichte schreiben, die das haben, was Sie in mir sahen. Dieses dunkle Strahlen. Die Spanier nennen es *duende*.«

Sie kam in einem weißen, durchbrochenen Kleid, das am Hals aufgeknöpft war. Ihre vollen Brüste zeichneten sich durch die dünne Baumwolle ab. Ihr Haar war mit einer Schildpattspange zusammengehalten. Sie hatte einen Gedichtband bei sich und eine Schachtel mit Datteln, aus der sie während der zehnminütigen Pausen aß. Lara machte Kopfstudien, zuerst in Kohle, dann in Sepia, dann rasche Rötelskizzen. Doch sie war mit keiner der Zeichnungen zufrieden. Es gelang ihr nicht, das umzusetzen, was sie sah – das dunkle Glühen der Augen dieser Frau – oder an was sie sich erinnerte: ihr tiefes, gelöstes Lachen.

Nach der Sitzung zeigte ihr Marelia einige ihrer Lieblingsgedichte von Garcia Lorca. Sie las sie laut vor, mit viel Gefühl, ihre Hände formten die Luft zu Klanghieroglyphen. An einer Stelle faßte sie Lara bei den Schultern und drehte sie herum. »Schauen Sie«, sagte sie und wies auf einen zwitschernden Vogel. »Ist das nicht wundervoll? So hätte ich gern meine Gedichte. Vibrierend, lebendig. Und doch still. Alles auf einmal.«

Lara spürte einen Drang, der sie erschreckte. Sie wollte sich losmachen, doch im gleichen Augenblick wollte sie aufgesogen, von Marelias Armen umfangen werden. Sie schauderte. Sie hatte dieses Gefühl bei einer Frau noch nie gehabt.

Marelia griff nach der geeisten Limonade und begann, die Zeichnungen durchzublättern.

Lara entschuldigte sich rasch. »Sie sind nicht besonders gut, aber sie werden besser, wenn ich Sie erst kennengelernt habe. Sie werden doch wiederkommen, oder?«

Marelia lächelte. »Natürlich, warum sollte ich nicht? Sie haben mich viel schöner gemacht, als ich bin.«

Lara joggte frühmorgens, ehe Martin erwachte. Sie bewegte sich in einem ihr gemäßen Tempo in der prickelnden, kristallklaren Luft, spürte die Schönheit ihres Körpers, das Zusammenspiel ihrer Muskeln, begriff, daß das Strömen des Atems in ihre Lungen nicht selbstverständlich war. Lara war ihre Brücke, und in diesen Augenblicken – wenn sie die letzten Atemreserven aus sich herauspreßte – fühlte sie sich hoffnungsvoll, zu allem fähig.

Schweißnaß saß sie auf den Stufen zu ihrem Haus und ließ sich von der Morgenluft abkühlen. Ihr Gesicht flammte wie der orangerote Hibiskus, der die Veranda umgab. Martin hatte dieses Haus der Blumen wegen gekauft – Azaleen, Hibiskus, Oleander. Der Blumen wegen und wegen des großen, luftigen Raumes, den sie in ein Atelier für Lara verwandelt hatten. Martin unterstützte sie, ermutigte sie. Sie wußte, daß er sie liebte. Warum also war sie so oft wütend auf ihn?

Lara lehnte sich gegen die kalten Ziegel. Sie hatte nichts mehr gemalt, seit sie das Haus gekauft hatten, nichts, das sie des Anschauens würdig fand. Ihre letzte Ausstellung lag über ein Jahr zurück, und die Kritik tat noch immer weh. Nichts hatte sie zum Malen bewegt. Nichts war das Risiko wert gewesen. *Nichts, bis auf Marelia.*

Sie streckte ihre Finger zur Sonne aus und stellte sich vor, die Zwischenräume würden von anderen Fingern ausgefüllt, die vollkommen zwischen ihre eigenen paßten. Marelias Finger waren stark, als sie Kreise und Bögen beschrieben von Laras Nacken aus den Rücken herunter, über Gesäß und Waden bis zu den Füßen, sie hatten ein Gefühl des Wohlbefindens in ihren Körper massiert. Lara erinnerte sich an den ersten Augenblick, als sie Marelia nackt gesehen hatte. Sie hatte gerade ihre Staffelei aufgestellt, und als sie um die Leinwand herumsah, lag sie da, ein Ozean von Weiße, auf violette Kissen drapiert: Dunkler Flaum zog eine Linie um jede ihrer Brustwarzen, umgab ihren Nabel und erstreckte sich in einer Linie bis zu dem dunklen Dreieck um ihre Scham. Lara lächelte und wiederholte das Wort: *Scham.* Man hatte sie gelehrt, von welchem Wort manche Ausdrücke dafür abgeleitet waren; es bedeutete: »Wissen, insbesondere um magische Künste…« Jenes Wort hatte eine stolze Bedeutung und nicht die verzerrte und erniedrigende, die Männer ihm gaben. Sie lachte still vor sich hin und dachte, daß sie, ehe sie Marelia gesehen hatte, die Macht dieses Wortes nicht hatte verstehen können.

Marelia war völlig eins mit ihrem Körper und posierte ohne die geringste Verlegenheit. Lara beneidete sie um die weichen Falten ihres Fleisches, die vollen Brüste – sie fand ihren eigenen Körper zu knochig, zu scharfkantig, ohne Substanz. »Deinen Liebreiz könnte ich nie zeichnen«, flüsterte sie vor sich hin. Doch später, auf der weiß bezogenen Matratze, im schrägen Abendlicht, war es Marelia, die zeichnete – Kreise, Bögen und Pfade über und durch Laras Körper. Marelia zog sie aus, nahm Laras Hand und küßte die Handfläche und dann jeden einzelnen Finger, langsam und aufmerksam, als wolle sie sie segnen; dann hielt sie Laras Hand in ihrer eigenen und führte sie zuerst um Laras kleine, feste Brüste herum, umkreiste die Brustwarzen und streichelte die Haut, führte sie zu ihren eigenen fleischigen Brüsten, zurück zu Laras flachem Bauch, wieder zu der fülligen Weiße ihres eigenen Körpers. Hin und her, hin und her, und immer flüsterte Marelia: »Du bist so fest und straff. Ich liebe das. Und deine Schultern sind so zart. So zerbrechlich!« Sie drückte sie zurück auf die Kissen und begann, mit ihrer Zunge mitten auf Laras Stirn einen kleinen Kreis zu beschreiben, dann ihre Augenlider zu berühren (erst das eine, dann das andere küssend), dann ließ sie ihre Zunge unter Laras Oberlippe gleiten, unter die Unterlippe, bewegte sich herum zum Kinn und weiter (ganz zart, aber doch spürbar) zum Hals, zu einer Brustwarze, zur anderen, folgte der Linie der Rippen bis zu Laras bebendem Bauch, drückte ihre Zunge in den Nabel. Sie glitt langsam tiefer, zwischen die Beine, berührte die Schamlippen, die in dem kupferfarbenen Haar bereitwillig geöffnet waren, streifte mit ihrer Zunge daran vorbei, vor und zurück, vor und zurück – sanft leckend und die Innenseite des empfindlichsten Teils der Schenkel befeuchtend. Immer wieder flüsterte Marelia: »Du bist köstlich, so köstlich...« Und Lara wurde davongetragen, hing wie ein Wassertropfen am Rand eines Blattes und wußte nicht, was im nächsten Augenblick mit ihr geschehen würde.

»Dreh dich um«, befahl Marelia, und als Lara gehorchte, spürte sie wieder Marelias Zunge, die in langen, nassen Strichen an ihrem Rückgrat entlangfuhr, tiefer und tiefer, bis sie zwischen den Gesäßbacken ankam und Laras erster Gedanke war: *Nein, nein, ich will nicht.* Aber die Zunge war da, fuhr dem Spalt entlang und nach innen, forschend, kitzelnd, schmeckend, dann weiter herunter zur Vagina, dann wieder höher, und die Wellenbewegungen, die Lara durchfuhren, schüttelten ihren Schoß und ihren Bauch mit einer Kraft, die ihr bis in den Hals fuhr; sie keuchte. Sie rollte sich auf den Rücken, zog Marelias Gesicht an ihres.

Sie begann, die vollen, weißen Wangen zu küssen, an ihren Lippen zu saugen, das Kinn mit ihrem Mund zu kneten, in Marelias Ohrläppchen und ihren Hals zu beißen, bis sie ihr Gesicht schließlich zwischen Marelias Brüsten wiederfand. Langsam legte sie ihre Hand auf Marelias Schamhaar und zögerte.

»Ich weiß nicht genau, was ich machen muß. Ich meine, um dir Freude zu machen.«

Marelia lächelte und zog sie an sich. »Was immer dir gefallen würde, gefällt mir auch.«

Zart ließ Lara ihre Finger durch die üppigen Schamhaare gleiten. *Sie sind härter als meine, stärker...* Dann fuhr ein Finger langsam in die tiefe, feuchte Öffnung der Vagina, dann noch einer; sie war naß und weich und willfährig. Zuerst leicht, dann mit festerem Druck rieb und spielte sie, preßte Daumen und Finger zusammen, spreizte sie dann, ließ nun einen Finger in der Tiefe suchen, streichen, kreisen. Während der ganzen Zeit beobachtete sie Marelias Gesicht. Das erregte sie, daß sie Marelias Genuß kontrollierte.

»Mache ich es richtig?« fragte sie.

Marelias tiefes, leises Lachen. »Oh, du machst es richtig, ganz richtig.«

»Möchtest du jetzt kommen?«

»Nein, nicht jetzt.«

Lara begann, Marelias Klitoris zu reiben. »Ja, das ist gut«, flüsterte Marelia. »Ich möchte, daß du mich fast soweit bringst, fast.«

Lara steckte ihre Finger in den Mund, ließ dann Marelia daran saugen und führte sie wieder in die weiche Tiefe ein, reibend und streichelnd, ein und aus, ein und aus, und als sie Marelias Atem lauter werden und sie stöhnen hörte, fragte sie: »Bist du sicher, daß du wirklich nicht kommen willst?«

48

»Nein, nein.«

Marelia nahm Laras Hand und küßte sie, dann zog sie Laras Körper an sich. Lara fühlte, wie das weiche Fleisch sie umgab, während Marelia ihr beide Hände aufs Gesicht legte und sie voll auf den Mund küßte. Dann entspannten sich beide Frauen, eng aneinandergeschmiegt, Marelias Beine um Laras kühle Schenkel geschlungen. Laras Knie drückte gegen Marelias weichen Schoß. Nach einem Augenblick fühlte Lara Marelias Atem in ihrem Ohr. »Beim nächstenmal wollen wir kommen. Zusammen. Und ich werde schreien. Schreist du auch? Es würde mir gefallen.«

Es war beinahe Abend. Marelia zog ihre Strümpfe an, als Lara sich herumrollte, ihren Arm faßte und sagte: »Du... du gibst mir mich selbst. Du machst, daß ich mich ganz fühle.« Sie war überrascht und verletzt, als Marelia antwortete: »Unsinn. Das kann niemand für einen anderen tun.«

Lara pflückte einige Hibiskusblüten, steckte zwei in ihr Haar und trat ins Haus. Sie hatte ihr Stroganoff zubereitet, und Martin hatte tatsächlich Champagner mitgebracht, wie versprochen. Sie hatte sich vergessen wollen, und nach zwei Gläsern gelang es ihr. Kichern stieg in ihrer Kehle auf wie die Schaumperlen im Glas.

»Du bist zauberhaft, wenn du beschwipst bist«, sagte er.

»Warum?«

»Weil du dann so... so unkompliziert bist.« Er küßte ihren Hals. »Leichter zu fassen.«

»Es ist heiß«, sagte sie. »Ich mache das Fenster auf.«

Sie kam zurück, setzte sich hin und aß ihre Karamelcreme; er griff herüber zu ihr und begann, mit ihrer Brust zu spielen. Scherzend sagte sie: »Aha, der Herr hätte gern etwas Obst zu seiner Creme?«

Plötzlich begehrte sie ihn. Es war das erste Mal seit

langer Zeit, daß sie sich unbeschwert fühlte. Sie waren fünf Jahre verheiratet, und wenn sie miteinander schliefen, war es nur allzu oft so, als hakten sie einen Posten auf einer Liste mit Erledigungen ab.

»Sprich zu mir«, sagte sie. Er küßte ihr Gesicht und knöpfte ihre Bluse auf. Das Bett war breit.

»Was möchtest du hören?« fragte er.

Ihre Phantasie war voller Farben. Oft malte sie sich im Geiste selbst, in Pastellfarben, mit den Menschen um sie herum verschmelzend. Er zog sie an sich. »Ich liebe dich«, sagte er.

Jedesmal, wenn sie sich liebten, hatte sie gehofft, so tief in sein Herz und seinen Körper zu fallen, daß sie beim Auftauchen ein vollkommenes Gefühl für ihn haben würde, wie man es im Traum hat. Doch als er sie befriedigt hatte, sich auf die Seite drehte und »Gute Nacht« murmelte, fühlte sie sich vernichtet. Ein vertrauter Schmerz durchfuhr ihren ganzen Körper, als werde ein Stück von ihr abgerissen. Sie starrte auf seinen Rücken und seine Schultern und verurteilte ihn wegen seiner Unfähigkeit, ihr das Gefühl zu geben, sie sei liebenswert. Sie dachte an Marelia. Die Uhr tickte zu laut. Ihr Zifferblatt leuchtete im Dunkel.

Lara beschloß, den Tisch nicht abzuräumen, lief nach oben, duschte und zog ein Paar weite Jeans und ein grünes Arbeitshemd an. Nachdem sie ihr Haar mit einem Band zurückgebunden hatte, trug sie die große Leinwand, die in ihrem Schlafzimmer gestanden hatte, nach unten. Sie hatte das Bild begonnen, als sie Marelia kennengelernt hatte, vor über zwei Monaten. Es war ein Selbstporträt, von Marelia angeregt. Die meiste Zeit hatte sie mit der Ausführung des Hintergrundes verbracht, einer mauvefarbenen, im Raum endenden Wand, die in einem Fenster ein Spiegelbild von Marelias Profil einfing. Lara nahm ihr Palettenmesser und begann, weitere Schichten Blau und Rosa aufzutragen. Früher einmal waren ihre Gemälde mühelos entstanden. Die Lehrer hatten ihre Technik und ihren Einfallsreichtum gelobt. Alle erwarteten Großes von ihr (*Gott, ist das flach, zu flach...*), und bald wunderten sich die meisten ihrer Künstlerfreunde, warum sie nicht zu ihnen nach New York oder Europa kam (*Es fehlt mehr Rot, mehr Tiefe...*), wo viele von ihnen eine gewisse Anerkennung fanden, während sie selbst (*Ich kriege es nicht hin, ich kriege es nicht hin!*) keinerlei Aufmerksamkeit erregte. Allmählich glaubte sie, ihre Begabung sei eine Täuschung gewesen. Mit jeder Farbschicht, die sie auftrug, hatte sie das Gefühl, sich festzubeißen, zu kämpfen um eine Verbindung zwischen Fühlen und Malen. Einmal hatte Marelia – wütend, weil Lara so besitzergreifend war – sie angeschrien: »Immer klammerst du dich an – du willst, daß ich Teile von mir selbst aufgebe.« Lara, betroffen und verwirrt von dieser Anklage, hatte geantwortet: »Aber besteht darin nicht die Liebe?«

Völlig in ihre Arbeit vertieft, hörte sie Marelia nicht, die ihr einen Strauß Iris ins Gesicht hielt.

»Oh, hast du mich erschreckt«, lachte Lara, während sie Marelia zur Couch am Fenster zog.

»Laß dich nicht stören«, sagte Marelia.

»Stören? Du störst mich nie.«

Die Frauen ließen sich auf das abgenutzte Sofa fallen. Laras Kopf landete in Marelias Schoß.

»Wie wird das Bild?« fragte Marelia.

»Scheußlich. Siehst du das nicht? Ich habe nichts geschafft, seit du das letzte Mal hier warst.«

Lara schloß die Augen und entspannte sich auf Marelias breitem Bauch. »Küß mich«, sagte sie.

Marelia beugte sich vor, und Lara roch den vertrauten

Gewürzduft von Marelias Haut. Ihre Lippen waren voll und weich, der Kuß zu kurz.

»Brauchst du auch so lange, um ein Gedicht zu schreiben?«

»Manchmal«, antwortete Marelia. »Doch je mehr ich es erzwingen will, desto weniger gelingt es.«

Lara blickte hoch und strich mit dem Handrücken über Marelias langen Hals. Plötzlich sprang sie auf.

»Das hätte ich fast vergessen«, rief sie. Einen Augenblick später kam sie mit einer Scheibe Dattel-Nuß-Brot zurück. »Ohne Gift gebacken. Nur mit Honig. Magst du's?«

Marelia lächelte. »Mmmmmm, sehr. Mein Lieblingsbrot. Aus welchem Anlaß?«

»Seit wann braucht es einen Anlaß?« fragte Lara. »Und außerdem erinnert Backen mich ohnehin immer an dich.«

»Warum – weil ich fett bin?« lachte Marelia. Plötzlich umarmte sie Lara und hielt sie besonders fest, als entschuldige sie sich für etwas.

Das Telefon läutete. Es war Martin. Er würde spät nach Hause kommen und am nächsten Tag frühmorgens eine dringende Geschäftsreise antreten.

»Da Martin nicht da sein wird«, sagte Lara, »könnten wir beide doch eigentlich nach Palm Springs fahren.«

Marelia legte ihre Arme auf die Rücklehne des Sofas und sagte nichts.

»Nun?«

»Setz mich nicht unter Druck!«

»Wer setzt dich unter Druck? Ich frage doch nur.«

»Ich weiß nicht – es kommt darauf an ... es kommt darauf an, ob Richard das Projekt, an dem er arbeitet, unterbringen kann.«

»Seit wann hängen deine Entscheidungen so sehr davon ab, was Richard macht?«

Marelia beugte sich vor, legte die Hände zusammen und

berührte ihre Stirn. Nach einem Augenblick sah sie auf. »Richard und ich haben beschlossen zu... zu heiraten.«

Lara lachte. »Recht so. Und was gibt es sonst Neues?«

»Ich meine es ernst.«

Lara saugte an ihrer Nagelhaut, bis sie blutete. »Ich bin vierzig Jahre alt«, erklärte Marelia. »Ich bin es leid, allein zu leben.«

»Ist das ein Grund, jemanden zu heiraten?«

»Einer der besseren Gründe.«

»So ein Quatsch!« stieß Lara hervor.

Marelia sah plötzlich aus, als wolle sie sie schlagen.

»Und wir?« fuhr Lara fort. »Was wird dann aus uns?«

»Nichts hat sich geändert. Wir können noch immer —«

»Ach, wirklich«, fuhr Lara dazwischen. »Wie schön.« Sie ging zu ihrer Leinwand und begann, eifrig an einer Ecke zu arbeiten. »Weiß Richard? Über uns, meine ich.«

»Nein.«

»Das heißt also, daß ich dich nicht mehr sehen werde.«

»Natürlich wirst du mich sehen.«

Lara fuhr herum. »Verdammt, wie konntest du!«

Marelia zog Lara an sich, und Lara fiel in ihren Armen in sich zusammen.

»Bitte«, flüsterte Marelia, »bitte... ich liebe dich, das weißt du, aber es bestand nie eine Verpflichtung, zu... zu —«

»Ich will nicht, daß du gehst.«

»Ich gehe nicht fort.«

»Mache ich dich nicht glücklich?«

Marelia streichelte Laras Haar und lächelte. »Gott, kannst du egoistisch sein.«

»Du sagtest, daß du ihn nicht liebst.«

»Ich liebe ihn in einer gewissen Weise. Wir haben viel gemeinsam.«

»Wir haben auch viel gemeinsam.«

»Ich weiß. Aber du lebst nicht mit mir. Du lebst mit Martin. Und das ist gut so. Du brauchst das. Und ich brauche auch etwas.«

»Was, was brauchst du?«

»Einen Platz zum Schreiben, ein bißchen Sicherheit. Und, wer weiß, vielleicht...« Sie hielt inne.

»Was?«

»Ich weiß nicht... vielleicht ein Kind. Ich habe immer gedacht –«

Lara machte sich los. »Bist du verrückt? Warum solltest du ein Kind wollen? In deinem Alter? Das ist gefährlich, du bist zu –«

Marelia explodierte. »O Gott, halt den Mund. Du begreifst nichts. Nichts!«

»Ich begreife genug! Ich begreife, daß ich dich liebe und daß du mich verläßt. Das begreife ich.«

Dutzende unvollendeter Leinwände waren an der Wand aufgereiht. Das Selbstporträt stand noch immer auf der Staffelei. Sie wollte Marelia anrufen. Sich entschuldigen. Doch sie konnte nicht. Noch nicht.

Stille im Haus. Das Bild wartete. Und der Tag, der Tag würde so lang werden.

Sie malte den ganzen Morgen (*Vielleicht war es die Wut...*), den ganzen Nachmittag, bis es dämmerte. Sie kämpfte, ließ nicht locker, setzte eine Farbe auf die andere, füllte die Leere in ihrem Inneren aus.

Valerie Kelly

Herbstlieben

Mein Sohn Michael und ich warfen Kieselsteine und kleine Blätter in den Fluß, bis mich das Spiel langweilte. Ich setzte mich auf einen Stein, um ihm zuzuschauen. Die trockenen Herbstblätter trieben zusammen mit vielen anderen flußabwärts in Richtung auf den Ozean. Die Kieselsteine sanken unter.

»Schau mal, Mami«, sagte Michael, genau wie er es als ganz kleiner Junge tat. Und ich schaue und denke über ihn und darüber nach, wie sehr ich ihn liebe. Dann schweifen meine Gedanken ab zur Liebe der Erwachsenen. Wir sind die besten Freunde, mein Sohn und ich, doch manchmal, selbst an einem so vollkommenen Tag wie heute, vermisse ich die Gesellschaft eines Mannes.

Vor drei Jahren im September kamen wir nach Santa Barbara, weil ich an der dortigen Universität mein Studium beenden wollte. Nun, da die Ausbildung abgeschlossen ist, zumindest meine, können wir uns anscheinend nicht mehr losreißen. Santa Barbara ist so schön und angenehm.

Als wir ankamen, war Michael erst sieben. Wir spazierten durch spanische Höfe, kletterten auf Felsen, hielten inne, um uns nach den Namen aller möglichen Blumen zu fragen, und beglückwünschten uns dauernd dazu, eine so wunderbare Stadt als Wohnort gewählt zu haben. Als Michael seine neue Schule zum erstenmal sah – sie steht auf einem Grashügel an der Straße direkt dem Ozean gegenüber –, sagte er zu mir: »In meiner alten Schule mußten wir Ausflüge machen, um an solche Plätze zu kommen.«

Und jetzt ist wieder September, die Zeit, neu anzufangen. Zeit für uns, hier fortzuziehen. Doch etwas hält mich, bindet mich an diesen Hafen, und etwas schließt mich aus.

In Santa Barbara ist der Herbst die schönste Jahreszeit. Kein milchiger Dunst mehr, der den strahlendblauen Himmel verbirgt; die Winde haben ihn hinaus aufs Meer geblasen. Selbst hier, wo ich jetzt sitze, in dem kleinen Wald in der Nähe unserer Wohnung, mitten unter Eukalyptusbäumen, die sich in der sanften Brise wiegen, liegt der süße Duft von Geißblatt und Jasmin in der Luft. Wenn die Umgebung so schön ist, vergißt man leicht, daß sie im Grunde mit unserem Glück wenig zu tun hat. Das Gefühl des Wohlbefindens muß von innen kommen. Und in meinem Fall fehlt da etwas. Obwohl ich instinktiv glaube, daß ein Umzug meinen Kummer beenden würde.

Drei Jahre können eine lange Zeit sein. Ich war ein Kind vor drei Jahren, so naiv und vertrauensvoll, so leicht irrezuführen und so bereit, mich zu verlieben. Jeder Mann hätte das schaffen können, ohne sich groß anzustrengen. Lawrence brauchte sich überhaupt nicht anzustrengen.

Er war Professor für griechische und römische Geschichte an der Universität. Man hatte mir gesagt, er sei auf seinem Gebiet eine anerkannte Autorität. Kürzlich war er von einem Sommeraufenthalt in Griechenland zurückgekehrt, wo er neue Informationen über einige Bergdörfer gesammelt hatte.

Es war merkwürdig, daß ich so viel über diesen Mann hörte, bevor ich ihn tatsächlich kennenlernte. Sein Ansehen stieg so schnell, daß ich schon darauf vorbereitet war, einen gigantischen Gelehrten, vielleicht sogar ein Genie zu treffen. Zu den letzten Informationen, die ich erhielt, gehörten einige persönliche Angaben. Der Professor war seit zwei Jahren geschieden und hatte das Sorgerecht für seinen neunjährigen Sohn. Da ich es als gutes Omen ansah, daß wir so viel gemeinsam hatten, hielt ich nach einer Gelegenheit Ausschau, ihn kennenzulernen.

Diese Gelegenheit bot sich eines Tages von selbst. Zufällig mühte sich Jeanne, eine junge Frau aus meinem Französischkurs, die ihr Praktikum als Forschungsassistentin des Professors gemacht hatte, in der Bibliothek mit einem Stapel Bücher ab, die für sein Büro bestimmt waren. Ich half ihr, die schweren, alten Folianten über den Hof und die Treppen hinauf zu tragen.

Als Jeanne mit dem Fuß die Tür aufstieß, konnte ich nur den Rücken des Professors sehen. Mit dem Gesicht zum Fenster schrieb er etwas auf einen gelben Block. Jeanne sprach ihn mit seinem Vornamen an, und er wandte sich um.

»Lawrence«, sagte sie, »das ist meine Freundin aus dem Französischkurs.« Er drehte sich auf seinem Drehstuhl herum und blickte mit seinen eisblauen Augen in meine.

So zynisch ich auch geworden war in meinen zehn erwachsenen Jahren und als alleinstehende Mutter in der Welt der Pärchen, so sehr ich es auch haßte, an Liebe oder Lust auf den ersten Blick zu glauben, als dieser Mann sich umdrehte, lächelnd, das Ende seines Bleistifts im Mund, fühlte ich mich sofort zu ihm hingezogen.

Sein Haar war dicht und gewellt, größtenteils schwarz, mit silbernen Strähnen an den Schläfen. Der Silberton ließ graue Sprenkel in seinen kühlen, pastellfarbenen Augen hervortreten. Seine Lippen waren voll und sinnlich, seine makellosen weißen Zähne stark und gerade. Es kann sein, daß er nach den Maßstäben anderer Frauen nicht gut aussah, doch für mich war es, als sähe ich in das Gesicht meines Seelengefährten. Damals hatte ich das Gefühl, dies sei das Gesicht, in das ich für immer schauen wollte.

Wir reichten uns die Hände, und ich sagte ihm meinen Namen. Seine Hand war breit und braun, sein Händedruck fest. Ich hielt seine Hand eine Idee zu lange.

Er sprach mit Jeanne über einige der Bücher, die sie nicht finden konnte, und nahm dann einen Anruf entgegen. Ich merkte, daß ich störte, und zog mich zurück.

Während ich die Treppen hinunter und in den Hof ging, dachte ich über diese kurze Erfahrung nach und versuchte mir darüber klarzuwerden, was gerade mit mir passiert war. In diesem Sommer war ich dreißig geworden, und als eine der »älteren« Studentinnen war ich mit den Dozenten immer besser ausgekommen als mit meinen Kommilitonen. Schon früher hatte ich Verabredungen mit Lehrern gehabt, das war kein Problem. Er war rund zehn Jahre älter als ich. Auch das war kein Problem. Dennoch erschreckte mich irgend etwas, und ich zerbrach mir den Kopf darüber, was es sein könnte.

Lange Zeit hatte ich mich selbst vor Verwicklungen der Gefühle abgekapselt. Obwohl ich immer ein sinnlicher Mensch gewesen bin, war es mir gelungen, mein Sexualleben und meine zärtlichsten Regungen getrennt zu halten. Vermutlich aus Selbstschutz. In letzter Zeit hatte ich meinem Körper sogar Sex vorenthalten. Der entschlossene Verzicht auf dieses körperliche Ventil als Ausdrucksmöglichkeit, als Ersatz für ehrliche Zuneigung, hatte mich leer und ein bißchen einsam zurückgelassen. Obwohl ich ehrlich überzeugt war, Sex behindere mein persönliches und akademisches Vorankommen, und daher willentlich meine Anfälligkeit für Sex aufgab, konnte ich einen starken Gegendruck in die andere Richtung spüren. Mein Körper wollte nicht so wie ich.

Etwas rührte sich zwischen meinen Beinen und im Fleisch meiner Brüste. Lawrence hatte nichts weiter getan, als mir in die Augen zu sehen und mit seiner dunklen Hand die meine zu drücken, und doch hatte er mich erregt. Es war ein vertrautes und seltsam willkommenes Gefühl, trotz meines früheren Entschlusses.

Dann, als habe das Schicksal eine Hand im Spiel, traf ich Lawrence auf einmal überall – bei Fakultätsfesten, im Büro des Instituts für Geschichte, auf dem Hof. Eines Nachmittags, als wir beide gleichzeitig im Postzimmer waren, lud er mich zu einem Eis in die Cafeteria ein.

Während wir zum Studentenzentrum schlenderten, sprachen wir über den Unterricht, über das wundervolle Herbstwetter und ein bißchen über griechische Architektur. Als wir später geschmolzenes Vanilleeis aus Waffeltüten schlürften, waren wir bei persönlicheren Themen angelangt.

Er erzählte mir von einer Frau, mit der er sich häufig getroffen hatte und von der er sich jetzt gerade trennte. Sie war Malerin und hatte irgend etwas mit dem Kunstmuseum der Stadt zu tun. Lawrence sagte, sie sei eine sehr ernsthafte Person, mit achtunddreißig Jahren aus eigenem Entschluß noch unverheiratet und kinderlos. Sie hatten gewisse Streitigkeiten wegen seines Sohnes Scott gehabt, und das hatte zu Spannungen in ihrer bereits kränkelnden Beziehung geführt.

Ich fragte ihn, ob er sich privat mit seinen Studentinnen verabrede. Er verneinte; rein technisch verstieße dies gegen die Regeln. Also erklärte ich ihm, ich würde keine Vorlesungen bei ihm belegen, und er lachte. »Das erleichtert mich«, sagte er, »ich dachte schon, ich müßte die Regeln ein bißchen dehnen.«

Das Eis war längst zu Ende, doch keiner von uns hatte Lust, das Gespräch zu beenden. Wir spazierten an den Rand des Parks und erstiegen dann den Hügel, der diesen vom Ozean trennte. Er zieht sich an einer Lagune entlang, in deren Mitte eine kleine Insel liegt. Über diese Insel gibt es eine Menge Geschichten. Chumash-Indianer sollen sie als Begräbnisplatz benutzt haben, und man erzählt sich von einem vergrabenen Schatz aus der Expedition von Sir Francis Drake. In Goleta Beach, nur ein paar hundert Meter vom Universitätsgebäude entfernt, hat man Geschütze gefunden; aus der Bucht wurde ein englischer Anker aus dem sechzehnten Jahrhundert geborgen.

Wir sprachen über diese Geschichten, während wir den Gipfel des Hügels erstiegen. Es war angenehm, dem Geklirr in der Cafeteria und der stetigen Geräuschkulisse studentischer Unterhaltungen zu entkommen. Je mehr wir uns dem Meer näherten, desto stärker machte sich das Rauschen der Wellen bemerkbar und übertönte alles andere.

Der Weg führte uns um die höchste Stelle des Abhangs herum, wo wildes Gras und bunte Blumen wuchsen. Unten sah man den Ozean und die Surfer in ihren glatten, schwarzen Gummianzügen. Anisduft und die Gischt des Ozeans ließen das Atmen zu einem sinnlichen Genuß werden. In der weiter oben gelegenen Wiese war das gelbe, wilde Gras mit goldenen, fuchsienfarbenen und purpurroten Blumen gesprenkelt. Man kam sich vor, als wandere man durch ein Bild von Monet.

Plötzlich fuhr ein Windstoß durch die Gräser und erzeugte ein singendes Geräusch. Lawrence legte mir den Arm um die Schultern und fragte mich, ob ich fröre. Ich zitterte, doch kalt war mir nicht.

Wir kletterten über Felsen, um den höchsten Aussichtspunkt der Klippe zu erreichen, aber so weit wir auch gegangen waren, die Stelle war noch immer nahe beim Weg. Lawrence rieb die Gänsehaut auf meinem Arm. »Sie frieren doch«, sagte er.

»Ja«, log ich. Er legte den Arm um meine Taille und führte mich über Maulwurfslöcher. Lawrences Finger schienen durch meine Bluse zu brennen, und die Wärme seines Körpers nahe an meinem reichte aus, um mich zittern zu lassen.

Ein Jogger näherte sich uns von hinten, und Lawrence zog mich zur Seite. Der Jogger setzte seinen gleichmäßigen Trab fort. Als ich wieder auf den Weg zurückgehen wollte, hielt Lawrence mich an, indem er seine Hände auf meine Schultern legte. Er sah hinunter in mein Gesicht.

Ich hatte Angst, den Blick zu heben, fürchtete, er würde mein Begehren sehen und mich für eine lüsterne, liederliche Frau halten statt für die zurückhaltende Dame, die zu sein ich mir antrainiert hatte. Doch er ging ein bißchen in die Knie und fing meinen Blick spielerisch von unten ein. Ich mußte lächeln. Und dann küßte er mich, zuerst nur ganz leicht auf die Lippen. Dann noch einmal. In diesen zweiten Kuß fiel ich hinein, wie man sich in ein warmes Schaumbad gleiten läßt.

Langsam sanken wir ins Gras nieder und hielten einander kniend fest umschlungen – keine Küsse, nur eine Umarmung. Ich zitterte noch immer.

Lawrence flüsterte meinen Namen, als sei er in seinen Klang verliebt. Er streichelte den Stoff meiner Bluse über den Schulterblättern mit langen, gleichmäßigen Bewegungen.

Tapfer sah ich zu ihm auf. Ich war sicher, daß seine Augen zu meinen paßten. Die schwarzen Pupillen wirkten jetzt beinahe auch blau, und er schielte ein bißchen in der blendenden Sonne. Seine vollen Lippen waren leicht geöffnet und in der Mitte feucht. Ich küßte zart die linke Seite seines Mundes, dann die rechte, dann die Mitte. Allmählich überwand ich mein eigenes Zögern, die Ablenkung durch die Umgebung und Verbote, die in meinem Unbewußten schlummern mochten, bis ich nur noch den Kuß fühlte und nur noch unseren Atem hörte.

Mir wurden die Knie schwach, und ich wollte mich ins Gras legen. Lawrence half mir und bettete mich auf den Rücken. Mein Haar breitete sich zwischen Kräutern und Löwenzahn aus. Meine Brustwarzen zeichneten sich durch den dünnen BH und die Baumwollbluse ab.

Lawrence blieb in seiner knienden Stellung und sah mit blauem Feuer in den Augen auf mich herunter. Sein Körper stand im Gegenlicht vor dem gelben Himmel; ich konnte kaum die Einzelheiten seiner Züge erkennen. Irgend etwas in seiner Hose schien ihn zu stören. Jetzt konnte ich sehen, daß es seine Erektion war. Lang und dick zeichnete sie sich unter der dünnen, langen Baumwollhose ab. Er versuchte, sein Glied herunterzudrücken, doch es kam wieder hoch. Allein der Anblick machte mich rasend. Ich wollte danach greifen und die Sache selbst in die Hand nehmen, aber noch hatte ich nicht den Mut dazu.

Jetzt legte er sich auf mich, sein Körper zwischen meinen Beinen, und drückte sein Gesicht an meinen Hals. Ich konnte den süßen Duft seiner Haut riechen, gemischt aus Rasierwasser, Schweiß und Leidenschaft. Er küßte mich hinter dem Ohr, unter dem Kinn, am Schulteransatz. Zwischen meinen Beinen konnte ich den rauhen Stoff seiner Hose fühlen. Er hob ein Bein, um mein Becken in Richtung auf seinen steifen Schwanz zu schieben.

Ein weiterer Jogger lief vorbei; wir rührten uns nicht, hielten beinahe den Atem an. Der Läufer blickte kein einziges Mal in unsere Richtung. Trotzdem wurde Lawrence nervös. Er hatte sehr viel mehr zu verlieren als ich, wenn wir erwischt wurden.

Und doch, trotz aller Gefahr und gegen jeden Anstand hätte ich ihn wohl direkt da draußen auf der Klippe gevögelt. Irgend etwas in der Hitze des Augenblicks läßt einen vergessen, was auf dem Spiel steht. Außerdem dachte ich damals, etwas so Magisches würde mir nie wieder passieren.

Während er mich mit halbgeschlossenen Augen ansah, ließ Lawrence seine Hand in meine Bluse gleiten und umfaßte meine Brust. Er drückte sie leicht. Ich merkte, daß ihm das, was er fühlte, gefiel. Sein Hals und seine Wangen röteten sich. Nach einigem Fummeln war meine Brust frei von allen Hindernissen und nackt der Sonne ausgesetzt. Lawrence beugte sich herunter und umkreiste mit der Zunge die Brustwarze. Dann saugte er daran. Es war, als sauge er an einem langen Nervenende, das sich durch meine Brust und meinen Oberkörper bis in meinen Schoß erstreckte, wo es an Sexualmuskeln zog. Ich konnte an nichts anderes denken als daran, wie sehr ich diesen Mann haben wollte.

Meine Hüften preßten sich ganz von selbst nach oben gegen seine. Meine Brüste wurden härter, die Brustwarzen steifer. Ich rieb meine Schenkel an den Nähten seiner Hose und meine Klitoris durch Schichten von Stoff an dem, was wohl sein Schwanz war.

Für die Jogger müssen wir merkwürdig ausgesehen haben – wie Oberschüler –, wie wir da völlig angezogen einen Trockenfick hinlegten. Endlich wurde uns beiden klar, daß wir die Sache anders anpacken müßten.

»Wohin gehst du von hier aus?« fragte er mich fast flüsternd.

»Nach Hause. Essen machen für mein Kind.«

»Könnten wir uns später treffen?«

Mußte er noch fragen? Ich sagte, ich könne ihn gegen halb acht sehen.

Er überlegte kurz und sagte, er werde mich dann abholen. Er erwähnte, er müsse um neun Uhr im Fernsehen eine Sendung über gotische Kunst sehen. Ich weiß nicht, warum er das tat. Vielleicht wollte er mir zu verstehen geben, daß wir bis dahin fertig wären.

Wir mußten allerdings noch aufstehen und unseren Platz auf der Klippe verlassen. Es gelang mir irgendwie, meine Brüste wieder in den Büstenhalter zu stopfen, wenn er auch nicht so gut zu passen schien wie vorher. Ich strich meinen Rock glatt. Lawrence hatte etwas mehr Schwierigkeiten mit seinem Schwanz. Er wollte nicht unten bleiben. Schließlich versteckte er ihn hinter dem Reißverschluß. Es war lustig, ihm zuzusehen, wie er sich damit abmühte, und außerdem war es höchst anregend. Wenn sein Schwanz so hart und so riesig war, wie er wirkte, hatte ich einen aufregenden Abend vor mir.

Ich machte einen Hamburger für Michael. Ich selbst konnte nichts essen. Dann nahm ich ein langes, heißes Schaumbad. Als ich mir mit dem cremigen Schaum die geschwollenen Brüste und den Schoß einrieb, spürte ich, wie hart meine Klitoris war. Seit der Episode auf der Klippe war mehr als eine Stunde vergangen, und ich war noch immer erregt. Ich wollte aber nicht masturbieren. Lawrence hatte es verdient; sollte er es haben.

Ich drehte mein Haar auf und schlüpfte in ein kittelartiges Kleid, das sich leicht und schnell ausziehen ließ. Als Lawrence mich abholte, lächelte er nervös. Und als er meinen Arm berührte, um mich zu seinem Auto zu führen, sah ich wieder diesen wollüstigen Ausdruck auf seinem Gesicht.

Obwohl Lawrence nur eine Meile von meinem Apartment entfernt wohnte, schien es mir eine Ewigkeit zu dauern, bis wir dort ankamen. Nichts, worüber wir sprachen, kam mir recht sinnvoll vor. Als ich die Augen schloß und versuchte, meine Nerven zu entspannen, konnte ich nichts sehen außer diesem harten Schwanz, der darum kämpfte, aus seiner Hose herauszukommen.

In seiner Wohnung machte Lawrence mir einen Drink, von dem ich wußte, daß ich ihn nie austrinken würde, und führte mich in sein Wohnzimmer. Es war ein sehr hoher Raum mit einer offenen Galerie auf einer Seite; dort oben war sein Schlafzimmer.

Er erwähnte, sein Sohn übernachte bei einem Freund, und wir gaben uns Mühe, uns zu unterhalten. Es dauerte allerdings nicht lange, bis unsere Körper die Sache übernahmen und sich miteinander verständigten.

Lawrence fand den Weg in mein Kleid, indem er es in der Taille öffnete; nun war die Vorderseite meines Körpers nackt. Ich drapierte mich über seinen bekleideten Körper auf der Couch und fühlte mich leicht dekadent. Beide schienen wir die Sache in die Länge ziehen und uns Zeit nehmen zu wollen in der Hoffnung, es so lange aushalten zu können. Meine Möse fühlte sich an, als habe sie sich an den Rändern geöffnet, um einen Schwanz zu suchen. Meine Brustwarzen waren steif aufgerichtet, und ich bekam allmählich Magenschmerzen. So geht es mir immer, wenn ich zu erregt werde, ohne einen Orgasmus zu haben.

Ehe wir uns versahen, war es neun Uhr – Zeit für die obligatorische Fernsehsendung. Der Apparat war oben auf der Galerie.

Als wir uns aufs Bett legten, zog Lawrence endlich seine Kleider aus, und zum erstenmal sah ich sein erigiertes Glied. Es war unbeschreiblich schön, erhob sich wie ein Schwert vor seinem Bauch. Die Vorhaut war etwas zurückgezogen, weil die Eichel so geschwollen war. Es machte ihn unwiderstehlich.

Ich wollte mich jetzt nicht länger beherrschen. Ich legte eine Hand um seinen Schwanz, zog die Vorhaut vollends zurück und entblößte den üppigen Kopf seines Schwanzes ganz, einen glänzenden, tiefroten Knauf, der bereits feucht schimmerte.

Lawrence erschauerte, drängte sich aber näher an mich. Ich nahm die Spitze seines Schwanzes in den Mund und spürte ihre Hitze auf der Zunge. Während ich die zarte Unterseite mit den Lippen berührte, nahm ich seine Eier in die andere Hand und kratzte ganz leicht mit den Fingernägeln daran. Lawrence stöhnte. Seine Augen waren geschlossen. Der Bildschirm warf farbiges Licht auf unsere nackten Körper. Wir waren ein unaufmerksames Publikum.

Als wir schließlich aufs Bett zurückfielen, legte Lawrence seinen Kopf zwischen meine Beine und nahm meine Klitoris zwischen die Lippen. Dann leckte er mit seiner langen, spitzen Zunge meine Möse. Sein Haar kitzelte meine Schenkel, seine Finger gruben sich in mein Fleisch. Ich sah ihm eine Weile zu und wartete darauf, daß er aufhören würde wie andere Männer. Doch er hörte nicht auf. Das, was er da tat, machte ihm eindeutig Spaß. Er gab sogar summende Geräusche von sich wie jemand, der ein gutes Essen genießt.

Ich legte also den Kopf aufs Kissen zurück und fing langsam an, mich zu entspannen. Je lockerer und gelöster ich wurde, desto besser fühlte sich das an, was er mit mir machte. Bald war meine ganze Aufmerksamkeit da unten konzentriert, auf meine Möse und seinen Mund. Ich merkte, daß sich in meinem Körper ein Orgasmus ankündigte. Beim Cunnilingus geht mir das sonst sehr selten so, und doch wußte ich da schon, daß dieser Mann derjenige sein könnte, der es schaffte.

Er hörte auf, aber nur für einen Augenblick. Nur, um zu sagen: »Du hast eine so süße Möse. Ich könnte dich fressen.« Dann kehrte er zurück und leckte weiter. Seine Worte regten mich fast so sehr auf wie das, was er tat. Gleich würde ich so weit sein. Meine Hüften hoben sich diesem Orgasmus entgegen.

Meine Beine zitterten, und ich mußte mich beherrschen, sonst hätte ich sie um Lawrences Kopf gepreßt. Mein Bauch und mein Hals erhitzten sich. Meine Brustwarzen wurden hart wie Kieselsteine, und unwillkürlich stieß ich keuchende Laute aus.

Lawrence schob einen Finger in meine Möse, und meine inneren Muskeln schlossen sich darum wie ein Schraubstock, als versuchten sie, aus seiner Fingerspitze Flüssigkeit zu pressen. Ich drehte den Kopf ins Kissen, um den Schweiß abzuwischen. Und während der ganzen Zeit hörte er nicht auf, mit mir zu sprechen.

»Du bist so schön. Du siehst herrlich aus, wenn du dich so bewegst...«

Als die Schauer schließlich aufhörten, kam Lawrence hoch zu mir und führte sanft seinen Penis in meine Vagina ein. Er tat es so langsam, daß ich fühlen konnte, wie die Falten meiner inneren Haut sich am Rand seiner Eichel rieben. Er fühlte sich groß an in mir, und als er ganz eingedrungen war, berührte er meine Vagina an allen Seiten. Er füllte mich.

Lawrence war ein starker Mann. Selbst beim schwachen Licht des Fernsehers konnte ich das Spiel seiner Muskeln sehen. Als er mein Becken anhob, um es an seines zu ziehen, wölbte sich der Bizeps beider Arme prall unter der schwitzenden Haut. Seine Schultern und seine Brust glänzten.

Aber ich schaute nicht nur auf seine Brust. Auch sein Gesicht erregte mich. Wenn ich eine innere Vorstellung davon gehabt hätte, wie der vollkommene Mann für mich aussehen müßte, hätte Lawrence dem perfekt entsprochen. Seine Augen waren groß und hatten dichte Wimpern. Das Blau war blasser als der Himmel, ein starker Kontrast zu seiner dunklen, gebräunten Haut. Sein Haar war dicht und lockig, sein Mund voll und sinnlich.

Jedesmal, wenn ich sicher war, wir wären nun fertig, fing Lawrence wieder an. Er drehte mich um, zog meine Hüften hoch und vögelte mich von hinten. Ich hatte gemeint, diese Stellung würde mir nie zusagen, doch er machte, daß sie sich gut anfühlte. Er stopfte ein Kissen unter meinen Bauch und legte mich so hin, daß nichts weh tat. Ich kam auch dabei, und als ich fertig war, bewegte er mich wieder, diesmal zum Rand des Bettes.

Meine Beine ragten über den Bettrand, und Lawrence kniete auf seinem Kissen auf dem Boden. So konnte er mich vögeln, ohne daß einer von uns viel Energie aufwenden mußte. Er begann, in sehr raschen Stößen in mich einzudringen. Ich fragte mich allmählich, ob er überhaupt jemals kommen würde. Und kam selbst noch einmal.

Dann lagen wir auf dem Bett, und ich war auf ihm. Er schien sich ausruhen zu wollen, also übernahm ich die Führung. Ich setzte mich rittlings auf ihn, die Beine zu beiden Seiten seines Oberkörpers angezogen, seine Hände auf meinen Brüsten. Ich vollführte schwingende, drehende Bewegungen mit dem Becken, die meine Klitoris gegen den Schaft seines Gliedes rieben. Sie zwangen seinen Schwanz, sich in mir von vorn nach hinten zu bewegen. Ich kann auf diese Weise sehr leicht kommen, und als ich es tat, fiel ich mit einem beinahe klatschenden Geräusch auf seine Brust, so naß waren wir.

Die letzte Stellung war dieselbe wie sie erste; er lag auf mir. Meine Klitoris schwebte ständig am Rand des Orgasmus und gab ihm hin und wieder nach. Ich staunte darüber, wie lange er ficken konnte, ohne zu kommen, und wurde allmählich ein bißchen müde. Genau da passierte es. Ich spürte, wie sein Körper sich versteifte. Er stöhnte laut an meinem Hals. Ich widerstand dem Impuls, mich ihm entgegenzustoßen und seinen Saft aufzusaugen. Mit angehaltenem Atem lag ich vollkommen ruhig.

Ich fühlte, wie er in mir kam. Seine Flüssigkeit schoß mit solcher Intensität heraus, daß ich mir vorstellen konnte, wie sie gegen das hintere Ende meiner Möse spritzte. Einmal, zweimal, dreimal floß sie. Und dann, nach einem oder zwei Augenblicken, kam noch mehr. Lawrences Kolben stieß bei jedem Schub vorwärts. Meine Hände lagen auf seinen Hinterbacken.

Er fiel neben mir auf das Bett und atmete heftig. Von der

lauten Stimme eines Sprechers aufgeschreckt, blickten wir beide gleichzeitig nach dem Fernsehapparat. Dort lief der Nachspann ab. Wir hatten uns eine volle Stunde lang geliebt und den ganzen Dokumentarfilm versäumt.

»Tut mir leid«, sagte ich lächelnd.

»Mir nicht«, sagte er, nahm meine Hand und küßte sie. »Wann können wir das wieder machen?« fragte er.

»Nicht jetzt, das steht fest!« sagte ich in gespielter Verzweiflung. Wir lachten beide.

Wie sich herausstellen sollte, schlief ich häufiger mit Lawrence als je mit irgendeinem anderen Mann. Wir gingen jeden Abend aus, bis wir gemeinsam nach Hause fuhren, wo wir uns dann zwei Jahre lang jeden Abend liebten.

Wir taten es an allen üblichen Orten und auch an einigen ungewöhnlichen; unter der Dusche, am Strand, in seinem Büro in der Uni, im Auto. Unsere gemeinsame Zeit war voller Gefühl, manchmal Zärtlichkeit, manchmal Schmerz. Wir hatten tiefschürfende Diskussionen über den Sinn unseres Lebens und darüber, ob wir als Team weitermachen sollten oder nicht. Letzten Endes war es keine Sache, die sich leicht beherrschen ließ. Die Trennung kam ebenso abrupt und unerwartet wie der Anfang und schokkierte uns wohl beide. Zuerst war ich es, die wieder allein sein wollte, dann war er es, und dann löste sich die Sache einfach auf. Sie fiel durch den Graben zwischen uns.

Seit unserer Trennung sind einige Monate vergangen. Mein Sohn und ich haben eine neue Wohnung, und Michael trifft sich gelegentlich noch mit Scott. Wir sind auf unsere Art glücklich. Manches spricht für die Bindung in einer liebevollen Paarbeziehung, aber auch das Alleinsein hat seine Vorzüge. Ich bin sicher, wenn ich lange genug hier auf diesem Felsen sitze, wird mir einfallen, worin sie bestehen.

»He, Mami«, ruft Michael; seine Kordhose ist naß bis zu den Knien. Ich bin irritiert, weil er meine Tagträumerei unterbrochen hat.

»Was ist?« rufe ich zurück.

»Ich liebe dich«, sagt er. Und wirft einen weiteren Kieselstein in den Fluß.

Susan Griffin

Viyella

Eine erotische Geschichte. Eins steht mal fest: Ich bin sauer auf meine Geliebte. Außerdem sind meine Nackenmuskeln verspannt und tun so weh, daß ich vor jeder Bewegung Angst habe. Ohne sich zu bewegen, kann man aber nicht miteinander schlafen. Das ist natürlich nur eine Metapher. Ich mache tiefe seelische Veränderungen durch. Ich weiß das. Ich könnte sie minuziös beschreiben. Werde ich aber nicht tun. Nicht hier und jetzt. Ich sage bloß, daß meine Muskeln verspannt sind, weil mir die Veränderungen, die in mir vorgehen, Angst einjagen. Und in diesem Zustand setze ich mich hin, um eine erotische Geschichte zu schreiben.

Ich schreibe sie so, wie ich rede. In der Sprache meiner weiblichen Erfahrung. Unterhaltung am Küchentisch, sozusagen. Nur so kann ich mit Erotik ehrlich umgehen. Jahrelang habe ich versucht, so zu sein, wie ich sein zu müssen glaubte. Das ist wohl der einzige Satz, mit dem ich anfangen kann, wenn ich von erotischen Gefühlen zu reden versuche. Jetzt, im Alter von vierzig Jahren, weiß ich endlich, daß ich lesbisch bin. Das soll nicht heißen, daß ich keine sexuellen Gefühle für Männer hätte. Aber meine tiefsten Sehnsüchte und Wünsche – nach Intimität, nach Vertrautheit, nach Berührung, nach Eindringen in Körper und Seele eines anderen, nach Verschmelzung und Trennung, nach Verschlingen und Verschlungenwerden –, dieses wilde, riesige, erstaunliche, erschreckende Territorium der Erotik ist für mich nicht mit Männern verbunden, sondern mit Frauen.

Und wie lautet nun die Geschichte? Die erotische Geschichte? Es wird eine Geschichte sein müssen über zwei Frauen, die miteinander schlafen. Sie wird sich irgendwo im

Leben einer Frau abspielen müssen, die verheiratet war, ein Kind hatte und diese Ehe beendete; einer Frau, die erkannte, daß ihre Ehe, aus welchen Gründen sie auch sonst noch schiefging, auch daran scheiterte, daß ihre wirkliche Leidenschaft und ihre tiefsten Liebesgefühle nicht Männern gehören. Womit gesagt ist, daß die Geschichte sich abspielen muß, nachdem eine gewisse Veränderung in der Seele der Frau stattgefunden hat. Nachdem sie beschlossen hat, nicht länger das sein zu wollen, was andere von ihr erwarten. Nachdem sie beschlossen hat, nicht länger zu lügen über das, was sie wirklich ist.

Da liegt, nebenbei gesagt, auch das Problem mit meinem Nacken. Aber ich werde nicht anfangen, von meinen gegenwärtigen Schwierigkeiten zu erzählen. Sie sind Teil meines Privatlebens, und das heißt, sie sind empfindlich und verletzlich und gehören nicht gedruckt auf eine Seite oder unter die Augen fremder Leute. Und außerdem habe ich über die Gegenwart immer wieder und so viel nachgegrübelt, daß ich erschöpft bin. Ich leide darunter, leide an Wut und Liebe. Ich will in die Vergangenheit zurückgehen. Und ich will die Vergangenheit ändern. Nicht darüber lügen, aber sie neu erschaffen, mit leicht veränderten Tatsachen und Umständen statt derer, in denen sie sich wirklich abgespielt hat.

Und warum? Der erste Grund ist kompliziert, der zweite einfach. Der erste Grund ergibt sich aus dem, was ich über die Phantasie und unsere Beziehung zur Vergangenheit weiß. Ich weiß, daß wir der Vergangenheit neue Bedeutungen geben, je nachdem, wer wir im Augenblick sind. Und der zweite Grund, der einfache? Ich will nicht das Privatleben einer anderen Frau preisgeben, die mir einmal vertraut hat, die ich einmal geliebt habe, noch liebe und mit einem anderen Teil meiner Seele immer lieben werde.

Ich will sie Viyella nennen. Der Name gefällt mir. Natürlich heißt sie nicht wirklich Viyella. Doch ich mag den Namen so, daß ich ihn wochenlang mit mir herumgetragen habe. In diesem Augenblick fange ich eine echte Liebesgeschichte an mit ihr, mit Viyella. Jetzt ist der Name ein Teil der Gestalt, die ich erschaffe und die jemandem ähnelt, den ich wirklich geliebt habe, mit dem ich wirklich geschlafen habe, den ich wirklich in meinen Armen gehalten habe. Diese Frau, die ich erschaffe, beansprucht den Namen für sich; das ist ein Teil ihres Charakters. Sie hat Sinn für Dramatik, sie und die wirkliche Frau, der sie nachgebildet ist. Sie erfindet sich gern eine andere Person. Sie macht sich wichtig.

Als ich sie kennenlernte (die wirkliche Frau oder Viyella? Spielt das noch eine Rolle?), hatte sie einen Südstaaten-Akzent. Das war echt. Er war das Echteste an ihr. Sie stammte aus einer ländlichen Kleinstadt in Georgia, wo der Boden rot ist, und ich hörte sie gern davon und von ihrer Familie erzählen in diesem weichen, südlichen Tonfall, der mir so warm und rot vorkam wie der Boden dort. Aber sie hatte die Sorbonne besucht. So, wie sie die Sache schilderte, war sie auf und davongegangen und hatte diesen ganzen Sorbonne-Scheiß – so redete Viyella – hinter sich gelassen, weil, stell dir vor, Schätzchen, er das größte Windei der Welt und einfach nicht ihr Bier war. Sie wollte zurück zu echten Leuten, zu denen, mit denen sie aufgewachsen war. Na ja, ganz so auch wieder nicht, denn sie lebte ja jetzt in Berkeley, Kalifornien. Sie trug Flanellhemden. Und weiche, blaue Jeans. Das Haar floß ihr ungebändigt um den Kopf. Ihr Gesicht war freundlich und schlicht, nicht von der Schlichtheit, die mangelnde Schönheit ist, sondern von der Schlichtheit, die einen an alte Farmhäuser denken läßt aus unbehauenen Balken, von Wind und Wetter geformt. Alles an ihr war sehr weich. Sogar jetzt fühle ich in mir etwas Weiches, wenn ich mich erinnere, wie sie aussah. Irgend etwas Wesentliches an ihr, in der Art, wie sie saß und gestikulierte, war fraulich, wenn sie auch einen staksigen Jungen-Gang hatte, die Schultern krümmte, als sei ihr zarter Körper kampfbereit, und Jungen-Tennisschuhe trug. Sie war Fotografin und arbeitete als Volontärin bei einer Frauenzeitschrift. Sie sammelte Essensmarken und Fürsorge. Beschäftigte sich mit wesentlichen Dingen (wie sie sagte), hatte kein Bedürfnis nach Schnickschnack. Doch man sollte merken: Sie war Besseres gewöhnt, lehnte es aber ab.

Geschichten über Paris und die Sorbonne glitzerten in ihrer sonstigen Unterhaltung auf wie Gold- oder Silberflitter im Lidschatten einer Frau. Sie garnierte ihre Gespräche mit französischen Sätzen. Mit herrlichen französischen Sätzen. Das lag nicht so sehr an ihrer Aussprache als daran, daß man immer irgendwie Georgia durchhörte. Das *ça va?*, was bei ihr soviel bedeutete wie *okay?*, wurde eben ein wenig in die Länge gezogen, so daß es sich anhörte wie Saaah vaaah? Es war einfach schön. Wie sie sagte, war sie in Paris gewesen, um französische Literatur zu studieren. Sie hatte Baudelaire-Zitate auswendig gelernt und gab davon gelegentlich eine oder zwei Zeilen zum Besten. Sie hatte angeblich an ihrer Doktorarbeit gesessen. Nur interessierte sie sich dann mehr für Paris als für ihre Arbeit. Sie wollte ihr Leben wieder so einrichten wie damals in Paris, nur diesmal in Berkeley. Daher verbrachte sie viel zuviel Zeit in Cafés und trank dort Kaffee. Das war nicht gut für sie, weil sie Probleme mit dem Herzen hatte. Sie sagte, sie habe die Sorbonne verlassen, weil sie keine trockene Akademikerin werden wollte. Sie wünschte sich Abenteuer. Sie wollte mehr vom Leben haben. Und außerdem mußte sie sowieso an ihre Wurzeln zurückkehren, wieder die wirklichen Menschen dieser Erde sehen. Deshalb kehrte sie in ihr Heimatland zurück. Deshalb und weil sie die Tatsache akzeptieren mußte, daß die Frau, in die sie sich in Paris verliebt hatte, niemals irgend jemandes Geliebte werden würde, wirklich.

Doch Viyella hatte noch eine andere Seite. Es gab noch einen anderen Teil bei dem Bild, das sie von sich selbst zeichnete. Sie sprach darüber, wie sehr sie ihre Mama geliebt habe, und die Mama habe ihre Liebe nie richtig erwidert. Wenn sie so redete, verschlug es mir den Atem. Da saß eine Frau und erzählte mir in ihrem so elegant mit französischen Brocken durchsetzten Südstaaten-Akzent, wie sehr sie sich nach Mutterliebe gesehnt hatte, daß sie sich zurückgewiesen gefühlt hatte, daß sie nie genug von dieser Liebe bekommen hatte und sich noch immer danach sehnte. Noch immer. Ich sagte mir nicht: Das ist aber mal eine ehrliche Person. Das ist aber mal ein starker Mensch, der Einblick in seine Seele hat und seine verbotenen Wünsche sehen kann. Jemand, der seine Verwundbarkeit, seine Zärtlichkeit, seine Kindlichkeit eingestehen kann. Das sagte ich mir nicht. Ich sagte auch nicht, wie gut es mir gefiel, daß sie gelehrt gewesen war, ehe sie die Gelehrsamkeit aufgab. Daß sie sich und der Welt bewiesen hatte, daß sie jemand werden konnte. Jemand, den sogar europäische Professoren als brillant anerkannten. Jemand, der sich in der Welt durch Leistung bewiesen hatte. Jemand, der schließlich Französisch sprach und gebildet war. Jemand, der einen blenden und beeindrucken und dann achselzuckend sagen konnte: »Aber dieser ganze Scheiß ist ja völlig unwichtig, nicht?«

Ich sagte mir nichts dergleichen, und ich sagte mir auch andere Dinge nicht, die ich wußte, die ganze Zeit wußte, darüber, wer Viyella wirklich war. Ich hatte Zweifel und Sorgen. Das erstemal, als ich sie sah, schien Viyella ziemlich am Ende zu sein. Ich hatte das Gefühl, daß sie verzweifelt und verloren war und nach jemandem Ausschau hielt, der ihr Halt gab. Aber ich vergaß diesen ersten Eindruck oder vielmehr, ich verbarg meine Erinnerung daran vor mir selbst. Ich brachte meine Zweifel zum Schweigen.

Ich war freigebig. Ich brachte ihr Blumen. Schickte ihr schöne Briefe. Zog meine besten Kleider an und führte sie zum Essen in besondere Lokale. Ich küßte sie in der Öffentlichkeit und hielt ihre Hand, und sie bewunderte meine Kühnheit. Ich hatte meine Liebe zu Frauen so lange unterdrückt, daß es kein Halten mehr gab, als ich dieses Tabu einmal durchbrochen hatte. Es war mir egal, was die Leute auf der Straße dachten. Ich stellte mir sogar vor, daß ihnen der Anblick einer Frau gefallen müßte, die eine andere Frau liebte, sie auf den Mund küßte, ihren Körper an den Körper der anderen Frau drückte, um die Weichheit zu fühlen, in die man sich selig hineinsinken läßt. Ich stellte mir sogar vor, dieses weiche Gefühl durchtränke die Atmosphäre um uns und mache die Menschen um uns herum genauso glücklich wie uns.

Wir wurden ein Liebespaar. Sie tat so, als sei sie nicht ganz verfügbar; darin sind Frauen geübt. Wenn ich sie anrief und mit ihr ausgehen wollte, mußte sie vorher in ihrem Kalender nachsehen und sagte zuerst nein, überlegte und jonglierte eine Weile und sagte dann doch zu. Das erhöhte meine Panik. Wenn sie nicht auf der Stelle ja sagte, war mir, als wäre ich verdammt, als wäre es mir bestimmt, immer von denen abgewiesen zu werden, denen ich Liebe zeige. Das war eine ganz alte Geschichte bei mir. Jemand, den ich liebte, liebte mich nicht. Ich war damals das Spiegelbild von Viyellas Selbstbeschreibung, ein Kind, das seine Mutter liebte und nicht wiedergeliebt, sondern abgewiesen wurde.

Aber dann endlich, endlich! Wir gingen aus. Und waren eines Nachts zusammen in meinem Schlafzimmer. Gemeinsam zogen wir uns selbst und einander aus, spielerisch, ein bißchen gehemmt, rasch. Wir kamen uns vor wie Jungen, die zum erstenmal einen Büstenhalter aufhaken, und lachten über uns. Aber wir waren keine Jungen, wir waren Frauen, die viel mehr wußten als Jungen, und die verheimlichten, was sie wußten. Doch was immer wir einander dann zu erkennen gaben, zuerst ereignete sich eine Art Wunder direkt zwischen den Oberflächen unserer nackten Körper, ehe sie sich auch nur berührten. Eine Art Strahlung war in dem winzigen, fast unsichtbaren Zwischenraum zwischen unseren Körpern. Als wir uns berührten, meine Arme um sie gelegt, unsere nackten Brüste gegeneinander (wir waren gleich groß), ihr Bauch leicht gegen meinen (gleiches Gewicht) gedrückt, wurde dieser Schmerz in mir, den ich fühlte, wenn ich nicht sicher war, daß sie mich liebte, zu einem offenen Tal, einem leeren Weinen, einem Schrei von solcher Sehnsucht, daß man ihn nie wieder loswürde, wenn man ihn in einem Lied gehört hätte. Und das Tal füllte sich mit allem Schmerz der Einsamkeit, die ich je gefühlt hatte – von welchem Alter an? Sehr früh. Schon sehr früh. Aber jetzt war der Schmerz gut. Er war das Gefühl eines Körpers, der erwartet, berührt zu werden, zu noch tieferen Gefühlen geführt zu werden. Er war Begehren, das wie ein Echo von meinem Körper zu ihrem ging. Ihr Körper. Ihre Haut, das weiche Fleisch, das meines berührte, nahm sofort alles in sich auf, was ich war, alles, was ich wußte und vor mir selbst verbergen oder geheimhalten wollte. Alles, was ihr Körper in mir erkannte, war gesegnet. Gleichzeitig spürte mein Körper alles, was sie je gefühlt hatte, und weinte um das, was sie erlitten hatte. In meiner Seele wuchs unendliche Zärtlichkeit für sie. Ich wollte sie. Ich wollte in sie eindringen, wie ich mich danach sehnte, daß sie mit ihren Händen, ihrem Mund in mich eindrang. Ich streckte die Hand aus. Ich berührte sie. Ich kann es nicht mehr genau sagen, weil ich mich nicht ganz an alles erinnern kann, was in diesem Moment geschah, aber ich weiß noch, daß ich schließlich in ihre Lippen eindrang, in diesen roten Kanal zwischen ihren weichen Schenkeln, der meine Hand umgab und traf, als ich dort hinkam. Und ich war erstaunt, weil sie so offen war. Das Eindringen war so leicht. Ich erschrak, weil ich keinen Widerstand traf, sondern nur Bereitschaft. Daran war ich nicht gewöhnt. Es war, als sei alles wahr geworden, was ich mir je gewünscht hatte. Als stünde die Welt kopf. Als verstünde ich die Schwerkraft nicht mehr. Und dann sagte sie mir ganz lieb und ruhig mit ihrer Georgia-Stimme, sie sei nicht immer so offen. Aber jetzt fühle sie sich so. Und da wir dort stünden, sagte sie, sollten wir doch ins Bett gehen, das wäre vielleicht besser. Wir taten es also und liebten uns. Sie gab mir ihren Mund, ihre Hände, ihr Selbst. Und ich berührte sie und drang in sie ein und versank irgendwo mit ihr. Das Begehren war so stark, daß wir beide schrien. Dann kam die Ekstase, die im Körper einer Frau vor sich geht, über uns beide, nicht gleichzeitig, aber nacheinander, und dann noch mal, wie Wellen, durch den ganzen Körper, und dann die Hitze, die Schwere, der Duft, und dann die Gelöstheit, als sei wieder eine Schicht Kleidung verschwunden, als seien wir endlich in einer Welt angekommen, die uns einen Augenblick erschreckt hatte und uns nun liebkoste; wir waren so froh, als hätten wir jetzt keine Angst mehr vor allem, was wir je gefürchtet hatten, und wir lachten.

Wegen dieser Nacht und vieler anderer, die folgten, und der Tage, der Zeiten, die wir nur zusammensaßen, nahe beieinander, glücklich und entspannt, oder in das Gesicht schauten, das dieses Glück barg, die Erinnerung, das Versprechen, wegen all dem war etwas an dieser Liebe, das war richtig. Trotz der Schmerzen, die später kamen. Trotz allem. Denn das, wie die Freuden, war beträchtlich.

Wie immer, wenn man verliebt ist, war das Leben am Anfang paradiesisch. Mit Viyella schien alles schöner. Alles, was kompliziert war oder angespannt, schien jetzt einfach. Ich liebte alle Leute mehr. Eines Abends standen wir draußen in der Kälte, um einen wundervollen Sonnenuntergang anzuschauen. Ich brachte es nicht fertig, auch nur einen Moment hineinzugehen, um eine Jacke zu holen. Viyella wärmte mich mit ihren Armen. Ich stellte mir vor, wir seien Engel.

Aber da liegt die Ironie! Wir waren auf der Erde. Ich erkältete mich. Und jetzt machte Viyella große Pläne, wie sie mich pflegen würde. Sie würde bei mir bleiben. Mein Haus in Ordnung bringen. Das Telefon bedienen. Mir Frühstück, Mittag- und Abendessen machen. Aber genau wie bei ihren Plänen, eine Ausstellung mit ihren Fotos zu veranstalten, kam kaum etwas dabei heraus. Sie sagte etwa: »Ich komme und mache dir das Abendessen.« Zuerst war ich dann überrascht, wenn sie um elf Uhr nachts ankam, ahnungslos oder schlimmer aussah und so tat, als erinnere sie sich nicht mehr an ihr Versprechen. Ich fing an, darauf zu warten, daß sie versagte. Und wenn sie dann versagte, spürte ich wie ein starkes Ziehen ihren Wunsch, ich solle sie trösten, weil sie versagt hatte. Das war ein Muster. Ein Szenario, das viele Male durchgespielt werden mußte und dessen Ende nicht abzusehen war. Obwohl ich das wußte, tat ich vor mir selbst so, als wisse ich es nicht. Ich belog mich selbst, damit ich weiter bei Viyella und ihren nicht eingehaltenen Versprechungen bleiben konnte.

Aber schließlich kam es zu einem anderen Versprechen, das für unsere Bindung wesentlicher war und dessen Bruch ich nicht übersehen konnte. Viyella war nicht die Person, für die ich sie hatte halten wollen. Ich sagte mir, ich hätte das nur durch Zufall herausgefunden. Doch in Wirklichkeit hatte ich schon lange Verdacht geschöpft und darum einen Plan gemacht, sie bei einer Lüge zu ertappen. Statt sie offen zu fragen: »Viyella, hast du wirklich französische Literatur studiert?« sagte ich eines Tages: »Mais où sont les neiges d'antan?« Sie reagierte so, wie ich befürchtet hatte. Sie konnte diese Zeile weder übersetzen, noch wußte sie, woher sie stammte. Ich sah einen Ausdruck von Panik auf ihrem Gesicht, der mir alles verriet. Sie dagegen sah meinem Gesicht an, daß ich mich getäuscht und betrogen fühlte. »Wo ist der Schnee vom vergangenen Jahr«, übersetzte ich für sie und erklärte ihr, das sei eine der berühmtesten Zeilen in der französischen Dichtung. Traurig ging sie weg und tat so, als habe sie das die ganze Zeit gewußt. Obwohl ich ihren Kummer sah, fühlte ich nichts als Wut darüber, daß sie mich noch immer belog.

Wer war sie also wirklich? Ich fragte nicht. Einige Tage waren wir getrennt. Sie kam zurück zu mir und war etwas ehrlicher. Ihr ganzes Leben lang, sagte sie, habe sie die Wahrheit übertrieben. Sie wollte gern gelehrt sein, soviel stimmte. Und sie war eine Woche lang an der Sorbonne gewesen. Zwar nicht als eingeschriebene Studentin, aber sie hatte im Lesesaal gesessen und sich mit einer Übersetzung abgequält. Ich wußte nur, daß ich die Frau verloren hatte, in die ich mich verliebt hatte – die, die den akademischen Erfolg um wirklicher Menschen willen so tapfer aufgab.

Ich versuchte, sie weiterhin zu lieben, aber es gelang mir nicht. Obwohl mein Körper sie noch immer liebte. Bei dem Gedanken, mich von ihr zu trennen, litt ich physische Schmerzen. Trotz der Tatsache, daß ich mich von ihr zurückzog, gab es noch immer eine Strahlung zwischen uns, eine Freude, sogar etwas Heilendes, in der Haut und in den Knochen, das Gefühl, das wir Zärtlichkeit nennen.

Endlich verließ ich sie, weinend, ja schluchzend. Ich sagte ihr, das, was zwischen uns war, sei für mich zu Ende. Zuerst tat sie so, als mache es ihr nichts aus, genau wie sie am Anfang so getan hatte, als sei sie zu beschäftigt, um mich zu sehen. Doch nach ein paar Stunden stand sie vor meiner

Tür und bat mich, noch einmal über alles zu reden. Ich wollte sie nicht sehen. Ich hatte Angst, sie zu sehen. Angst, mein Körper würde zu ihr zurückkehren und versuchen, meinen Geist mit der Enttäuschung leben zu lassen, derentwegen ich jeden Morgen mit Bitternis aufwachte.

Nach neun Monaten kam ich dahinter, daß Viyella mich belogen hatte. Doch es dauerte Jahre, bis ich merkte, daß ich mich selbst belogen hatte. Ich hatte von Anfang an gewußt, daß das, was sie mir erzählte, nicht stimmen konnte. Im ersten Augenblick, in dem ich sie sah, wußte ich, daß ich eine andere Viyella getroffen hatte. Ich glaube, ich habe mich selbst darüber belogen, was ich von ihr wußte und worum ich sie sogar gebeten hatte in jener unausgesprochenen Art, in der wir Forderungen aneinander stellen, nämlich, sie solle mich über sich selbst belügen. Ich wollte, daß sie für mich eine Phantasie von jemandem erschuf, den ich bewundern konnte. Ich sagte mir nie, daß ich, ebenso wie sie es nötig hatte, mich mit ihren Phantasien zu beeindrukken, es selbst nötig hatte, die Welt mit einer Phantasie-Geliebten zu beeindrucken. Und genau wie Viyella besaß ich das nicht wirklich, was in mir selbst verloren, begraben und zerbrochen war.

Die Geschichte, die ich hier erzählt habe, ist wahr und nicht wahr. Sie geschah in der Vergangenheit, nicht nur einmal, sondern viele Male, nicht nur mit Viyella, sondern auch mit vielen anderen. Und sie geschah, bevor ich Viyella überhaupt kannte oder sie mir vorstellte.

Vor vielen, vielen Jahren war jemand, den ich liebte, nicht die Person, die ich mir wünschte. Sie hatte für mich das sein wollen, was sie nicht sein konnte. Sie machte mir Versprechungen, die sie nicht halten konnte. Um mich zu trösten, schuf ich ein Phantasiebild von ihr, aus ihren Illusionen und meinen. Sie war meine Mutter, aber sie konnte mich nicht bemuttern. Sie hielt keines ihrer Versprechen. Mit meinem Kinderverstand wußte ich das, doch ich konnte die Verzweiflung dieses Wissens nicht ertragen. Mich selbst zu belügen, war mir daher eine alte Gewohnheit.

»Viyella«, schrieb ich ihr ein paar Wochen nach unserer Trennung, »wir können nie wieder zusammenkommen. Ich weiß nicht einmal, wer du bist.« Und das stimmte. Aber heute, nachdem viel Zeit vergangen ist, würde ich noch eine Zeile hinzufügen: »Die Wahrheit hat viele Gesichter.« Ich kannte Viyella doch und liebte sie in meinem Körper, und diese Liebe kann ich nie vergessen. Ich will sie nicht vergessen. Ihre Offenheit, wie ich in sie eindrang, und wie diese Offenheit für mich die Welt veränderte. Man kann nicht lieben, ohne verändert zu werden. Man kann nicht über Liebe schreiben, ohne seinen Geist und sein Herz zu verändern. Wenn ich wütend auf meine Geliebte war, dann ist die Wut jetzt zu Kummer geworden. Doch auch der Kummer hat nun eine andere Dimension.

Sharon Mayes

Wie er mich einfing

Ich lag immer im Bett, wenn er die Treppe heraufkam. Er zog sich dann rasch aus und warf seine Kleider achtlos auf den Fußboden. Diese Tageszeit war mir am liebsten. Ehe er ins Bett stieg, pflegte er noch ein paar Minuten unbekleidet im Zimmer herumzugehen. Meine Freude am Anblick seines nackten Körpers grenzte an Sünde. Wie kann ich ihn beschreiben? Seine braune Haut war wie das Packpapier um einen Sprengsatz. Er war klein, aber nicht dünn; sein Bauch stand leicht vor, seine Schultern waren breit, ein Streifen weicher, brauner Haare zog sich vom Nabel zu den Genitalien. Rund, das ist das Wort, und kräftig, seine Arme und Beine waren kräftig, aber nicht überentwickelt. Die Rundung seines Gesäßes, die festen, sinnlichen Muskelhügel, die sich bewegten, während er im Zimmer herumsprang, ließen mich vor Lust erschauern. Mein Körper reagierte automatisch auf seinen Anblick. Manchmal bat ich ihn, sich nackt hinzustellen, damit ich ihn in Ruhe betrachten konnte. Er lächelte mir zu; ich tue alles, was dir gefällt, schienen seine Augen zu sagen. Fast genausoviel Spaß wie sein Anblick machte es mir, wenn er schließlich ins Bett kam, denn ich hatte den unwiderstehlichen Drang, sein Bäuchlein zu streicheln. Ich liebte es, seinen Penis anzusehen, nackt und hungrig wie ein Vogeljunges in seinem Nest, erwartungsvoll und unglaublich sensibel. Zwei Jahre lang haben wir, wie die Zweige von Weinreben ineinander verschlungen, zusammen geschlafen. Es ist mir peinlich, aber ich muß zugeben, daß wir schon seit dem Abend zusammenleben, an dem wir uns kennengelernt haben. Warum gerade er? Warum er mit seinen brauen Locken und seinen

Eichhörnchenbacken? Warum er mit seinem würzigen, männlichen Geruch und seinen glitzernden Augen? Ich glaube, es war sein wunderschönes Lächeln, mit dem die ganze Geschichte begann.

Ich kam im Dezember bei siebenundzwanzig Grad Wärme in San Diego an. Die Brise war zwar kühl, aber mir standen trotzdem Schweißtropfen auf der Stirn. Ich war aufgeregt, ängstlich und schon jetzt krank vor Heimweh nach dem Mann, den ich zurückgelassen hatte, und der großen Stadt im Osten, die meine Heimat gewesen war. Von zu Hause wegzugehen bedeutete zweierlei: Abenteuer und Angst. Während der langen Fahrt überkamen mich Erinnerungen und zwangen mich, mir die wahren Gründe hinter meinem Entschluß zum Weggehen klarzumachen. Es drehte sich nicht einfach darum, einen neuen Job anzutreten. Ich fürchtete mich vor der Liebe. Anthony war seit zehn Jahren der erste Mann, dem ich vertraut hatte. Vorher hatte ich es nicht besser gewußt und allen vertraut. Außerdem begehrte ich ihn mit unermüdlicher Leidenschaft. Während Weizenfelder, Ebenen und Wüste an mir vorbeizogen, sagte ich mir die ganze Zeit, er sei zu jung, zu idealistisch, zu wenig imstande, ohne mich auszukommen. Dann erinnerte mich mein Gedächtnis mitleidlos an das magische Band zwischen uns, das Band, das mich trotz meiner Angst an ihn kettete. Ich versuchte, es aus meinen Gedanken zu verbannen, es mit Rationalisierungen zu zerschneiden, es durch meine Erschöpfung zum Verschwinden zu bringen, doch es blieb bestehen. Ich erinnerte mich, wie wir miteinander geschlafen hatten, wie er in mich einzudringen und einen Augenblick stillzuhalten pflegte, dann wild jede Kontrolle über sich verlor und binnen Sekunden kam. Auch mein Körper wurde verrückt. In dem Augenblick, in dem ich sein Aufgeben spürte, kam ich sofort, auf der Stelle, ohne die üblichen Präliminarien und die Ausdauer, die sonst dazu nötig waren. Seine Leidenschaft für mich war roh und ungezähmt. Sie bahnte den Weg dafür, daß mein Körper ihn ohne Gefahr umfangen und in warmes, strahlendes Licht, Sonnenlicht, Sternenlicht, explodieren konnte. Mit ihm zu schlafen war mühelos gewesen, sicherer Genuß, lustvolle Orgasmen, so viele ich nur wollte. Hör auf, daran zu denken, hör augenblicklich auf, schrie ich mir selbst laut zu. Mein Entschluß fortzugehen, hatte ihn verletzt. Meine eigene Verletzung wuchs bis zur Feindseligkeit. Ich verlangte, er solle länger in mir bleiben, mir mechanisch zu Genuß verhelfen. Die Leidenschaft verblaßte zu einem Fetisch der Gegenseitigkeit, die Freude war verloren. Meine Angst, ihn zu sehr zu lieben, hatte sie zerstört. Ihn zu verlassen, dachte ich, war ein Verbrechen gegen die Menschlichkeit, und ich war eine Verbrecherin. Ich konnte nicht nur einen Mann lieben. Anthony hatte es mich fast gelehrt, aber nur fast.

Vor einem kleinen, weißen Haus hielt ich an. Meine Freundin Katrina stand in einem winzigen Garten und zupfte Unkraut. Nach fünfjährigem Briefwechsel umarmten wir einander. Sie hieß mich mit frisch gemahlenem Kaffee und Orangen willkommen. Wir saßen auf dem Sofa am Fenster, die Sonne badete mich in Wärme. Ich wollte heiter sein, mich freuen, sie zu sehen, doch meine düstere Stimmung war hartnäckig. Katrina bemerkte meine Depression, und ich fand mich weinend an ihrer Schulter wieder. »Du hast getan, was du tun mußtest«, tröstete sie mich. »Hier in Kalifornien kann alles anders werden. Es ist eine andere Welt. Sie kann dich aufschließen, wenn du es zuläßt.« Skeptisch hörte ich ihr zu. Sie will nett zu mir sein, dachte ich. Das Telefon läutete, und Katrina hob die Stimme, als sei ein Liebhaber am anderen Ende der Leitung. Aus dem, was sie sagte, ging hervor, daß sie für mich ein Abendessen mit ihren Freunden plante. Plötzlich hatte ich den Wunsch, zu meinem Auto zu laufen und Hals über Kopf nach Hause zu fahren. Abenteuer, wiederholte ich mir, Abenteuer, Erregung, Neues, das wolltest du doch haben, also versuche auch, es zu erleben. Ich fragte mich, wer der Mann am anderen Ende der Leitung sein mochte. War er ihr Liebhaber? Sofort erinnerte mich mein mitleidloses Gedächtnis wieder an Anthony.

Sie kam zurück und setzte sich neben mich. »Das war Dr. Dan. Er kommt auch zum Essen. Ich glaube, er wird dir gefallen.«

»Was für ein Doktor ist er?« fragte ich uninteressiert.

»Mediziner. Er ist hinreißend, ein ganz ungewöhnlicher Typ; ein echt kalifornischer Wissenschaftler, ein bißchen Hippie und sehr politisch; einer der intelligentesten Männer, die ich kenne. Du wirst sehen.« Das klang fast zu begeistert, und mein Ostküsten-Snobismus meldete sich abwehrend.

»An langweilige Doktoren bin ich gewöhnt. Ich weiß nicht, ob ich schon mürbe genug bin, um deine Freunde zu treffen.«

»Nun, ich habe ihm von dir erzählt, und er möchte dich gern kennenlernen. Es gibt auch noch andere Männer auf der Welt, Liebes.«

»Tut mir leid, Kati. Ich weiß, daß ich mich anhöre wie ein weinerliches Kind. Ich hätte bloß nie gedacht, daß ich ihn so vermissen würde.«

»Warum legst du dich nicht ein bißchen hin, während ich das Essen vorbereite? Wenn du dich etwas ausgeruht hast, wird es dir sicher bessergehen.«

Wir hatten uns gerade zum Abendessen hingesetzt, als Dr. Dan hereinkam. Ein breites Grinsen stand auf seinem Gesicht, das alle im Zimmer ansteckte. Katrina umarmte ihn, und als sie neben ihm stand, fiel mir auf, wie klein er war. Er trug weiße Segeltuchhosen, ein kariertes Hemd und eine rote Weste. Sein Körper schaukelte vor und zurück, während er sich auf seinen Holzsandalen wiegte und mit automatischen Bewegungen eine Pfeife stopfte. Wäre die Pfeife nicht gewesen, hätte ich niemals geglaubt, daß er alt genug sei, um bereits ein Medizinstudium hinter sich zu haben. Jungenhafter Charme, das war es, was ich entdeckte, doch er war ganz ungekünstelt. Ich ertappte mich bei einem breiten Lächeln. Er langte über die Spaghetti hinweg, um mir die Hand zu schütteln. Seine Augen hielten mich einen Moment fest und flößten mir ein Gefühl kindlicher Neugier ein, eine seltsame Begeisterung, eine Lust zu spielen. Ich konnte es kaum erkennen, doch ich meinte, Glück in seinem Gesicht zu sehen. Meine Wangen röteten sich trotz meiner Schwermut. Ich verspürte eine merkwürdige Schüchternheit und Verlegenheit, zwei Emotionen, die ich schon lange nicht mehr gehabt hatte. Schließlich kann eine berufstätige Frau mit beachtlicher Karriere, eine ernsthafte Intellektuelle es sich nicht leisten, sich zu benehmen wie ein kleines Mädchen. Um ehrlich zu sein, habe ich es jedoch noch nie sehr gut verstanden, solche Regungen zu unterdrücken. War jemand verführerisch, so wirkte er verführerisch auf mich, und ich war durchaus fähig, mich verführen zu lassen. Er strahlte mit seinem breiten Grinsen in meine Richtung, und die in meinen Wangen aufsteigende Röte war nicht zu mißdeuten.

Das Abendessen zog sich stundenlang hin. Es gab heiße Diskussionen über alle möglichen Themen, von den Trivialitäten von San Diego über die Politik in Mittelamerika bis zu verflossenen Bekanntschaften und zur Medizin. Ich war völlig gefangen von Dan. Wir diskutierten über alles, von Antibiotika bis Vitamine. Mein Ton war ungebührlich aggressiv, barsch; es schien, als wolle ich ihn beleidigen. Er war genauso faszinierend und intelligent, wie Katrina gesagt hatte. Ich wünschte verzweifelt, irgendeinen Fehler an ihm zu finden, ihn etwas Dummes sagen zu hören, doch er tat mir den Gefallen nicht. Für den Augenblick hatte ich Anthony vergessen.

Der Abend ging seinem Ende entgegen, und ich klagte, ich hätte noch keine Wohnung. Er verblüffte mich mit einem ruhigen: »Warum ziehen Sie nicht zu mir?« Das war mir etwas zu kalifornisch, und ich vermute, daß mein Gesichtsausdruck ihn veranlaßte, seinen Vorschlag genauer zu erläutern. Er war nämlich ganz respektabel. Sein Mitbewohner war vor kurzem ausgezogen, und er wollte die Miete mit jemandem teilen. Zwei kleine Zimmer und ein Bad standen zur Verfügung. Er bestand darauf, ich solle versuchsweise einziehen, da er am nächsten Tag für eine Woche nach Mexiko müsse. Wie ideal, dachte ich, eine hübsche Wohnung, ein netter Wohnungsgenosse, ich könnte also meine Lehrtätigkeit unbesorgt aufnehmen. Es war schon spät, aber Dan wollte, daß ich mit in die Wohnung käme, um sie anzusehen, ehe er wegfuhr. Ich würde ihm einen Gefallen tun, beharrte er, wenn ich dort bliebe und die Katze fütterte. Während ich durch unbekannte Straßen fuhr, merkte ich, daß mein Angstgefühl geschwunden war. Statt dessen empfand ich eine merkwürdige Erregung, ein Prickeln, das mich störte, weil es sich in einem albernen Lächeln äußerte. Ich kam mir blöde vor.

Ich nahm mich zusammen und besichtigte geschäftsmäßig die Wohnung. Dan sah unwiderstehlich aus, als er da stand, die Hände in den Hosentaschen, und meine Fragen beantwortete, sich für das Badezimmer entschuldigte, mir den Kamin und andere Annehmlichkeiten zeigte. Er wirkte jetzt weniger selbstsicher. Zwischen uns herrschte eine Atmosphäre, die wir nicht zur Sprache zu bringen wagten. Ich versuchte, seinem Blick auszuweichen, doch sein Gesicht war hinreißend. Eine braune Haarsträhne fiel ihm locker in die Stirn. Ein Strom von Wärme schoß mir in den

Bauch. Ich versuchte, mich auf seine Hände zu konzentrieren; sie waren klein und ständig in Bewegung. Als ich ihn nach der Aufteilung der Hausarbeit fragte, zog er seine Brille auf die Nase herunter und schaute mich darüber hinweg an. »Vielleicht engagiere ich Ihnen ein Hausmädchen.« Mein Lachen überraschte mich. Ich hatte vergessen, wie es sich anfühlte zu lachen. Wir standen da und lachten, bis die Zeit zum Aufbruch gekommen und vergangen war. Die Verlegenheit kam zurück. Ich wünschte ihm eine angenehme Reise und ging, mit glühenden Wangen und angenehm beschwingt. Vielleicht war dieser Umzug doch nicht das Ende meines Lebens, sondern der Beginn eines neuen, eines Lebens ohne Kampf, ohne die endlose Kette von Tragödien, ohne das Gefühl, nur deshalb am Leben zu sein, weil Selbstmord anderen gegenüber eine so häßliche Tat ist. Beinahe konnte ich mir den Existentialismus verzeihen, der mich allzu ernst und überreizt hatte werden lassen.

Katrina schlief, als ich zurückkam. Ich kletterte in das Bett, das sie für mich hergerichtet hatte, und war mir intensiv der Erregung zwischen meinen Beinen bewußt. Ich wünschte mir Anthonys nackten Körper auf mir. Dann stellte ich mir vor, mit Dan zu schlafen. Weg mit diesen Gedanken, schalt ich mich selbst.

Am nächsten Tag brachte ich das Gepäck aus meinem Kombiwagen in Dans Wohnung. Ohne ihn wirkte sie anders, und meine Erinnerungen an Anthony machten sich wieder breit. Ich war allein. Ich weinte tagelang und dachte über die Vorzüge der Einsamkeit nach. Ich gab mich ihnen hin und sperrte das Begehren aus. Nach drei Tagen wurde ich rastlos und stürzte mich in einen gründlichen Hausputz. Ich sagte mir zwar, daß Dan zurückkommen würde, doch ich konnte es mir nicht vorstellen. Meine Matratze auf dem Fußboden war das Symbol meiner Verarmung. Ich würde wie eine Nonne werden und mein Leben mit Lektüre und

Kontemplation zubringen. Ich schwor allen Männern, dem Sex und jeglicher Liebe ab. Nach fünf Tagen merkte ich, daß ich das Datum seiner Rückkehr auf dem Kalender angestrichen hatte.

Als ich am nächsten Tag zum Großeinkauf im Supermarkt unterwegs war, hupte mich ein Auto an. Es war Dan. Wieso kam er so früh zurück? »Um Sie zu Hause zu sehen, Wohngenossin.« Seine Stimme war melodiös, überschwenglich, fröhlich. Sie klang fremd in meinen Ohren. Während ich weiterfuhr, wuchs meine Panik. Ich fragte mich, ob ich durchhalten würde. Könnte ich mein Klosterleben beibehalten, wenn er im Nebenzimmer wäre? In meiner Schöpfung, der Gruft, in der ich Anthonys Tod betrauerte, war nicht genug Platz für uns beide. Irgendwo zwischen Bananen und Avocados kam ich wieder zur Besinnung. Dieses Leiden als Selbstzweck war einfach idiotisch! Ich hatte zittrige Beine, weiche Knie und ein flatterndes Gefühl im Magen. Es stimmte, ich war begierig danach, ihn zu sehen. Ich brannte geradezu darauf. Und nun war er gekommen, war hier, in seiner Wohnung, unserer Wohnung. Ich fuhr in den Zoo, saß da und dachte daran, daß ich ja kein Teenager mehr war, ganz und gar nicht. Ich war über dreißig, seit zehn Jahren geschieden, gottlob alles andere als eine Julia und überzeugt, mit der Liebe ein für allemal fertig zu sein. Es war also rein sexuelle Begierde, eine andere Erklärung gab es nicht. Mit diesem beruhigenden Gedanken fuhr ich nach Hause.

In der Küche klapperten Töpfe und Pfannen, Jazz dröhnte aus der Stereoanlage. Dan schien vom Kochen völlig in Anspruch genommen. Das Lächeln, mit dem er mich willkommen hieß, reichte von einem Ohr zum anderen. Die Wohnung wirkte nicht mehr wie eine traurige Gruft, sondern wie ein lebendiges Zuhause. Er hatte meine Sachen aus dem Wäschetrockner genommen, meine Unterwäsche gefaltet und meinen Slip auf einen Ständer gehängt, der von der Küche aus voll sichtbar war. Daß dieser rosa Slip dort hing, rief in mir wieder dieselbe kleinmädchenhafte Verlegenheit hervor, die ich schon bei der ersten Begegnung mit Dan empfunden hatte.

Ich protestierte. »Sie hätten doch meine Sachen nicht zu falten brauchen. Tut mir leid, daß ich sie im Trockner gelassen habe. Ich hatte Sie erst morgen erwartet.«

»Ach, machen Sie sich darüber keine Gedanken. Ich wollte früher hier sein und sehen, wie Sie zurechtkommen. Ich bin es, der sich entschuldigen müßte. Ich habe übrigens gesehen, daß Sie allerhand Energie an das Badezimmer verwendet haben. Tut mir leid, daß es so schmutzig war.«

Ich wurde rot. »Hoffentlich sind Sie nicht beleidigt, weil ich Ihr Badezimmer geputzt habe. Aber es gibt nur diese eine Wanne, und mit Badewannen bin ich heikel.«

»Nein, nein, entschuldigen Sie sich bloß nicht. Ich muß mich entschuldigen.«

»Seien Sie nicht albern, es ist doch Ihre Wohnung.«

»Jetzt ist es unsere Wohnung.« Er grinste mich über seine Brille hinweg an.

»Was machen Sie da?«

»Brot. Ich backe gern Brot. Eine geradezu therapeutische Tätigkeit. Sonst lade ich immer Freunde ein, herüberzukommen und heißes Brot zu essen, aber heute abend ist es schon zu spät, und es wird ohnehin noch eine Weile dauern, bis es fertig ist. Na, und wie geht es Ihnen? Kommen Sie zurecht? Gefällt es Ihnen hier?«

»Sicher, wunderbar. Ich finde es sehr gemütlich hier.« Ich stand neben der Waschmaschine, fühlte mich nutzlos und fragte mich, wie ich mich in seiner Gegenwart jemals entspannen sollte. Die Waschmaschine schaltete sich ab, und automatisch nahm ich seine Wäsche heraus und steckte sie in den Trockner. Männersocken, ich mußte sie einfach anstarren, und seine Unterhosen, Größe drei. Er hatte die Ärmel aufgekrempelt, während er den Teig knetete; seine Arme waren kräftig, straff und geschmeidig, unter dem dünnen Hemd bewegten sich die Muskeln. Er hatte breite Schultern und dunkle, gelockte Härchen zwischen den Schulterblättern, die man durch das Hemd sah. Nach einer Woche in der Sonne war er braungebrannt. Während er über Jogging und seine tägliche Routine schwatzte, dachte ich über seine Beine nach. Sie waren kurz und kräftig wie seine Arme, perfekt geformt, mit straffen, geschmeidigen Muskeln unter dunklem Haar. Ich fragte mich, ob er zu Hause wohl immer kurze Jogginghosen trüge. Warum war er so zugänglich, so bezaubernd, so begehrenswert und sexy? Tatsächlich, er erinnerte mich an Michelangelos »David«, doch das war mehr als nur seine physische Erscheinung. Ich war zehn Zentimeter größer als er, und ich hatte mich nie zu jemandem hingezogen gefühlt, den ich überragte. Ich weigerte mich zu glauben, daß es sein unverhohlenes Glück war, was mich anzog; ich glaubte ohnehin nicht an Glück. Was immer es auch war, es würde sicherlich verschwinden, wenn ich mich erst an ihn gewöhnt hätte.

Er erzählte mir von seinen Abenteuern in Mexiko, und ich faltete seine Wäsche zusammen, als die Türglocke klingelte. Die Frau kam in die Küche, bevor er oder ich an die Tür hatten gehen können. Ihre dunklen Augen musterten mich, wandten sich dann Dan zu. Er küßte sie auf die Wange und machte uns bekannt. Ich war erleichtert. Natürlich, das hätte ich wissen müssen, ein gutaussehender, intelligenter junger Arzt würde doch nicht ohne Freundin sein. Meine Einsamkeit und meine Sehnsucht nach Anthony waren schuld daran, daß ich mich so schamlos zu ihm hingezogen fühlte. Wie hatte ich mir nur einbilden können, er habe mich aus anderen als rein ökonomischen

Gründen eingeladen, bei ihm zu wohnen? Die Erleichterung, das muß ich zugeben, war mit etwas Bedauern gemischt. Die Frau ignorierte mich und baute sich genau zwischen Dan und mir auf. Ich hörte, wie sie ihn fragte, ob sie in sein Schlafzimmer gehen könnten. Es war an der Zeit, mich zu entschuldigen. Ich zog mich in mein Zimmer zurück. Die Matratze sah leerer aus als gewöhnlich. Ein kleines Foto von Anthony und mir lag neben dem Bett auf dem Pappkarton, den ich als Nachttisch benutzte. Meine Mappe quoll über von Arbeiten, die ich vorzubereiten hatte. Damit vertrieb ich mir die Zeit, spitzte die Ohren und lauschte wachsam auf Geräusche von Leidenschaft. Stellvertretender Sex wäre besser als gar keiner. Ich beneidete sie.

Kurze Zeit später klopfte er zu meiner Verblüffung an meine Tür und verkündete, das Brot sei fertig. Ich ging in die Küche. Sie war fort. Ich fragte nicht nach ihr. Wir setzten uns an den Tisch und aßen das köstliche, heiße Brot mit den Fingern.

»Wann kommen Sie morgen von der Arbeit zurück?« erkundigte er sich höflich.

»Gegen fünf vermutlich, meine letzte Stunde ist um vier Uhr zu Ende. Ich muß mein Büro einrichten und mich auch in der Uni erst zurechtfinden.«

»Fein. Ich warte hier auf Sie, und wir gehen joggen. Okay? Katrina hat mir erzählt, daß Sie auch laufen.«

»Ach, ich bin seit Wochen nicht mehr gelaufen, aber ich könnte es ja versuchen. Ich bin völlig außer Form.« Ich wollte nicht wirklich laufen, doch im Augenblick überwog der Wunsch, mit ihm zusammen zu sein. Warum hatte ich das gesagt? Warum wollte ich ihm gefallen? »Ich sollte jetzt besser schlafen gehen. Es wird spät«, sagte ich. Es kam mir lächerlich schwierig vor, die Küche zu verlassen. »Gute Nacht«, fügte ich hinzu.

»Gute Nacht«, rief er mir nach, »und schöne Träume.«

Sein »schöne Träume« hallte mir in den Ohren, und ich konnte in dieser Nacht kaum schlafen.

Mehrere Tage lang beeilte ich mich, nach Hause zu kommen, und jedesmal war er schon da. Im Krankenhaus sei nicht viel zu tun, sagte er, doch ich glaubte lieber, er käme nur nach Hause, um mich zu sehen. Wir zogen unsere Joggingshorts an und rannten um die Innenstadt herum zum Balboa Park, in den alten mexikanischen Stadtteil, an alle Plätze, die er mir noch nicht gezeigt hatte. Hinterher kochte er herrliche chinesische Gerichte, während ich ein heißes Bad nahm. Eines Abends kam ich nach Hause und fand ihn auf Händen und Knien, den Küchenboden schrubbend. Ich fragte mich, ob er wirklich so wundervoll sei oder ob er das nur täte, um mir zu gefallen. Die Vertrautheit zwischen uns wuchs, ebenso wie ein bittersüßer Wunsch nach mehr. Einmal klopfte er mir nach dem Laufen auf den Rücken, und sein Arm blieb einen Augenblick auf meiner Schulter liegen, gerade so lange, daß ich einen brennenden Fleck an der Stelle spürte, als er ihn wegnahm. Ich sehnte mich danach, über den Eßtisch hinweg seine Wange zu berühren. Aber wir hielten uns beide zurück, weil keiner wußte, ob der andere dieselben Wünsche hatte.

Die Tage waren warm, aber kurz. Während unserer langen gemeinsamen Abende machte er nach dem Essen Feuer im Kamin und legte Platten mit sanfter Musik auf. Wir saßen ruhig beieinander und lasen oder redeten über unwichtige Dinge. Binnen einer Woche hatten wir eine wunderbare Routine entwickelt. Spannung und Verlegenheit gab es nicht mehr. Das Telefon war ein lästiger Eindringling. Nachts lag ich im Bett und mußte mir immer wieder sagen, daß er ja nur ein Mitbewohner war, ein neuer Freund, ein Mann, den ich kaum kannte.

Unser erstes Wochenende kam, und wir fuhren in den

Großmarkt und kauften ein. Wir füllten unseren Einkaufswagen mit Putztüchern, Reinigungsmitteln, Haushaltsgeräten, Schallplatten, Wein und allen möglichen Dingen. Es sah aus, als verproviantierten wir uns für eine Belagerung. An der Kasse drehte er sich um und sagte: »Lassen Sie uns heute abend essen gehen. Ich kenne ein nettes kleines Restaurant, in das ich Sie gern führen möchte.« Seine Hand legte sich unversehens auf meine.

Ich bewegte meine Hand nicht; die Glätte seiner Handfläche war unwiderstehlich. »Schrecklich gern.« Ich wußte, daß mein Lächeln ihm verriet, wie gern.

Wir fuhren nach Hause, duschten nacheinander und zogen uns an. Ich wollte hübsch aussehen und suchte nach meinen weiblichsten Kleidungsstücken, einer weißen Spitzenbluse und einem weichen, schwarzen Rock mit eingewebten Rosenknospen. Das Rot meines Lippenstiftes paßte zu dem der Rosen. Ich tupfte mir einen Tropfen »Tabu« auf den Hals und verließ mein Zimmer.

Er stand im Wohnzimmer, hatte die Hände in den Hosentaschen vergraben. Er wirkte nervös. »Sie sehen fabelhaft aus, direkt zum Anbeißen. Hoffen wir, daß das Essen wenigstens halb so gut ist, wie Sie aussehen.«

»Sie machen sich über mich lustig, aber trotzdem danke. Und jetzt kommen Sie, ich sterbe vor Hunger.«

Das Restaurant war so romantisch, wie ich es mir vorgestellt hatte – karierte Tischtücher, Kerzenlicht, frische Blumen. Er gab mir eine Blume, mit der ich spielte, bis unser Essen serviert wurde. Wir waren beide ausgehungert und verschlangen große Teller hausgemachter Nudeln. Ehe ich mich versah, gingen wir schon wieder zum Auto, lachend und Arm in Arm. Ich war berauscht von seinem Geruch und fragte mich, ob mir der Rotwein zu Kopf gestiegen sei. Es war spät, als wir nach Hause kamen, doch keiner von uns wollte den Abend beenden. Er zündete ein Feuer an, und ich saß auf dem Boden und schaute ihm zu. Ich spürte ein Prickeln, das in den Knien begann und sich nach oben an den Innenseiten meiner Oberschenkel fortsetzte. Ich sehnte mich danach, von einem Mann in die Arme genommen zu werden. Wahrscheinlich verlangte ich nach Anthony. Ich wollte ihn berühren, ihn in meinen Armen halten, seinen nackten Körper an meinem spüren. Doch ich saß bei Dan, vollkommen hingerissen von diesem unermüdlichen Energiebündel, diesem brillanten, gutaussehenden, komischen kleinen Doktor, der sich in einer Woche mehr um mich gekümmert hatte als irgend jemand sonst in meinem ganzen Leben. Meine seelische Hingabe an Anthony stand außer Zweifel, doch mein Körper zog mich ständig anderswo hin. Dan stand auf und kam mit einer kleinen Schachtel zurück.

»Ich hoffe, Sie haben nichts gegen Haschrauchen?«

Ich lachte. »Ganz und gar nicht.«

»Fabelhaft. Also rauchen wir.«

Eine ganze Weile starrten wir ins Feuer, dann wandte er sich zu mir. »Wissen Sie, seit Sie eingezogen sind, habe ich keinen meiner Freunde mehr gesehen.«

»Ich weiß; ich habe mich schon gefragt, was aus Ihrer Freundin geworden ist. Hoffentlich haben Sie meinetwegen keine Schwierigkeiten gehabt.«

»Nein, nein, das war ohnehin schon lange vorbei. Sie hatte nur etwas mit mir zu besprechen.«

»Ach so.« Verlegenheit stieg in mir hoch. »Ich möchte Sie nicht in ihrem Privatleben stören.«

»Das tun Sie nicht. Ich hatte keine Lust, jemanden außer Ihnen zu sehen.« Seine Augen waren nicht grün, bemerkte ich, sondern hellbraun. Seine Wimpern waren dicht und geschwungen. Ich versuchte, ihn anzustarren. »Wenn ich Sie das fragen darf, würde ich gern wissen, welche Beziehung Sie zu dem Mann auf dem Foto haben, Anthony. Sind Sie verlobt oder so?«

»O nein, wir sind, na ja, wir waren ein Liebespaar. Aber es ging nicht, es ist vorbei. Er muß in Boston bleiben. Und ich, nun ja, ich hatte ihn sehr gern, aber ich...« Ich hatte keine Lust, über die Vergangenheit zu reden.

»Sie meinen, Sie gehen nicht zu ihm zurück?«

»Ich weiß nicht. Ich weiß nicht, was ich tun oder wohin ich gehen werde. Es kommt darauf an.«

»Auf was?«

Plötzlich fühlte ich mich beschwingt, hatte Lust zu kichern, ihn zu umarmen und ihm verrückte Zärtlichkeiten zu erweisen. Ich wollte zurückhaltend, verführerisch, geheimnisvoll und offen sein, alles zugleich. »Auf das, was hier vielleicht geschieht oder nicht geschieht. In Kalifornien, meine ich. Ich möchte die Westküste und Mexiko kennenlernen; ich möchte aufhören, mein Leben damit zuzubringen, daß ich mir Gedanken über meine Karriere mache. Ich möchte Romane schreiben, reisen, Abenteuer haben, lernen, mich verändern. Gott, ich weiß nicht, was ich werden möchte, wenn ich erwachsen bin, und dabei bin ich bereits erwachsen und etwas geworden.« Meine Beine waren im Lotussitz gekreuzt, und ich starrte ihm direkt in die Augen. Er saß mir in der gleichen Stellung gegenüber. Mir wurde klar, daß ich ihm wirklich die Wahrheit über mich gesagt hatte. Als ich das erkannte, wollte ich es ungeschehen machen. »Na, ich vermute, damit habe ich meinen Mangel an Stabilität verraten, oder? Man sollte meinen, daß eine Professorin weiß, was sie will, nicht wahr?« Es war schwer, ihn zu beeindrucken, wenn er Hasch geraucht hatte. Außerdem wußte ich nicht mehr genau, was es bedeutete, ihn zu beeindrucken. Ich war mir nur deutlich seiner Lippen bewußt.

»Ich weiß, was ich will.« Er lächelte mich freundlich an. »Ich möchte dich küssen.«

»Was? Oh... Nun, ich weiß nicht.« Er hatte mich in

einem Augenblick ertappt, in dem ich nicht auf der Hut war. Ich redete etwas wirr. »Ich glaube, das ist keine so gute Idee.« Ich starb vor Verlangen, ihn zu küssen. »Ich glaube nicht, daß es gut ist, wenn man das Teilen der Wohnung mit Sex vermischt.« Ich konnte mich noch immer beherrschen, gerade noch.

Er stand auf und zündete seine Pfeife an. »Okay, wenn dir wirklich nicht danach ist, aber ich persönlich sehe eigentlich nicht ein, warum zwei erwachsene Leute, die ungebunden und sich einig sind, sich keinen Kuß vor dem Kaminfeuer gönnen dürfen.«

»Darum geht es nicht. Ein Kuß führt zu anderen Dingen. Du weißt, was ich meine. Und dann ist da auch Anthony. Mir liegt noch an ihm. Wie kann ich dich unter diesen Umständen küssen?« Meine Worte widersprachen allem, zu was es mich innerlich drängte. Ich hatte Angst. Wenn ich ihn küßte, würde es niemals dabei bleiben.

Er biß sich auf die Lippen, um ein Lachen zu unterdrükken.

»Analysierst du immer alles, bevor du es tust? Du solltest dir all diese quälenden kleinen Gedanken aus dem Kopf schlagen. Du möchtest mich küssen, aber du hältst dich zurück. Du erweist der Menschheit einen schlechten Dienst, wenn du dich ganz für dich allein behalten willst.«

»Das hört sich sehr nach Kalifornien an. Vermutlich bin ich noch nicht mürbe genug.« Ich versuchte, mich beleidigt zu fühlen, doch er ließ es nicht zu.

»Du bist so mürbe, wie man nur sein kann.«

Ich konnte mir ein Lächeln nicht verkneifen. Ich wünschte mir tatsächlich, ihn zu küssen. Er setzte sich mir wieder gegenüber und nahm meine Hände in seine. Ich spürte die Wärme seines Atems, als er sich langsam vorbeugte und mich küßte, sanft und lieb, mit beherrschtem Begehren. Seine Lippen, voll und weich, blieben einige Augenblicke auf meinen, dann legte er seine Hand unter das Haar in meinem Nacken und zog mein Gesicht an seines. Seine Zunge traf meine und spielte in meinem Mund, bis dieser eine, unschuldige Kuß so heiß war wie das Feuer neben uns. Meine Arme wollten ihn ganz umfassen, mein Mund wollte sein Gesicht verschlingen, meine Beine wollten sich um seine legen und ihn in mich ziehen, doch, feige wie ich bin, ergriff ich die Flucht.

»Ich gehe jetzt besser zu Bett.« Ich zog mich auf meine Matratze zurück, nachdem ich die Tür hinter mir zugeschlagen hatte. Die ganze Nacht dachte ich an ihn, der vielleicht zwanzig Schritte von mir entfernt am anderen Ende des kurzen Korridors schlief. Ich versuchte, an Anthony zu denken, doch es ging nicht. Wieder gab es kein Zurück. Der Himmel wurde schon hell, als ich einschlief, zusammengerollt auf der Seite liegend, Auge in Auge mit dem Foto, das ich nicht wegräumen wollte.

Ein warmer, männlicher Geruch füllte meine Sinne. Meine Brüste schwollen, meine Brustwarzen wurden hart in seiner Hand. Ich fühlte weiche Lippen im Nacken, dann an meinen Ohren. Das war ein phantastischer Traum. Eine liebevolle Hand bewegte sich von meinen Brüsten zur Taille und blieb zwischen meinen Schenkeln liegen. Ein starkes Bein legte sich um meines, und Küsse kitzelten meine Wange. Ein Arm schob sich unter mich, und er drehte mich zu seinem Körper um. Sein Penis zwischen uns war hart, ich konnte sein Begehren riechen. Ganz natürlich legte sich mein Arm um ihn. Meine Finger erforschten sein seidiges Haar, die Kraft seiner Schultern, die Form seiner schönen Arme, die Kurve seiner Brust, die Weichheit seines weißen Hinterns. Eine durchdringende Hitze machte sich in meinen Schenkeln und meinem Schoß breit. Ich wollte ihn in mir. Ich wollte ihn in mich aufnehmen und seinen Bauch an meinem fühlen. Er küßte meine Augen, leckte mein Gesicht, meinen Hals, meine Brustwarzen, bis ich vergaß, mich daran zu erinnern, daß dies kein Traum war. Wieder trafen sich unsere Lippen, diesmal ohne Zurückhaltung und Zögern. Seine Küsse waren mir vertraut, als hätte ich ihn seit Jahren geküßt. Als er mich unter sich zog, öffnete ich die Augen und sah ihn, sein ekstatisches Gesicht, seine glänzenden Augen, seine roten Wangen, seinen braunen, über mich gebeugten Körper, seinen aufgerichteten Penis, der glänzte von der Flüssigkeit, die auf meinen Bauch tropfte. Er drang vorsichtig in mich ein, schlang seine Arme um mich und vergrub sein Gesicht in meinem Haar. Zusammen lagen wir eine Weile still; dann begann er sich zu bewegen, kaum wahrnehmbar. Ich preßte mich ihm entgegen und suchte den unvergleichlichen Genuß, ihn für eine lange Weile hart in mir zu haben. Beim Rhythmus unserer beiderseitigen Leidenschaft konnten wir uns nicht länger ruhig halten, unsere Körper begannen, sich gemeinsam zu bewegen. Die Lust steigerte sich wie der Wind vor einem Gewitter. Er stützte sich auf seine Ellbogen und sah mich an, flüsterte: »Du bist unglaublich schön, du bist unsagbar süß, ich möchte für immer in dir bleiben.« Ich konnte nichts sagen, mein Körper verlangte danach, daß er sich weiter in mir bewegte. Ich war ihm vollkommen ausgeliefert, meine Beine wollten ihn umschlingen, bis das Pulsen der Lust mich in meine eigene Welt totaler Ekstase entführte. Er spürte, wie ich kam, und ich hörte ihn weinen, wimmern, spürte dann die raschen Spasmen seines Orgasmus, spürte, wie der heiße Strom meinen Körper füllte. Die Zuckungen vergingen, und unser Duft hüllte uns ein. Er küßte meine Ohren mit nassen Küssen und strich mit seinen Händen an meinen Seiten entlang, berührte jeden Zentimeter meines Körpers, streichelte mein Haar. Er bedeckte mich mit Küssen.

Das war am Sonntag. Wir blieben den größten Teil des

Tages im Bett, spielten, liebten uns, redeten, aßen, lasen die Zeitung. Montags räumte ich das Foto von Anthony und mir fort. Dienstags bat er mich, ihn zu heiraten, und mittwochs sagte ich ja.

Anonym

Malaquite

Die Fahrt zum Strand war nicht geplant. Doch Jeff war schlichtweg empört, als er hörte, daß ich seit drei Monaten in Texas, aber noch kein einziges Mal im Norden, auf Padre Island, gewesen war, einem im ganzen Land bekannten Küstenstreifen.

»Na schön«, gab ich in vorgetäuschtem Trotz zurück, »dann fahre ich eben am nächsten Wochenende. Ich verspreche es dir.«

»Warum am nächsten Wochenende?« fragte er mich. »Warum nicht jetzt?«

»Weil ich einen Rock, hohe Absätze und eine Strumpfhose trage«, erklärte ich. Wir waren in Corpus Christi gewesen, um vor verschiedenen Schülergruppen mit einer Präsentation zu werben, an der wir seit meiner Ankunft in Texas gemeinsam geschuftet hatten. Ich vertrat das Büro für Öffentlichkeitsarbeit der Universität, bei der ich angestellt war, er einen ähnlichen Zweig der Studenten-Organisationen. Er war im letzten Jahr, also schon ein älterer Student, vierundzwanzig.

Ich war zweiundvierzig.

Wir saßen in seinem Wagen. Da wir verabredet hatten, uns abzuwechseln, hatte ich den Hinweg übernommen, und er fuhr jetzt zurück. Beim großen Kleeblatt jedoch bog er ab und fuhr Richtung Golfküste.

»Wir sollten uns erst mal was zu essen holen.« Damit hielt er vor einem kleinen Supermarkt.

Ich beobachtete, wie er dem Eingang zuschritt. Im Grunde hatte ich ihn den ganzen Tag beobachtet, und davor auch schon tagelang. Er war nahezu klischeehaft hinreißend:

über einsachtzig groß, blond, muskulös, doch keineswegs übertrieben. Er trug ein weißes Hemd zu Jeans und Cowboystiefeln. Sobald unsere Präsentation beendet war, hatte er sich die Krawatte abgenommen, das Hemd aufgeknöpft und die Ärmel hochgerollt. Um die Taille trug er einen kräftigen Ledergürtel, auf dessen Schließe »Texas« stand. Mein Büro hätte ihn als Modell für seine Werbeposter einsetzen können.

Mit einer braunen Tüte und einem Sechserpack Bier kam er zurück. »Weißt du was?« Er stellte die Lebensmittel auf dem Sitz ab und schob sie zu mir herüber. »Ich glaube, ich habe ein paar Decken im Kofferraum. Warte mal, ich sehe schnell nach.« Er zog den Schlüssel aus dem Zündschloß, ging zum Heck des Wagens und kam mit einem Berg armygrüner Wolldecken zurück, die er auf den Rücksitz warf. »Das wird gemütlich«, stellte er fest.

»Einen Moment!« hielt ich ihn zurück, stieg aus dem Wagen und ging auf den Supermarkt zu. »Ich brauche noch Zigaretten.« Ich hatte schon vor über einem Monat aufgehört zu rauchen, in diesem Augenblick jedoch brauchte ich Zigaretten. Ich kaufte drei Päckchen.

»Ich dachte, du hättest aufgehört«, sagte er, als ich mich wieder in den Wagen setzte. Ich hatte es ihm auf dem Hinweg erzählt.

»Nur für den Notfall«, erklärte ich.

Er stellte das Radio an, öffnete eine Bierdose und reichte sie mir. Ich trank einen Schluck. Dann nahm er sie wieder an sich und stellte sie sich zwischen die Beine. »Wir teilen sie uns«, schlug er vor. »Okay?« Über seine Sonnenbrille hinweg, die tief unten auf seiner Nase saß, sah er mich an.

»Okay.«

Er schob die Brille an ihren Platz, und wir fuhren weiter. Als wir uns der Brücke über die Küsten-Autobahn näherten, erstreckte sich zu beiden Seiten seichtes, mit weißen Tupfen besetztes Wasser.

»Sieh dir das an!« Er zeigte hinüber. »Pelikane.« Einige weiße Punkte erhoben sich flügelschlagend, als hätten wir ihnen das Stichwort gegeben. Ich lachte. »Das hab' ich eigenhändig mit ihnen trainiert«, behauptete er, ebenfalls lachend. »War gar nicht so leicht.«

Ich blickte auf das Bier hinab. Er sah meinen Blick. »Nur zu«, forderte er mich auf, hob die Ellbogen und spreizte seine Beine ein bißchen. Ich griff nach der Bierdose, achtete aber sorgfältig darauf, ihn nicht zu berühren. Ich war körperlich nicht immun gegen ihn. Aber ich glaubte, er sei möglicherweise immun gegen mich. Schließlich konnten alle Anstrengungen beim Yoga, Reiten, Schwimmen und Squash mein Alter nicht kaschieren.

Die Straße wurde schmaler. Jetzt lagen Dünen zu beiden Seiten. Wir passierten ein Schild, das die Entfernung zum Malaquite Beach angab. »Dahin führe ich dich jetzt«, erklärte er.

Ich war im letzten Monat mit einem anderen Mann ausgegangen. Einem zu mir passenden Mann, geschieden, erfolgreich, vierundvierzig. Der »führte« mich nie irgendwohin, sondern erkundigte sich jedesmal, wo ich gern hinwollte. Gewöhnlich entscheid ich mich für Restaurants.

»Was hast du zu essen gekauft?« Ich begann in der braunen Tüte zu wühlen. Äpfel. Bananen. Eine Dose Nüsse. Zwei Schokoladenriegel.

»Iß das jetzt lieber noch nicht«, warnte Jeff. »Warte, bis wir dort sind.« Dann stellte er das Radio lauter, und wir hörten nur noch Musik. Rock: Rod Stewart, Fleetwod Mac. Heart.

Beim Malaquite Beach hielt er auf dem Parkplatz. Kein einziger Wagen stand dort. »Warum ist kein Mensch hier?« wollte ich wissen.

»Heute ist ein Wochentag«, antwortete er. »Und außerdem wird es bald kalt werden.« Er beugte sich über den Sitz, um die Decken herauszuholen. Ich wollte aussteigen. »O nein«, sagte er. »Du mußt die Schuhe ausziehen, weißt du nicht mehr? Und deine Strumpfhose.«

Ich trat aus den Schuhen und stellte mich anschließend neben den Wagen, um mich aus meiner Strumpfhose zu winden. Er schien nicht mal den Versuch zu machen, mir dabei zuzusehen; obwohl ich ihn genau beobachtete, wie er die Stiefel auszog, die Socken, und dann seine Jeans aufrollte, bis seine Waden nackt waren.

»Nimm du die Tüte«, wies er mich an und nahm die Decken sowie die restlichen Bierdosen.

Die Sonne ging unter, doch nicht auf der Golfseite, wo wir sie vielleicht gesehen hätten. Hinter den Dünen lag ein breiter, gelber Streifen. Wir kehrten ihm den Rücken und wanderten Seite an Seite zum Wasser hinab.

Ich hatte die Wellen von dem Moment an gehört, als ich den Wagen verließ. Doch jetzt, da ich sie sah, hielt ich unwillkürlich den Atem an. Reihen um Reihen, eine nach der anderen. Und dicht an dicht, so daß es eher ein konstantes Rauschen war als ein rhythmisches.

»Dieses Gefühl habe ich auch immer«, sagte er, als er hörte, wie ich den Atem anhielt. »Jedesmal, wenn ich herkomme.«

Wir traten vom Pflaster auf den Sand. Muschelscherben und Distelreste stachen mich in die Fußsohlen. Nach etwa vier Schritten bereits rief ich laut: »Autsch!«

»Empfindliche Füße!« stellte er neckend fest. »Hätte ich wissen müssen.«

Flüchtig wünschte ich, er würde mich auf die Arme nehmen und zum Wasser hinabtragen. Dann würden wir Deborah Kerr und Burt Lancaster in »Verdammt in alle Ewigkeit« sein. »Paß auf«, schlug er mir statt dessen vor,

»ich gehe vor dir her, und du trittst in meine Fußstapfen, okay?«

Seine Fußstapfen waren riesig und lagen viel zu weit auseinander, so daß ich nur mit Mühe von einem zum anderen treten konnte. »Kleinere Schritte!« bat ich ihn, und er lachte, tat mir aber den Gefallen. Seine Methode hatte Erfolg. Dort, wo er gegangen war, fühlte sich der Sand glatter an, festgetreten.

»Warum tun dir die Füße nicht weh?« rief ich laut, um das Wellenrauschen zu übertönen.

»Weil ich das schon ewig mache«, rief er zurück.

Und beinahe nahm ich das »ewig« wörtlich. Hatte das Gefühl, wir spielten eine urzeitliche Szene. Um mich zu vergewissern, daß wir im Hier und Jetzt waren, wandte ich mich um und betrachtete die Malaquite-Pier.

»Hier ist es schön«, erklärte er und breitete eine der Decken aus. Er kniete sich hin und zog sein Hemd aus. Ich sah, wie sich bei ihm auf Schultern und Rücken eine Gänsehaut bildete. Ich hätte gern seinen Rücken berührt, so wie ich im Auto, als ich nach der Bierdose griff, gern seinen Schenkel berührt hätte. Ich würde achtgeben müssen, daß ich es nicht doch noch tat.

»Was ist?« fragte er, als er auffordernd die Decke tätschelte, damit ich mich zu ihm setze.

»Ach, nichts.« Ich setzte mich und stellte die Lebensmitteltüte beiseite.

Er nahm die Sonnenbrille ab und streckte sich, die Hände hinter dem Kopf gefaltet, lang aus. Er schloß die Augen.

Das hieß, ich konnte ihn von oben bis unten betrachten, ohne daß er es merkte; und genau das tat ich auch, während ich die ganze Zeit an das dachte, was ich gerne getan hätte: mit den Fingerspitzen über seine Schultern gestrichen; die Texas-Schließe seines Gürtels gelöst; den Reißverschluß seiner Jeans geöffnet.

Warum tat ich es nicht?

Weil ich Angst hatte. Daß er über diesen Einfall einer Frau meines Alters lachen würde. Daß er später abermals lachen würde, wenn er seinen Freunden davon erzählte. Oder – am schlimmsten – daß er mir mit todernster Miene erklären würde, ich hätte ihn mißverstanden, er habe mich nicht verführen wollen. Das Ganze sei lediglich eine gutnachbarliche Einladung an den Strand gewesen.

In Wirklichkeit aber wollte ich seine Hand ergreifen und sagen: Jeff, hast du daran gedacht, daß ich unter diesem Rock überhaut nichts mehr anhabe?

»Dieses Foto in deinem Büro«, begann er, die Augen öffnend, »wer ist das?« Seit dem Beginn meiner Arbeit hier war er fast zweimal pro Woche in meinem Büro gewesen.

»Mein Sohn.«

»Wie alt ist er?« wollte er wissen.

»Das ist doch gleichgültig.« Ich lachte und rückte ein Stückchen von ihm ab.

»Wie alt? Komm, sag's mir!«

»Einundzwanzig.«

»Ich bin vierundzwanzig«, stellte er fest.

»Ich weiß.«

Er richtete sich auf. »Stört dich das?« fragte er mich. »Weil nämlich, wenn es dich nicht stört...« Ohne den Satz zu beenden, ließ er sich wieder auf die Decke zurücksinken und schloß die Augen.

Ich kniete mich neben ihn, den Rock leicht hochgeschoben, die nackten Knie auf der rauhen Wolle. »Überläßt du die Entscheidung mir?«

Er lächelte, öffnete aber nicht die Augen, rührte sich nicht, tat überhaupt nichts.

Ich blickte mich um, wollte sehen, ob wir ganz allein waren. Wir waren allein.

»Na schön«, sagte ich dann. »Ich möchte dich ansehen. Ohne das da.« Dabei zupfte ich am Saum seiner Jeans.

Lachend griff er nach seiner Gürtelschließe.

»Laß mich das machen«, verlangte ich.

Er hob das Becken an, damit ich ihm die Jeans leichter abstreifen konnte. Ich zog sie ihm aus. Er trug keine Unterwäsche.

Er hatte eine herrliche Erektion. Ich wollte seinen Penis berühren, wollte ihn küssen, wollte meinen Rock ganz hochschieben und mich auf ihn hinabsenken.

Statt dessen drehte ich mich auf den Knien herum und tastete am anderen Ende der Decke nach einem Bier. »Jeff.« Ich versuchte es so klingen zu lassen, als wolle ich ihn necken. »Ist dies eine deiner Phantasien? Daß sich eine Frau über dich hermacht, während du mit geschlossenen Augen ganz einfach daliegst?« Beim Sprechen wandte ich ihm die Kehrseite zu und versuchte den Deckel der Dose zu öffnen. Ein Stückchen weit bekam ich ihn auf.

»Beinah' getroffen«, antwortete er mir. Er war aufgestanden. Von hinten schob er mir den Rock in die Höhe, und als mein Hinterteil nackt war, bedeckte er meinen Körper mit dem seinen. Ich fühlte seinen Penis zwischen meinen Beinen und die Haare um seinen Penis an meiner Kehrseite. »Bis auf das mit ›*einer* Frau‹«. Vielleicht hatte er gemeint, mehrere Frauen auf einmal. Andererseits konnte er auch ausschließlich mich gemeint haben. Er beugte sich vor und küßte mich unmittelbar oberhalb des Kragens auf den Nacken. Sein Kuß war weich und feucht und ließ mich erschauern. Ich preßte mich an ihn und spürte seinen Penis – nicht in mir, sondern an mir. Er war jetzt über und über naß, naß von mir.

Ich stellte die Bierdose ab, und sie fiel um. Das Bier begann in den Sand zu rinnen.

»Bleib auf der Decke«, wies er mich an und rückte wieder

in die Mitte. Abermals streckte er sich aus und sah zu, wie ich auf den Knien zu ihm hinüberrutschte. Er schob mir die Hand zwischen die Beine und streifte meinen Rocksaum so hoch wie möglich. Er spielte mit mir und hörte auch dann nicht auf, als ich mich neben ihn legte. Ich strich ihm mit der Hand über die Hoden und den klebrigen Penis. Wir küßten uns unendlich lange, während wir uns so berührten.

Inzwischen war es vollständig dunkel und, wie er es vorausgesagt hatte, kalt geworden. Er zog die zweite Wolldecke über uns. »Ich möchte mich ausziehen«, sagte ich. Er warnte mich, ich werde mich totfrieren, half mir aber trotzdem. Dann kuschelten wir uns unter der kratzigen Wolle aneinander.

Er streichelte mich mit seinem Penis, steckte ihn mir zwischen die Beine oder auch nur ein winziges Bißchen in mich hinein, bevor er ihn wieder zurückzog.

»Verdammt!« schimpfte ich. »Würdest du *bitte*...«

»Würde ich bitte – was?«

Dann aber drang er ein Stückchen tiefer in mich ein. »...bitte dies tun?« fragte er mich. Noch etwas tiefer. »Dies?«

Nur unsere Köpfe schauten unter der Wolldecke hervor, und gelegentlich, per Zufall, seine Füße. Dann fluchte er über die Decke und zog sie wieder an ihren Platz. Ich hatte Sand in den Haaren, Sand auf der Wange.

Zeitweise waren wir still und sehr lieb miteinander, zeitweise nicht. Zeitweise alberten wir herum, fickten ein bißchen, hörten wieder auf, küßten, leckten, kitzelten, streichelten.

»Wie bezeichnest du deine Technik?« fragte ich ihn.

»Bißchen dies, bißchen das«, antwortete er.

Er spielte mit den Fingern und nur der Spitze seines Penis an meiner Klitoris, bis ich kam. Dann kam ich noch einmal, als sein Penis tief in mich eingedrungen war.

Er legte sich hinter mich, in Löffelstellung. Und drang wieder in mich ein. Er benetzte seine Finger mit dem Saft, der an meinen Schenkeln hinabrann, und rieb ihn mir auf Brüste und Brustwarzen. »Was für ein klebriges, kleines Fötzchen du hast«, flüsterte er mir ins Ohr. Allein der Strom seines Atems hätte fast schon wieder bewirkt, daß ich kam. Ich preßte mich rückwärts gegen ihn, wollte ihn so tief in mir haben, wie es nur ging. Wollte auch seine Hoden an meinem Körper spüren. In dieser Lage, von hinten, kam er in mich hinein. Dann lagen wir zufrieden still, bis sein Penis von selbst aus mir herausrutschte. Danach setzten wir uns auf, aßen Obst, Nüsse und Schokolade und tranken Bier. Wir sprachen über die vielen Sterne und darüber, daß wir sie beide bisher nicht bemerkt hatten.

Aber es war ein Wochentag. Wir mußten zurück. Es muß lange nach Mitternacht sein, überlegte ich. Wir sammelten unsere Sachen zusammen und schlenderten zum Wagen. Ich fühlte mich fabelhaft. Hin und wieder roch ich sein Sperma. Roch er es auch?

Ich mochte nicht fragen. Aber das war auch nicht nötig. Unmittelbar bevor er den Wagenschlag öffnete, trat er ganz nahe an mich heran, schnupperte, lächelte und machte: »Hmmmm!«

Im Wagen sprachen wir nicht und stellten auch das Radio nicht an. Wenn er nicht schalten mußte, hielten wir Händchen. Bevor wir jedoch von der Insel herunterfuhren, hielt er auf einem anderen Parkplatz. Einem Holiday Inn. »Was hast du vor?« erkundigte ich mich.

»Schsch!« mahnte er. »Eine andere Phantasie. Aber du mußt den Mund halten.«

Wir gingen einen Pfad hinauf und an einem beleuchteten, verglasten Gebäude entlang. Drinnen saß ein Wachmann. Er las. Wir gingen an dem Gebäude, in dem er saß, vorbei und eine kleine Betontreppe hinauf. Oben sprudelte ein

Freiluft-Jacuzzi vor sich hin. Ein Blick auf das Hotel, und ich sah, daß fast alle Fenster dunkel waren.

Vom Bier schwamm mir der Kopf ein bißchen, obwohl Jeff den größten Teil getrunken hatte. Es fiel mir schwer, nicht ständig laut zu lachen.

Wir zogen uns aus und glitten in das geheizte Wasser.

»Ich habe hier mal mit meinen Eltern gewohnt«, flüsterte er. »Verglichen mit jetzt, war es überhaupt nicht lustig.«

Er griff über den Rand und holte etwas aus seiner Hemdtasche. Es war ein Joint. Wir teilten ihn und ließen unsere Körper dann in dem kleinen Teich seidig zueinandergleiten.

Wieder diese vielen Sterne! »Dieselben wie vorhin«, stellte er fest.

Dann legte er mir abermals den Finger auf den Mund, damit ich schwieg, stieg aus dem Wasser und rannte nackt den Pfad hinab. Ich behielt das beleuchtete Gebäude mit dem Wachmann im Auge. Flüchtig stellte ich mir vor, wie ich wegen unbefugten Betretens, Besitz von Marihuana und Verführung eines jungen Mannes verhaftet wurde. Darüber konnte ich nur lachen. Ich mußte sogar untertauchen, weil ich tatsächlich laut auflachte.

Jeff kam mit den Wolldecken zurück.

Die eine faltete er zu einem Kissen und legte sie an den Rand des Jacuzzi. Dann stieg er ins Wasser und hob mich auf das Kissen, das er so geschaffen hatte. »Wickel dich in die andere Decke«, wies er mich an. Ich ergriff die zweite Wolldecke und hüllte mich fest hinein. Er stand vor mir im Wasser und zog sich meine Füße über die Schultern. Als er mir den Kopf zwischen die Schenkel schob, glitten meine Füße über seinen Rücken hinab. Er leckte, küßte, saugte mich aus und blies seinen Atem in mich hinein. Abwechselnd in feinem, kaltem Strahl und in breiten, heißen Wolken.

»Großer Gott, Jeff!« stöhnte ich. Er wich zurück und ließ seine Arme auf meinen Schenkeln ruhen.

»Ich hab' dir gesagt, du sollst den Mund halten!« warnte er mich.

Ich hörte, daß die Glastür aufgeschoben wurde. Ich hörte die Schritte des Wachmanns näher kommen. Jeff begann mich wieder zu küssen, aber nicht überall, wie er es vorher getan hatte. Nur noch an der Klitoris. Die Schritte machten halt. Gingen vorbei. Kehrten zurück. Schließlich hörte ich, daß die Glastür wieder geschlossen wurde. »Du Mistkerl!« flüsterte ich leise.

Jeff machte seine Zunge ganz flach. Jetzt konnte ich hören, wie naß ich war. »Ich wußte, ich würde erreichen, daß du noch einmal kommst«, sagte er. Ich schüttelte die Decke ab und ließ mich wieder ins Wasser gleiten. Wir umarmten einander und lachten möglichst leise. »Ein bißchen Angst hilft natürlich«, ergänzte er mit einem Blick zum Gebäude des Wachmanns hinüber.

Als wir zurückkamen, graute schon fast der Morgen. An meinem Fliegengitter steckte ein Zettel. Von meinem vernünftigen Mann. »Hatte gehofft, dich zum Abendessen zu erwischen«, lautete die Nachricht. »Vielleicht morgen? Hoffentlich ist alles gutgegangen in Corpus.«

»Na?« fragte Jeff, der meine Fingerspitzen küßte. »Ist es gutgegangen?«

Ich aber wollte nicht, daß die Nacht endete. Außerdem mußte ich um acht Uhr in meinem Büro sein – was hatte es da noch für einen Sinn, schlafen zu gehen?

»Das klingt vernünftig«, bestätigte Jeff.

Drinnen musterte er den Inhalt meines Kühlschranks. »Okay, mach's dir bequem und ruh dich aus«, befahl er.

Er machte Taquitos: Tortillas aus Mehl, gefüllt mit Rührei, geschmolzenem Käse und scharfer, heißer Sauce dazu. Und dicken, schwarzen Kaffee. Beim Essen lehnte ich mich in meinem Sessel zurück und tropfte mir Sauce auf die ohnehin schon nicht mehr ganz saubere Bluse.

Jeff hockte auf einem Sitzkissen.

»Was bist du doch für eine Schlampe!« sagte er lachend, stellte seinen leeren Teller beiseite und nahm den meinen, um ihn obendrauf zu stellen. Er erhob sich und hakte die Daumen in seinen Gürtel. »Du trinkst gern, stimmt's? Ich wette, du bist noch immer durstig.« In seinem Blick, in seiner Stimme lag Spott. Ich legte meine Hände auf seinen Hintern und zog ihn zu mir heran.

Er versetzte dem Sitzkissen einen Tritt, löste seinen Gürtel und öffnete seine Hose. Dann schob er die Jeans über seine Hüften herunter. Ich fing seine Erektion mit den Lippen ein. Das alles erschien mir herrlich gewagt, bis auf die Art, wie er mein Haar streichelte.

Schließlich fanden wir den Weg ins Schlafzimmer, aber nicht, um dort zu schlafen. Ich verpaßte meine Besprechung im Büro um acht Uhr morgens und er seine Acht-Uhr-Vorlesung.

Aber das ist nicht das Ende der Geschichte.

Jeff duschte gerade, als ich ihm erzählte, daß man mich gebeten hatte, eine erotische Geschichte zu schreiben. Er öffnete den Duschvorhang und tropfte den ganzen Wannenrand naß. »Das dürfte doch nicht schwer sein«, meinte er. »Schreib einfach über dich und mich. Über die erste Nacht, damals. Wie lange ist das jetzt her?« Er rechnete im Kopf. »Na, so was! Vier Monate!«

Er streckte den nassen Arm aus und zerrte am Gürtel meines Morgenrocks. »He, komm!« befahl er. Dann trat er zurück, unter die Dusche. Der Vorhang stand noch immer weit offen.

Das Wasser strömte ihm übers Gesicht, rutschte von seinen Schultern, von seinem Kopf. Und spritzte im ganzen

Badezimmer umher. »Willst du deine Dusche da draußen nehmen?« fragte er mich. »Oder willst zu mir hereinkommen?«

Höhepunkte der Sinnlichkeit

Neben der emotionalen Beziehung gibt es auch noch andere Faktoren, die ein sexuelles Erlebnis unvergeßlich machen. Zum Beispiel einfach Vorfreude, Verspieltheit oder die anregende Umgebung, manchmal auch das körperliche Bedürfnis nach Sex. Andere Aspekte der Sinnlichkeit sind komplizierter.

Zuweilen ist ein Erlebnis erotisch wegen der Machtdynamik in einer Beziehung; ein anderes stimuliert, weil das Unerwartete eingetroffen ist, etwas so ganz Ungeplantes, daß der Partner und die sexuelle Beziehung zu ihm durch dieses Erlebnis verändert werden.

Routine kann Sex zu etwas Alltäglichem machen, und man braucht Zeit und Muße, um sexuelle Beziehungen vital zu halten. Manchmal muß man eine erotische Situation planen und sich auf den kommenden Genuß freuen, damit schon in der Phantasie das Vorspiel beginnen kann. Das nachfolgende Erlebnis wird dann ungleich schöner und intensiver.

Es gibt auch Männer und Frauen, die es gern genießerisch-verspielt haben. Für sie ist Sex etwas Unterhaltsames, Abenteuerliches. Wenn sie dabei spaßen und lachen können, empfinden sie das Liebesspiel als erregender und genußvoller.

Andere Menschen reagieren spontan-sinnlich auf gewisse körperliche Eigenheiten, die einen zu anderer Gelegenheit *vielleicht eher abstoßen. Die Umgebung, in der man sich gerade befindet, kann durchaus bis zu Ekstase erotisieren, und Macht – vor allem männliche Macht – hat insbesondere auf Frauen eine höchst stimulierende Wirkung. Zu diesem Aspekt gehört auch die völlige Unterwerfung bis hin zu Sadismus und Masochismus.*

Die folgenden Geschichten erzählen von solchen Spielarten der Erotik, die besondere sexuelle Energien freisetzen.

Dorothy Schuler

Geschwister

Eines Tages kam die Frau dahinter, daß kahl werdende Männer bessere Liebhaber sind.

Sie ging also in die Bibliothek, um herauszufinden, warum: Androgen, das Hormon, das »Rückgang der Kopfbehaarung« und gleichzeitig »Wachstum der Körperbehaarung« verursacht (im Geist betrachtete sie den Körper ihres Geliebten, mußte aber aufhören; sie war in der Bibliothek), verstärkt auch die sexuellen Wünsche eines Mannes und seine »Leistungsfähigkeit«.

Die Frau lächelte still vor sich hin, während sie den Band der Enzyklopädie wieder ins Regal stellte – und streichelte die Bücher heimlich mit dem Körper, indem sie ihre Brüste an den Ledereinbänden rieb.

Die Frau und ihr Liebhaber sprachen nie über ihre Beziehung. Er kannte weder ihren Nachnamen noch ihre Telefonnummer und wußte auch nicht, wo sie wohnte. Sie schrieb ihm auf zart gemalten erotischen Postkarten aus Japan und nannte keinen Absender auf dem Briefumschlag. Sie hatte sich unter Kontrolle.

Sie strich mit den Händen an den Seiten ihres Körpers entlang, hielt in der Taille inne, streichelte die weichen Kurven der Hüften. Der Körper im Spiegel hatte sich verändert; er war straffer und rötete sich unter ihrer Berührung. Die Frau legte die Hände um ihre Brüste, vermißte ihren Liebhaber und stellte sich vor, wie seine Hände mit ihren Brustwarzen spielten.

Dampf entwich aus dem Waffeleisen, als sich der Deckel schloß. Sie sah ihn aufsteigen und sich in der Morgenluft auflösen. Dann ging sie zum Telefon und rief ihren Liebhaber an.

»Ich dachte daran, wie ich mit dir im Bett war, und bin erregt. Ich möchte dich in mir fühlen. Ich möchte dich lecken – deinen ganzen Körper.« Bevor er antworten konnte, legte sie sanft den Hörer auf.

Als sie in die Küche zurück kam, sah sie aus dem Fenster, sah ihren Mann und hielt inne, um zuzuschauen, wie er seinen Garten bewässerte.

»Hallo«, sagte sie, als er sich am Telefon meldete. »Hast du mittags Zeit?«

»Zieh deine Unterwäsche aus und komm so zu mir.« Keiner von ihnen sagte auf Wiedersehen, sie hängten einfach ein.

Sie tat, was er gesagt hatte, und verließ das Büro. Als sie im Aufzug mit den Männern in dunklen Geschäftsanzügen herunterfuhr, errötete sie und hoffte, keiner würde es bemerken.

Die Fahrt zu seinem Studio war kurz, nur fünf Minuten, doch als sie ankam, waren ihre ungeschützten Schenkel naß. Die Frau griff zwischen ihre Beine und tauchte die Finger in ihre eigene Feuchtigkeit. Sie leckte daran, verblüfft über ihr Verhalten, aber von dem Geschmack erregt.

Die schwere, hölzerne Haustür zu seinem Studio war offen, und sie ging die drei Stufen des Vorraums hinauf und trat ein. Er wartete auf sie, nackt, hinter der Tür. Sofort schob er die Tür zu und begann sie zu küssen, ohne ein Wort zu sagen.

Er lachte, als er ihren Mund schmeckte. Während er ihr Gesicht beobachtete, nahm er ihre Hand in seine, griff unter ihren Rock und führte ihre Finger, mit seinen verschlungen, tief in sie ein. Dann hob er seine Finger an ihren Mund und ihre an seinen; zusammen schmeckten sie. Wieder führte er ihre Hände unter ihren Rock und in sie.

Er hielt die Frau so fest und führte sie durch das Zimmer zur Couch. Er löste seine Finger aus ihr, knöpfte ihre Bluse auf und streichelte ihre Brüste. Er hinterließ darauf eine Spur von ihrem Geruch, während seine Hände über ihren Hals und durch ihr Haar fuhren.

Sie schliefen miteinander, er nackt, sie noch immer angezogen. Seine Arme preßten sie an sich, als könne er ohne sie nicht existieren. Als sie fertig waren, zog er sie aus, trug sie auf sein Bett und liebte sie noch einmal, diesmal langsam, ohne Hast.

Als die Stunde vergangen war, zog die Frau ihre Kleider an und ging zum Spiegel, um ihr Make-up herzurichten. Sie sah sofort, daß ihr Haar anders war, voller, glänzender, und daß ihre Haut glatter war. Sie fragte sich, ob irgendeiner der Männer im Büro es bemerken würde.

Sie stellte das heiße Wasser ab, ließ kaltes Wasser durch ihre ausgestreckten Finger in die Badewanne fließen und dachte an ihren Liebhaber. Er schlängelte sich durch ihre Gedanken, während sie ihre kleine Tochter einseifte und Schaumblasen auf der jungen, zarten Haut entstehen ließt, bis das Kind lachte.

Als die Frau sich daran erinnerte, wie sie mit ihrem Liebhaber geduscht hatte (ihre Körper rieben sich aneinander, während sie sich liebten, der Dampf hüllte sie ein. Wassertropfen hingen in ihrem nassen Haar, das ihr halb über den Rücken reichte; er hatte sie geneckt und dann zugesehen, wie sie mit sich selbst spielte, ihr Fleisch einseifte und ihre Hände an den Innenseiten ihrer Schenkel auf und ab und auf den Brüsten hin und her gleiten ließ), hob sie ihrer Tochter aus der Badewanne.

Sie brachte ihr Kind zu Bett und las ihm aus *Alice im Wunderland* vor.

Die Intensität ihrer Bewegungen erschreckte sie manchmal; sie fürchtete, sie könne sich verlieren und nie wieder nach Hause zurückkehren. Oft fand die am nächsten Tag einen Daumenabdruck auf ihrem Schenkel, einen harten Fleck auf ihrer Brust nahe der Brustwarze. Einmal waren beide Brüste mit winzigen Quetschungen bedeckt; sie untersuchte sie sorgfältig und zählte sie, dreizehn im ganzen.

Es war ihr Ritual, ihn nie zu besuchen, ehe diese blauen Flecken vergangen waren, doch mit der Zeit fiel es ihr schwer, diese selbstauferlegte Regel einzuhalten. Sie bestellte bei einem Versandhaus ein Kräuterelixier, das Quetschungen angeblich schneller verschwinden ließ. Die Lotion wirkte, und die Flecken verblaßten in der Hälfte der Zeit.

Sein Studio war ihr Tummelplatz. Sie liebten sich überall, in jeder Ecke, auf jeder Fläche, bis die Frau das Gefühl hatte, diesen Raum so genau zu kennen wie seinen Körper.

Sie stellte sich im Geist eine seiner Skulpturen vor, »Geschwister«, die Verkörperung inzestuöser Wünsche, die Verkörperung von Worten, die man nicht aussprechen kann, von Handlungen, die man unterdrücken, Gefühle, die man beherrschen muß.

Zwei durchscheinende Marmorformen, Arme und Körper ineinander verschlungen, liegen Seite an Seite auf einem schwarzen Marmorbett. Die größere Gestalt ist eine Frau, die andere ein Mann. Der Mann liebkost die vollen, marmorgeäderten Brüste der Frau, preßt sie mit den Händen zusammen, während er an beiden Brustwarzen saugt, sein Gesicht in ihrem weißen Fleisch verborgen.

Nachdem sie die Skulptur gesehen hatte, dachte die Frau an ihren Liebhaber immer wie an ihren Bruder.

Die Frau wachte auf und fand ihre Brust im Mund ihres Liebhabers. Sie wandte sich ihm zu und zog seinen Kopf näher an ihren Körper, ließ seinen Mund mehr von ihr aufnehmen, bis sie ihn ganz ausfüllte. Sie hatten sich stundenlang geliebt, und jetzt waren die Töne, die sie von sich gaben, ruhig, unisono, Flüstern eines unersättlichen Begehrens, eines Hungers nacheinander, der nie gestillt werden konnte.

Als er kam, küßten sie sich gerade, und er schrie in ihren Mund, seine Lippen preßten sich hart auf ihre und schlossen den Ton in ihren Körper ein. Sein Echo ging zwischen ihnen hin und her.

Später stand sie auf, eilig, ihn aus sich gleiten zu lassen, und sah, daß sie mit ihrem Blut bedeckt waren. Sie wusch sich und säuberte dann zart und langsam seinen Körper.

Sie sah zu, wie er seinen Weinstock wässerte. Er wuchs im Innenhof eines Gebäudes in der Industriezone mitten in der Stadt. Der Wein, viele Jahre zuvor gepflanzt, als das Gebiet ein Weinberg war, wuchs an der narbigen Ziegelwand, zwei verschlungene, knorrige Zweige, die sich ausbreiteten und das Gitterdach des kleinen Innenhofs bedeckten. Sie staunte, daß die Pflanze in zehn Zentimetern nährstoffarmer Stadterde weiterwuchs.

Die Frau sah zu, wie ihr Liebhaber nach und nach Wasser auf das kleine Erdviereck goß; langsam saugte der Wein es auf. Er neigte die Gießkanne und goß mehr Wasser nach; langsam nahm der Wein auch das auf.

Sie wünschte, sie wäre der Wein, von ihrem Geliebten geduldig gewässert.

Er füllte das Kristallglas mit Kognak, gab es ihr, hob die Flasche und goß den dicken, süßen Kognak über ihre Schultern. Er floß über ihre üppigen Brüste, durch die tiefe Rille zwischen ihnen, in der Mitte ihres Körpers herunter, über ihren Nabel und in ihr Schamhaar, hinterließ seine Spur auf ihrem Fleisch.

Sie lachte und leerte ihr Glas mit einem Schluck, ehe sie ihre Arme nach im ausstreckte. Er beugte seinen Kopf herunter zu ihren von Kognak getränkten Brüsten, und während er die köstliche Flüssigkeit von ihrem Körper leckte und saugte, begann die Frau zu weinen.

Picasso

Es war etwas an Josef Forster, das niemals ganz real zu sein schien. Etwas, das über die Augenfälligkeit gewöhnlicher Männlichkeit hinausging. Seine sexuelle Energie war beängstigend, nahezu erstickend.

Er war Konzertpianist, eine Legende. Ich begegnete ihm auf einem Empfang, einer jener langweiligen Einladungen, die man möglichst so schnell wieder verläßt wie eine Wanne voll lauwarmes Wasser. Als Mitarbeiterin einer führenden Musikzeitschrift hatte ich an der Veranstaltung aus reinem Pflichtgefühl teilgenommen und war nach einer Viertelstunde substanzlosen Geplauders mit substanzlosen Figuren mehr als bereit, der Szene zu entfliehen. Plötzlich jedoch durchschnitt ein Lachen die schwere Luft, ein unglaubliches, klingendes Lachen, dem sich alle Köpfe im Raum zuwandten.

»Ich bin gerade erst aus Europa zurückgekommen. England? Gott behüte! Was sollte ich in England anfangen? Nein, Darling, ich ziehe die Gesellschaft meines Geburtslandes Österreich vor. Mein Gott, als die Wiener bereits schön brav am Tisch saßen, mit Silberbestecken speisten und die passenden Weine dazu tranken – wo waren die Briten? Hockten auf Bäumen und knackten Nüsse...«

Josef Forster betrat den Raum wie ein langes, scharfes Messer, drauf und daran, die zähe Langeweile in Fetzen zu schneiden.

Er war sehr groß, einsachtundachtzig bis einsneunzig. In seinem perfekt geschnittenen grauen Tweedanzug mit dem seidenen Taschentuch in der Brusttasche wirkte er, als sei er direkt aus den Seiten eines Modejournals gestiegen. In einer Hand balancierte er geschickt eine Zigarre, die andere streichelte die Luft mit einer Reihe fließender, gemächlicher Gesten.

Ich spürte, wie mir die Brust eng wurde, jenes packende Gefühl, das man erlebt, wenn einem klar wird, daß die amorphe Masse des eigenen Alltagslebens im Begriff ist, zu etwas Bedeutendem geformt zu werden. Ich konnte den Blick nicht von ihm wenden – genausowenig wie alle anderen. Die Männer waren von ihm fasziniert, begeistert. Die Frauen waren vollkommen hilflos. Die Tatsache, daß er zu jenem Zeitpunkt dreiundsiebzig Jahre zählte, war unwichtig; innerhalb von fünf Minuten strebte jedes weibliche Wesen im Raum in seine Richtung: als würden zitternde Nadeln von einem Magneten angezogen. Und währenddessen stand Forster da, lässig, entspannt, nur hin und wieder ein strahlendes Lächeln verschießend, das – wie ein gigantischer Generator – alle Gesichter um ihn herum aufleuchten ließ.

Ich schob mich dichter an ihn heran, und je näher ich ihm kam, desto größer wurde er. Er hatte die längsten Beine, die mir je vorgekommen waren, umkleidet von einer makellosen Hose mit messerscharfer Bügelfalte. Ein heißer Strom der Erregung durchfuhr mich, eine sirrende Elektrizität, die den Wunsch in mir auslöste, mich an ihm zu reiben wie eine Katze oder besser noch zu spüren, wie seine langen Beine die meinen umklammerten.

In diesem Augenblick fiel Forsters Blick, der suchend umherwanderte, auf mich, und ich hatte das Gefühl, von zwei stahlgrauen Augen festgenagelt zu werden, die, halb geschlossen, undurchdringlich waren wie die Linsen einer Kamera und sich nur sekundenlang weit öffneten, um alles an mir in sich aufzunehmen.

In Sekundenschnelle musterte er mich von Kopf bis Fuß – ein blitzartiges Einschätzen, ein gedankliches Entkleiden.

Aber er tat das so unauffällig, so geschickt und so elegant, daß ich mich zwar nackt fühlte, körperlich und seelisch entblößt, jedoch nicht im geringsten gekränkt. Forster lächelte darüber, lächelte ganz leicht, bevor er mit seinen langen, lässigen Schritten quer durch den Raum auf die Person zuging, die er zuvor mit den Blicken gesucht hatte.

Da wußte ich, daß ich ihn haben mußte. Der Altersunterschied von neunundvierzig Jahren war unwichtig, eine schmale Kluft, mühelos überbrückt von den unzerstörbaren Tragbalken Charisma und Begehren. Zum erstenmal in meinem Leben befand ich mich im Griff reinen, unverfälschten sexuellen Verlangens, so daß das kurze Klicken von Josef Forsters Kameraverschluß das Ende eines Kapitels in meinem Leben und den Beginn eines neuen eingefangen hatte.

Aus einem Mädchen, das nur in T-Shirts und Jeans herumlief, entwickelte ich mich zu einer Frau, die auf der Suche nach einer möglichst aufreizenden Garderobe alle Kleiderständer abklapperte. Ich nahm ab, besorgte mir Kontaktlinsen, experimentierte mit Lippenstift, Lidschatten und Parfüm. Irgendwie erriet ich instinktiv all jene Dinge, die Forster gefallen würden, und jedesmal, wenn ich mir eine Bluse, einen Rock oder eine Duftnote aussuchte, beschwor ich die Erinnerung an seine stahlgrauen Augen herauf, die anerkennend auf mir ruhten.

Und während ich auf diese Art wöchentlich, ja täglich reifte, füllten sich viele Dinge meines Lebens, die mir bislang unwichtig erschienen waren, auf einmal mit Erotik.

Beim Besuch eines Kunstmuseums stieß ich auf die Skulpturen nackter, junger Frauen. Normalerweise hätte ich die Exponate völlig leidenschaftslos betrachtet, nun jedoch sah ich sie, wie Forster sie sehen würde: die kleinen, festen Brüste, die runden Hinterteile, die aufreizend glatten, jungfräulichen Gesichter. Ich streckte die Hand aus, um die bronzenen Gesäßbacken eines jungen Mädchens zu berühren, und sofort begann das Tier namens Erregung heftig, doch unsichtbar, an meinem Inneren zu nagen, weil ich mir vorstellte, es sei Forster, der mit seiner langen, feingliedrigen Hand meine eigenen Rundungen streichelte.

Ich ging zum Strand. Das war stets meine Lieblingsbeschäftigung gewesen, da ich nur einen Häuserblock vom Meer entfernt wohnte. Als ich mich jetzt jedoch auf dem Sand ausstreckte, spürte ich statt der Sonne Forsters warme Hand, die sich langsam einen heißen Pfad über meinen Bauch bis zu den Innenseiten meiner Schenkel brannte, um schließlich bei meinem Geschlecht anzuhalten und mit seinen erfahrenen Fingern in mich einzudringen – zuerst behutsam, dann schonungslos.

Und während die Wellen an den Strand schlugen und wieder zurückwichen, schloß ich die Augen und versuchte mir seinen Penis in mir vorzustellen, stoßend, explodierend, sich zurückziehend.

Sein Penis. Wie der wohl aussah? Ich stellte ihn mir ebenso lang vor wie alles andere an ihm, und auch so stattlich, im Grunde aber war es mir egal. Ich war, unabhängig von Form und Größe, einfach in ihn verliebt. Das heißt, ich war in den ganzen Forster verliebt: in seine Beine, sein Hinterteil, seinen Esprit, seinen Charme, seinen Embonpoint, seine Fältchen... War ich verrückt? Wollte ich wirklich mit meinem Großvater ins Bett? Oder war meine Vernarrtheit lediglich ein Zeichen schlichten, guten Geschmacks?

Ich wußte es wirklich nicht. Ich wußte nur eines: Ich mußte erreichen, daß Josef Forster mich ebenfalls liebte.

So holte ich mir das Okay meines Chefredakteurs zu einem Interview mit Forster für eine Titelstory.

Am Tag des Interviews stand ich besonders früh auf, um anschließend genausoviel Zeit auf die Vorbereitung zu verwenden wie eine Braut am Hochzeitstag. Wohlig aalte ich mich in einer mit duftendem Öl gefüllten Wanne, wählte meine hinreißendste Aufmachung und legte mit den langsamen, bedächtigen Strichen einer Künstlerin Mascara auf. Ich war entschlossen, ihn zu verführen, hatte aber auch eine Todesangst. Würde er seine Zigarre hinlegen und mich in die Arme nehmen? Oder würde er ganz einfach lachen? Oder – noch schlimmer – mich zur Tür begleiten?

Bis ich vor seiner Haustür eintraf, waren meine Nerven im Begriff zu meutern, und der schrille Schrei der Türglocke löste bei mir fast einen Herzstillstand aus. Nachdem einige Sekunden vergangen waren, erwog ich die Möglichkeit zu kneifen. Doch dann wurde ganz langsam die Tür geöffnet: Da stand Josef Forster und wirkte atemberaubend elegant in weißen Jeans und blauem, monogrammbesticktem Seidenhemd.

»Kommen Sie herein, meine Liebe.« Er streckte die Hand aus. Sein Händedruck war höflich, angenehm; er hatte, wie zu erwarten war, eine große Hand, in der sich die meine völlig verlor. Ich fand es sonderbar, daß sie sich so entspannt anfühlte, und ich hatte so eine Ahnung, daß sie ihre wahre Identität verbarg. Mit anderen Worten, ich hatte den Eindruck, daß Forster meine Hand mit einem einzigen Druck am Handgelenk brechen konnte, denn seine Sehnen waren straff, und seine Muskulatur war keineswegs die eines Dreiundsiebzigjährigen.

»Ihr Hemd gefällt mir«, sagte ich. »Besitzen Sie nur Sachen mit Monogramm?«

Forster grinste auf mich herab. »Ja, nur, meine Liebe. Natürlich mit Ausnahme der Unterwäsche, da ich niemals ganz sicher bin, wo ich sie unter Umständen zurücklasse.« Er hielt inne. »Kennen wir uns?«

»Na ja, *kennen* ist vielleicht nicht der richtige Ausdruck. Ich habe Sie auf dem Empfang für Misha Behrman gesehen.«

»Ach ja!« Nachdenklich an seiner Zigarre ziehend, deren Duft – für mich so süß wie das exotische Cologne – das ganze Zimmer füllte, sah er mich an.

»Ihre Haare sind kürzer, nicht wahr?«

»Sie erinnern sich?«

»Ich vergesse niemals eine Frau. Und schlanker sind Sie. Haben Sie sich einen Liebhaber genommen?«

»Nicht einen.« Ich lachte. »Sechs.«

»Aha!« Er nickte zustimmend. »So etwas kann seine Vorteile haben. Ich selbst hatte einmal vier Damen gleichzeitig, doch damals war ich jung und konnte zwanzig Jahre ohne Schlaf auskommen.«

»Und jetzt?« erkundigte ich mich, über die eigene Kühnheit erschrocken.

Er lachte leise, ein volles, melodiöses Lachen, das – wie der Duft seiner Zigarre – jeden Quadratzentimeter des Zimmers füllte.

»Jetzt? Jetzt, meine Liebe, komme ich nicht einmal mehr zwanzig *Minuten* ohne Schlaf aus. Ich nicke mitten im Satz ein…«

»Können Sie für unser Interview wach bleiben?«

»Ich werde mir Mühe geben.« Er schenkte mir sein strahlendes Lächeln. Was dieses Lächeln so zwingend machte, war, wie ich feststellte, nicht einfach verführerischer Charme. Es war vielmehr darüber hinaus ein besonders liebenswertes Lächeln, eine Kombination kindlicher Schalkhaftigkeit mit freundlichem Alter.

»Wünschen Sie eine Besichtigung meiner Festung?« erkundigte er sich. Und führte mich, noch ehe ich antworten konnte, durch ein Wohnzimmer, das mit seinen antiken Möbeln, den Regalen voll deutscher Bücher und den dunklen Ölbildern österreichischer Landschaften direkt aus dem habsburgischen Wien stammen konnte. Ich fand, es sei ein seltsamer Raum, buchstäblich in der Zeit erstarrt. Und doch gab es unter dem altmodischen Äußeren eine unverkennbare Unterströmung von Sinnlichkeit. Die weichen, grünen Samtsofas waren verlockend, schienen ein Hort zu sein in dem ehrfürchtigen Schweigen, das überall im Haus herrschte.

»Das hier sind die Originalnoten des Klavierkonzerts von Brahms«, erklärte Forster, vor einem Regal mit Büchern stehend. Er zog eines heraus und blätterte darin herum. Doch als ich mich vorbeugte, um ebenfalls hineinzusehen, stellte ich fest, daß ich, wenn ich zur Seite schielte, durch die Knopflöcher seines Hemdes den Wald weißer Haare auf seiner Brust sehen konnte.

»Es ist wunderschön«, murmelte ich.

»Möchten Sie Kaffee?« fragte er plötzlich.

Wir gingen in die Küche, in der man das Gefühl bekam, daß dies ein Raum war, in dem noch nie jemand wirklich gelebt hatte. Die Kupferkannen, in Reih und Glied über dem Herd hängend, glänzten, als seien sie noch nie benutzt worden, und die blitzblanke Chromstahl-Arbeitsplatte hatte nicht einen einzigen Kratzer. Während das Wohnzimmer warme Gemütlichkeit ausstrahlte, wirkte die Küche kühl und frisch, aber auch das fand ich erotisch. Forster begann Kaffee zu machen, und ich sah mich in Gedanken nackt auf der blanken Arbeitsplatte sitzen, die sich schauerlich kalt unter meinem Fleisch anfühlte. Hier, auf diesem unpersönlichen Metall, war ich ihm ganz und gar ausgeliefert, ein weibliches Steak, das jederzeit auf den benachbarten Hackklotz transferiert werden konnte. Vor mir stand Forster, der liebevoll lächelnd an seiner Zigarre zog und meine Beine emporzog, um meine nassen, sehnsüchtigen Lippen zu entblößen.

»Mein Kleines«, murmelte er mit halb erstickter, weicher Stimme. »Mein Herzchen. Du bist so schön, so schön...«

Und beugte sich vor, um mir galant Haare, Mund, Brüste und Bauch zu küssen, während ich mich blind auf der jetzt dampfenden Arbeitsplatte herumwarf und die Pfannen und Suppenlöffel an der Wand grinsend zusahen.

»He, Sie!« Forsters amüsierte Stimme holte mich in die Realität zurück, und ich merkte, daß ich eine ganze Minute lang die Arbeitsplatte angestarrt hatte. Ich wurde rot, und plötzlich sah mir Forster zum erstenmal direkt und aufmerksam in die Augen.

Wußte er Bescheid? Sah er mir etwas an? Aber der Augenblick war in Sekundenschnelle vorüber. »Nehmen Sie Milch?« wollte er wissen, als er zum Kühlschrank ging.

Sorgfältig schenkte er Kaffee ein und trug das Tablett ins Wohnzimmer. »Nehmen Sie Platz«, forderte er mich mit einer Geste zum Sofa hin auf. Ich hoffte, er würde sich neben mich setzen, statt dessen jedoch wählte er einen riesigen Lehnsessel gegenüber. Seine langen Beine wirkten in den weißen Jeans unglaublich jugendlich.

»Woher haben Sie diese Jeans?« fragte ich.

»Wieso?«

»Weil ich noch nie gesehen habe, daß ein Mann Ihres Alters so etwas trägt, geschweige denn gut darin aussieht.«

Er lachte geschmeichelt. »Aus einer dieser vielen Boutiquen, Darling. Es ist phantastisch, wissen Sie? Bis vor zehn Jahren bekam ich in den Geschäften weder Jeans noch Hemden, die mir paßten.«

»Und warum nicht?«

»Wegen der *Länge*! Meine Arme und Beine brauchten stets Übergrößen; in meiner Generation war ich ein Riese. Seit dem Krieg jedoch schießen die jungen Männer wie Unkraut in die Höhe. Die Konfektionsgrößen haben mich endlich eingeholt.«

»Wie haben Sie sich denn bis dahin beholfen?«

»Ich hatte eigene Schneiderpuppen. In London. In Paris. Und ganz besonders reizende Schneider…«

Beim Sprechen streckte er die Beine aus und spreizte sie leicht. Während ich Fragen stellte, mußte ich immer wieder auf seinen Schritt blicken. Die Jeans wiesen einen dicken Buckel auf. Keine Erektion, sondern einen beträchtlichen Apparat, der dort genauso lässig lag wie Forster selbst und mit katzenhafter Geduld zu warten schien.

»Sie sind ja ganz rot im Gesicht!« bemerkte Forster. »Sollen wir ins andere Zimmer gehen, wo es ein bißchen kühler ist?«

»N–nein«, stammelte ich.

»Wo waren wir stehengeblieben?«

»Bei Ihrer ersten U. S.–Konzerttournee. Wann war das?«

»Neunzehnsechsunddreißig… Oder war es fünfunddreißig?« Er seufzte. »Verzeihen Sie, meine Liebe. Ich bin so vergeßlich geworden. Aber wir können ja nachschlagen.«

Er stand auf, trat an ein Bücherregal und nahm einen dicken Band heraus. Dann kam er zur Couch zurück und setzte sich neben mich.

»Meine Zeitungsausschnitte, 1935 bis 1937.«

Er schlug das große, ledergebundene Album auf. Es roch modrig. Aus den vergilbten Seiten blickte mir ein herrlich erotisches Gesicht entgegen. Josef Forster, vierundzwanzig.

»Meine Babybilder«, lacht er.

»Sie waren genauso alt wie ich.«

»Na schön. Aber Sie *sind* doch schließlich ein Baby, nicht wahr?« Er blätterte weiter, genoß diese kleine Reise in die Vergangenheit. Ich betrachtete seine Fotos, das blondgewellte Haar, den sinnlichen Mund, die Augen mit den schweren Lidern, die schlanke Gestalt.

»Ich weiß nicht, ob ich Sie damals schöner fand oder heute«, sagte ich.

Er lachte. »Sie sind sehr liebenswürdig. Leiden Sie an Astigmatismus?«

»Ich bin kurzsichtig.«

»Aha! Bei kurzsichtigen Frauen habe ich immer Glück. Na also – da haben wir's ja. ›Josef Forsters Ankunft in New York.‹ Neunzehnsechsunddreißig. Oktober.«

Dann fiel sein Blick auf ein anderes Foto auf derselben Seite, das Foto einer wunderschönen Frau im Abendkleid. »Maria Landauer!« rief er erstaunt.

»Wer war das?«

»Eine hervorragende Sängerin. Und eine hervorragende Geliebte.«

Ich bekämpfte einen irrationalen Anflug von Eifersucht. »Ihre?«

»Nicht nur meine. Sie wurde in ganz Europa geschätzt. Ah ja, sie war göttlich, und sie wußte genau, was sie tat. Sie hatte ein Parfüm für ihre Brüste, ein anderes für ihre Achselhöhlen, ein drittes für ihre Vagina. Oh ja, es gibt tatsächlich Parfüms, die man dort benutzen kann, ganz spezielle.«

Bedächtig seine Zigarre paffend, wandte er sich mir zu. »Sie sollten sich eins kaufen und an Ihren Liebhabern ausprobieren.«

»Und wo bekomme ich so was?« fragte ich ihn.

Achselzuckend blätterte er weiter. »Der sieht ja aus wie Picasso!« staunte ich.

»Das ist er auch. Wir waren gute Freunde. Einmal hat er mich sogar gemalt, aber ich habe ihm gesagt, das Bild sei Mist. Und er hat mir zugestimmt! O Gott, war das ein Teufel... Als ich ihn zum letztenmal traf, wissen Sie, war er sechsundachtzig und hatte eine sechsundzwanzigjährige Ehefrau am Arm. Die Welt betrachtet so etwas natürlich als anomal, in Wirklichkeit ist es jedoch völlig natürlich.«

»Wieso?« Mein Herz hämmerte.

»Ältere Männer sind gut für jüngere Frauen. Sie können nicht alle fünf Minuten ejakulieren, wissen Sie; bei ihnen dauert das wesentlich länger. Daher wird das Liebesspiel langsamer, ruhiger... Großer Gott!« Er sah auf seine Armbanduhr. »Ich hatte ja keine Ahnung, daß die Zeit so schnell verflogen ist! Wir sollten weitermachen mit Ihren Fragen.« Damit erhob er sich und kehrte zu seinem Sessel zurück.

Wir verbrachten eine Stunde zusammen – eine herrliche, unvergleichliche Stunde, in der wir einen verbalen Zweikampf ausfochten, der hin und her ging und mich ständig in fiebriger Erregung hielt. Hin und wieder sah ich auf die eigene Armbanduhr und wünschte verzweifelt, die Zeiger zurückdrehen zu können. Schließlich wandte sich Forster an mich.

»Es wird spät, meine Liebe. Haben Sie alles, was Sie brauchen?«

Nein, wollte ich antworten. *Sie* habe ich nicht. Doch da versagte mir der Mut.

»Ich glaube schon«, gab ich zurück.

»Gut.« Er erhob sich, und ich folgte ihm zur Tür – in dem Gefühl, niemals in eine Welt zurückkehren zu können, in der es ihn nicht gab. Er muß mir das vom Gesicht abgelesen haben, denn als ich zu ihm aufblickte, um ihm auf Wiedersehen zu sagen, streckte er plötzlich die Hand aus und berührte meine Wange.

»Mein Mädchen«, lachte er leise. »Mein kleines Mädchen.«

Da endlich gewann mein Instinkt die Oberhand über den Intellekt: Ich hob die Arme und legte sie ihm um den Hals.

Hätte ich nachgedacht, ich hätte es nie gewagt, so gigantisch, überwältigend, einschüchternd wirkte er. Doch als ich seinen Körper an meinem spürte, durchfuhr mich ein ungeheurer Schock. Er war mager, zerbrechlich, und seine Knochen, die an Ellbogen und Schultern weit vorstanden, wirkten porös. Mir stiegen die Tränen in die Augen.

Er blickte auf mich hinab, und die sonst so unergründlichen Augen verrieten Trauer. Ohne zu verstehen barg ich das Gesicht an seiner Brust. Sein Seidenhemd war glatt und kühl – am liebsten hätte ich es ihm vom Leib gerissen.

Er zitterte, und das verlieh mir den Mut, mit meinen Händen seinen Rücken hinabzustreichen bis zu den kleinen, festen Gesäßbacken, und dann noch weiter, um seinen Körper herum nach vorn, wo sein langer Penis weich und stumm unter der Kleidung und meinen Händen ruhte.

Seltsamerweise störte mich die Erkenntnis, daß er keine Erektion hatte, überhaupt nicht. Im Gegenteil: Ich empfand eine so große Zärtlichkeit seiner schüchternen Männlichkeit gegenüber, als sei sie mein eigenes, schlafendes Kind. Doch Forster zog sich von mir zurück und löste sanft, aber energisch meine Hände von seinem Körper.

»Sie lieben einen alten Mann, meine Liebe«, sagte er leise.

»Sie sind nicht alt!« schluchzte ich verzweifelt. »Sie sind schön!«

»Und Sie«, lachte er liebevoll, »sind kurzsichtig.« Er ging zur Tür, öffnete sie und küßte mich ganz leicht auf die Stirn.

»Überanstrengen Sie sich nicht mit Ihren sechs Liebhabern, Darling«, sagte er lächelnd. »Sie müssen sich Ihre Zeit mit ihnen gut einteilen.«

Ich hielt ihn in den Armen. Das Zimmer war fremd, unbekannt; es gab ein schmales Bett, drüber hinaus jedoch keine

Möbel, und ich lag in tiefer Dunkelheit. Ich wußte nicht recht, wo ich war, und dennoch, wo immer ich sein mochte, es schien der richtige Ort zu sein, der einzig richtige Ort, denn sein Körper schmiegte sich an den meinen.

»Mein Liebling«, murmelte er, als ich unter seinen Bademantel griff.

»Schon gut, ich liebe dich«, flüsterte ich, als ich seine riesigen Hoden in die Hand nahm und massierte. Sie waren weich und voll, und je länger ich sie streichelte, desto erregter wurde ich. Er stöhnte, und sein Penis schob sich in meine Hand. Groß. Pulsierend. Ein Schauer staunender Freude durchfuhr mich, als ich das harte, heiße Fleisch streichelte. Meine Handfläche schmerzte; seine Stöße wurden fordernder, sein Körper schwerer an dem meinen. Und dann explodierte er mit einem erstickten Schrei in meiner Hand, und ich kam ebenfalls, ohne berührt worden zu sein...

Diesen Traum hatte ich über fünf Jahre lang, aber er steht mir noch genauso lebendig vor Augen wie in der Nacht, als ich aus ihm erwachte und fest überzeugt war, daß es mehr gewesen sein mußte als eine Illusion. Denn erstens hatte ich im Schlaf einen Orgasmus gehabt. Noch seltsamer dagegen war das prickelnde Gefühl in meiner Handfläche, in der ich noch immer Josef Forsters Sperma spürte, und in der sich, als ich im Mondschein auf sie hinabblickte, eine winzige Pfütze warmer, durchscheinender Feuchtigkeit gesammelt hatte.

1968

Im Sommer hat New York die drückendste Luft der Welt. Sie riecht nach Schweiß jeden Alters und jeder Provenienz: dem moschusartigen Duft aus den Achselhöhlen junger Männer, dem ein wenig scharfen Aroma von Rücken und Gesichtern der Mädchen in der Subway, dem harzigen Umkleideraumgestank der Arbeiter, die ihren Graben ausheben.

Sie riecht nach Obst und Gemüse: dem scharfen Zitrus-Duft der Orangen, in Scheiben geschnitten, zerdrückt und ausgepreßt; den betäubenden Ausdünstungen von Bergen beschädigter oder aufgerissener Tomaten, überreifer Pflaumen, Bananen und Melonen, dünnhäutiger Trauben, die in der Sonne platzen.

Sie riecht nach Rauch: den kleinen Rauchwölkchen der Cuchifritos, die im ganzen Central Park in dicht über der Erde auf Holzfeuern stehenden Eisenpfannen brutzeln; den dicken, scharfen Qualmwolken der Schischkebabs, die auf dem Times Square in kleinen Wagen über Holzkohle gegrillt werden; dem Marihuanarauch, der überall die Nase reizt.

Schweiß, Obst, Rauch, sogar der stechende Müllgeruch, der unvermittelte, modrig-kalte Luftzug aus einer Seitengasse oder einem offenen Keller, der Bitumengestank von Eisen, Stahl und Beton, die den ganzen Tag in der Sonne backen - sie alle vereinigen sich, um im Fleisch Phantasien und Begehren zu wecken, als überwältige die schier unbegreifliche Vielfalt der Gerüche das Alltags-Dekorum, und als lasse sich das streng disziplinierte Ich endlich völlig erschöpft gehen.

Es ist ein gemächlicher Spaziergang die Eight Street entlang, von der Sixth Avenue zum Tompkins Square Park. In dem Block zwischen Brodway und Astor Place fällt mir sein Rücken auf. Er ist nackt, leicht verschwitzt und von der Farbe reifer Aprikosen. Über die lange Reihe der Kreuzungen bis zur Third Avenue hinweg, vorbei an der schmierigen Garküche an der Lafayette Street, der Subway, dem Cooper Square halte ich mich hinter ihm. Ich bewundere seine kurzen, kraftvollen Unterarme, die sanfte Klarheit, mit der seine Schultern in den Bizeps übergehen, die Art, wie seine Gesäßbacken sich, fest wie zwei reife Mangos, unter den ausgefransten, abgeschnittenen Jeans bewegen. Seine Waden sind hoch und rund, mit feinen, von der Sonne fast blond gebleichten Haaren.

An einer italienischen Eisdiele hole ich ihn ein. Er nimmt Zitrone. Ich verlange ebenfalls Zitrone und werfe ihm einen kurzen Blick zu. Sein Haar und seine Augen sind schwarz, sein Gesicht ist eine Mischung aus Chinese und Latino. Seine Augen sind groß und rund, erstaunlicherweise gelingt es ihnen jedoch trotzdem, sich an den Außenwinkeln ein wenig schräg nach oben zu ziehen. Seine Nase ist dick und an den Nasenflügeln sinnlich geschwungen. Er riecht nach frischem, angenehm mit Aftershave Lotion vermischtem Schweiß. Ich male mir aus, wie sein Haar riechen würde, wenn ich ganz sanft mein Gesicht hineinzudrücken wagte. Es ist sehr fein, mit jenem mattschwarzen Schimmer, der vom Waschen mit Seife kommt.

Er wendet sich ab, um weiterzugehen, und ich folge ihm, an meinem Zitroneneis leckend. Er sieht sich um und wird dann einen Schritt langsamer, bis wir beinahe auf gleicher Höhe sind. Er am Bordstein entlangschlendernd, ich an der Schaufensterseite, als hätte ich vor, eines der Geschäfte zu betreten. Quer über den Gehsteig hinweg tauschen wir verstohlene, kleine Blicke.

Das Zitroneneis ist kühl und scharf auf meiner Zunge. Es schmilzt sehr schnell in der Sonne, so daß mir der Saft über Kinn und Hände läuft. Er leckt sich die Lippen, so weit seine Zunge reichen will wie eine Katze; dann dreht er den geneigten Kopf, als wolle er sich - ein langer, langsamer Strich über die Muskelrundung - auch noch die Schulter ablecken, hebt statt dessen das Gesicht, sieht mich voll an und grinst. Ich grinse zurück, und irgend etwas klickt zwischen uns. Wir sind nicht mehr zwei Fremde, die zufällig in dieselbe Richtung gehen, wir haben uns zu einer Verschwörung gegenseitiger Anziehung zusammengefunden.

An der Avenue A betreten wir gemeinsam ein kleines Café mit Blick auf den Park und setzen uns auf Hockern an die Theke. Er bestellt Kaffee, ich bestelle Tee. Während wir auf unsere Getränke warten, flirten wir. Mir fällt auf, daß seine Brauen an den Innenseiten in kleinen Fächern enden. Die Brauen sind in der Mitte sehr wulstig, was ihm einen ersten Ausdruck verleiht bis er lächelt. Wir lächeln viel.

Teetassen sind ideal zum Flirten. Die Tasse wird behutsam zum Mund gehoben, die Lippen öffnen sich in Kußform, um sanft den Rand zu umschließen, die Lider heben sich so, daß die Augen genau in dem Moment lächelnd seinem Blick begegnen, da die heiße Flüssigkeit die Kehle hinabrinnt.

Nach einer Weile gleiten wir von den Hockern, bezahlen unsere Rechnung und gehen gemeinsam weiter. Wir bewegen uns auf mein Ziel zu, weil es in der Nähe liegt, aber wir haben noch immer nicht miteinander gesprochen. Er hat sich gänzlich meinem Willen unterworfen oder dem Zufall, und wir treiben auf einem langsamen, gemächlich wirbelnden Strom der Zeit.

In der Sixth Street steigen wir vier Treppen hinauf, ich ein wenig vor ihm her und mir stets seiner Blicke bewußt, die auf mir ruhen. Eine leichte Wärme steigt in meiner Vulva auf, ein winziges, prickelndes Pochen setzt ein, und die Zeit verändert sich, läuft vor freudiger Erwartung schneller.

Der Loft gehört einem Freund von mir, einem Dealer, der aber nur für Leute arbeitet, die er kennt. Die Sonne scheint zu den hohen Fenstern herein. Auf einem niedrigen Tisch steht ein Tablett mit dunkelbraunen Haschischtafeln. Wir studieren die verschiedenen, in die Tafeln eingeritzten oder auf die kleinen Beutel, in denen sie verkauft werden, geschriebenen Markierungen. Mein Freund schabt ein paar Krümel von einer Tafel mit einem roten Pferdekopf, wir rauchen, und alles wird wieder langsamer.

In dem süßlich-ätzenden Rauch steigt die Hitze in meinem Körper, breitet sich aus und umfängt auch den Mann, der halb liegend neben mir sitzt, dessen Hand meinen Schenkel streift. Mein Hinterkopf treibt weit offen dahin; meine Beine und Schultern sind entspannt, bleischwer. Die Hand an meinem Schenkel scheint direkt mit dem Puls in meiner Vulva verbunden zu sein; ich biege meinen Körper um diesen Puls und lasse mich von ihm tragen, ringförmig nach außen und wieder zurück, mit dem schönen, ruhigen Rhythmus der Zeit. Das Sonnenlicht wandert, wird dunkler: Winzige, schwebende Staubpartikelchen färben sich golden.

Ganz langsam gewinnen der Puls und die Hitze in mir an Intensität, und ich richte mich auf. Er ebenfalls. Der Strom zwischen uns hat sich abermals verändert, ist aktiver geworden. Ich regele meine Schulden bei meinem Freund, Geld für Haschisch, und wir gehen.

Draußen ist es Spätnachmittag. Die Umrisse der Dinge, Gebäude, Blätter, Autos wirken in der feuchten Luft leicht verwischt. Wir sind beide sofort naß, obwohl wir einen kleinen Abstand zwischen unseren Körpern halten, als wir uns am Astor Place nach Westen wenden. Die Leute, die hier auf der Straße sind, kleiden sich, um sich selbst zu erfinden; sie tragen purpurne Gewänder, silberne Kampfstiefel, lange Haarmähnen und Schnauzbärte; oder weite, bunt gestreifte Zuavenhosen mit kleinen Stoffflecken über der Brust. Sie staksen einher auf Sandalen mit unendlich dicken Keilsohlen; sind Könige und Königinnen in einem Reich des schönen Scheins.

Wir gehen in ihrer Mitte, haben das Gefühl, ihre Kostüme seien Tarnung für unsere Körper. Gelegentlich berühren sich unsere Handrücken, und wir lächeln, während wir starr geradeaus blicken, und zuweilen werfen wir uns einen flüchtigen Blick zu und lächeln wieder. Wir lächeln das geheimnisvolle, überhebliche, glückliche Lächeln von Kindern, die sich ihrer Belohnung sicher sind: Schokoladenkuchen, vielleicht, mit dickem Zuckerguß über den weichen, feuchten, braunen, samtigen Kuchen selbst.

Im Gem Spa bestellen wir uns Egg Creams, dick und süß, mit nur einer winzigen Andeutung des rauhen, trockenen Seltzer-Geschmacks. Wir stehen an der kleinen Marmortheke, umgeben von Zeitschriften und Papierservietten-Spendern und saugen geräuschvoll die letzte Neige durch den Strohhalm. Die Zeitschriften-Plakate bringen allesamt Sex. Die Titelfotos zeigen Frauen mit Simili auf den Brustwarzen, weit gespreizten Beinen und einem runden, weißen Aufkleber auf dem Schritt. Oder Frauen in hauchzarter Wäsche, aus der nur die Rundung einer Brust oder ein glattrasierter Streifen Schamhaar herausschaut. Die runden Aufkleber lenken den Blick auf sich, jeder von ihnen eine Niete, ein keimfreies Ödland. Das glattrasierte Schamhaar ist wie künstlich beschnittene Bäume: eine Illusion. Wir gehen weiter, ohne einander zu berühren.

Astor Place wird zur Eighth Street, und nun führt er mich im Eighth Street Bookstore in den ersten Stock hinauf, wo auf großen Tischen die Kunstbücher ausliegen. Er findet ein Buch mit orientalischen erotischen Stichen.

Im japanischen Teil haben die Männer alle riesige, purpurne Schwänze, die Frauen nehmen außergewöhnliche Positionen ein und werden dargestellt mit halb in sie eingedrungenen Schwänzen, während ihre Gesichter glatt und ausdruckslos bleiben, als seien sie Fotomodelle, die für eine Wäschewerbung posieren. Die Gesicher der Männer sind ebenfalls ausdruckslos, wirken jedoch durch ihre Augenbrauen wild und entschlossen. Die Frauen sehen gar nicht so aus, als seien sie überrascht, sich in diesen Positionen wiederzufinden: umgekehrt, beinahe auf dem Kopf stehend, oder sich auf diesen monströsen Schwänzen bewegend, Arme und Beine in Raserei erstarrt.

Ich blättere weiter. Im persischen Teil halte ich bei einem Bild inne, auf dem sechs Frauen sich um einen einzigen Mann herum vergnügen. Er liegt auf dem Rücken in einer Art Bademantel, mit lose gebundenem Gürtel, vorne offen. Jede Frau hat sich über ein Glied hergemacht: zwei liegen bei seinen Händen, während er ihnen mit den Zeigefingern die heißen, roten Vulven kitzelt; zwei weitere, mit geschickt gezeichneter Klitoris, werden von seinen mit reichem Schmuck verzierten Großzehen bedient. Eine fünfte hockt so neben seinem Kopf, daß er sie mit der Zunge liebkosen kann; die sechste senkt sich langsam, behutsam auf seinen kleinen, höchst lebendig wirkenden Schwanz hinab. Ich stelle mir eine Kettenreaktion vor, von Finger über Zeh und Zunge bis hin zur Pièce de résistance. Später dann wieder die langsame Loslösung von Finger und Zeh.

Dieses Bild betrachte ich sehr lange. Die juwelengeschmückten Zehen lassen wieder den Puls in meiner Vulva pochen, während der lebendige Mann sich an meine Schulter lehnt. Ein Arm legt sich um meine Rippen, ein Finger streift meine Brustwarze, kehrt zurück, streichelt sie durch den dünnen Stoff des T-Shirts. Mit seinem großen Zeh, bar allen Schmucks, streichelt er meinen Spann.

Als wir die Buchhandlung verlassen, läßt er den Arm um meine Taille liegen. Ich drücke mich an ihn. Wir passen zusammen. Meine Hüfte, ein wenig höher als die seine, schmiegt sich nahtlos in seine Taille; seine Schulter paßt in meine Achselhöhle; ich lege ihm meinen Arm um die Schulter, um den Rücken bis zur Taille. Sein Haar duftet weich, ein wenig süß in der Gegend der Koteletten. Die Haut seiner Wangen ist ganz leicht flaumig und golden wie die Haut einer reifen Aprikose. Die geschwungene Linie seines Halses duftet nach Moschus.

Wir gingen dahin wir ein altes Liebespaar.

Anonym

Zwischen den Minuten…

Meine Praxis, ein heißer Tag, eine müde geredete Therapeutin mit zu vielen Patienten und zu vielen Sitzungsstunden, tagsüber, innen, in diesem harten Sessel. Wie gern würde ich jetzt die Beine ausstrecken und in ein nicht zu kaltes Meer waten, damit ich langsam und allmählich in die Wellen gleite und das Wasser an meinen Schenkeln hochsteigen lassen kann. Griechenland. Die Ägäis. Oh, das Wasser dort! Und A. Wir liegen im weißen Sand. Unsere schwere, mit Obst gefüllte Strohtasche lehnt an einem großen Felsblock. Eine kaum spürbare Brise bewegt die Ärmel meines dünnen Sonnenkleides, das an einem Felsvorsprung hängt. Die Hitze verursacht mir Übelkeit. Ich stehe auf, nackt, meine Brüste schwer und heiß, die Brustwarzen leicht verbrannt von der Sonne, und gehe leise, um ihn nicht aufzuwecken, dem Meer zu. Kühl legt es sich um meine geschwollenen Knöchel. Mit den Händen schöpfe ich Wasser und gieße es über mein krauses Haar, meinen Rücken, meinen Bauch. Langsam tauche ich unter, bin vollkommen naß, vollkommen kühl. Ein Lachen steigt mir in die Kehle, und ich kann nicht anders, ich muß dem schlafenden Mann etwas zurufen. Er dehnt sich, er weiß nichts von der Hitze, in der ich sein Bild flimmern sehe, verloren im Sand, das rote Handtuch über dem Gesäß. Er steht auf und kommt zu mir, ausdruckslos nach dem Schlaf. Er geht ins Wasser. Wir schwimmen zusammen, er hält mich in den Armen, kitzelt mein Ohr mit seinem Schnurrbart. Da kommt dieses Paar auf uns zu. Das Paar, das wir beobachtet haben, wie es uns beobachtete, unsere nackten, im Schlaf zusammengerollten Körper im Sand. Wir schmiegen uns im Wasser aneinander. Sie sind Deutsche und laut. Sie halten auch uns für Deutsche. Ich kann mich leicht dafür ausgeben. Ein Gespräch beginnt. A. und ich sind noch immer ineinander verschlungen, meine Hüfte lehnt an seinem Knie, sein Fuß steht auf einem kleinen Felsblock unter der Wasseroberfläche. Vom Ufer aus erzählen uns die Deutschen in ihren grünen Badeanzügen, wohin man in der Stadt gehen müsse und welche Restaurants gute Fischgerichte hätten. Wir verstehen fast nichts von dem, was sie sagen. Wir nicken und lächeln zur Antwort. A. faßt unter Wasser nach meiner Brust, spielt an meiner Brustwarze. Ich halte mich an seinem Glied fest, um in den Wellen das Gleichgewicht nicht zu verlieren. Er hat eine Erektion. Meine Brustwarzen sind aufgerichtet. Seine Hände umfassen meinen Schoß. Jetzt schiebt er einen Finger zwischen meine Beine. Ich fühle, wie das Wasser durch meine Öffnung streicht. Wir setzen die einsilbige Unterhaltung mit dem Paar fort. Mein Atem geht schneller, mein Inneres schwillt an, bereit für ihn. Ich schiebe mich über sein Glied, mache dabei weiter deutsche Konversation. Mein Oberkörper bleibt ruhig und hat seine Stellung, seit das Gespräch begann, nicht verändert. A. und ich tun so, als würden wir von den Wellen auf und ab getragen, schwenken spielerisch die Arme. Ich lache über etwas, was die Frau sagt. A. berührt meine Klitoris, die hart ist wie ein Kieselstein. Ich hebe mich auf die Zehenspitzen, und er dringt ein. Noch immer die Konversation. Wie ist so etwas möglich... Unsere Körper erschauern gemeinsam, wir kommen. Wir brechen in Gelächter aus und beglückwünschen uns. Wieder einmal haben wir das Unmögliche getan, diesmal sogar Auge in Auge mit Leuten, die uns erzählen, wo man abends Fisch essen sollte. Und das auch noch in einer fremden Sprache.

Ein schüchternes Klopfen an meiner Tür. Ich fahre aus

meinem Tagtraum auf. Ich schwitze. Ich merke, daß seit dem letzten Patienten genau drei Minuten vergangen sind. Jetzt müssen wir wieder über die Mutter von Frau T. sprechen. Die Tür öffnet und schließt sich. Frau T. setzt sich hin.

Frau T. beginnt, über die Dinner-Party heute abend zu reden. Wie üblich konzentrieren sich ihre Ängste darauf, wie sie gesehen werden möchte, vor allem von den Männern. Das grüne Seidenkleid mit dem Dekolleté könnte verraten, wie sehr sie sich danach sehnt, beachtet zu werden. Das schwarze Samtkostüm würde sie vielleicht zu düster wirken lassen; andererseits käme seine schlichte Eleganz unter den vielen Menschen heute abend gut zur Geltung. Immer derselbe Konflikt zwischen Direktheit und Subtilität...

Während ihrer gedankenschweren Pause erinnere ich mich an gestern abend. Auch ich trage ein schwarzes Samtkostüm. Ich bin zu sehr in Eile, um mich vor dem Anziehen zu duschen. Rasch wasche ich mich unter den Armen und zwischen den Beinen. Da ich mit B. zu Abend essen will und sonst nichts, kümmere ich mich nicht weiter um die Gerüche unter meiner Kleidung. Ich sprühe mich mit einem leichten Parfüm ein und schlüpfe in ein lilafarbenes Seidenhemd. Als die Türglocke klingelt, merke ich, wie spät es schon ist. B. wird ärgerlich sein. Ich ziehe den geraden schwarzen Rock an und fahre ohne Strümpfe in die mauvefarbenen Wildlederschuhe. Ich laufe nach unten, um die Tür zu öffnen. Während B. mir in die Kostümjacke hilft, werde ich mir der Schweißränder bewußt, die schon jetzt unter meinen Armen erscheinen.

Geplauder im Auto. Wir sind beide etwas verlegen, weil wir in den letzten Wochen kaum Kontakt miteinander hatten. B. läßt seine freie Hand zwischen meine Schenkel gleiten und macht eine Bemerkung darüber, daß sie so glatt und weich seien wie immer. Ich kann den Duft seines Rasierwassers riechen.

Das Restaurant ist in Mauve- und Grautönen dekoriert. Wir sind beide zum erstenmal hier. Über die weiße Rose und die flackernde Kerze auf unserem Tisch hinweg sehen wir uns an, langsam und gründlich, zum erstenmal an diesem Abend. Unsere Hände bewegen sich versuchsweise aufeinander zu. Seine Finger streicheln die Unterseite meines Handgelenks. Ich umfasse seinen schlanken Unterarm und ziehe die Haut leicht auseinander, wie er es gern hat. Wir starren einander an. Der Kellner steht wartend an unserem Tisch...

Die Speisen sind einfach, aber hübsch angerichtet. Das Orange des Karottenpürees hebt sich von den dunkelgrünen Gemüsen ab, ein weißer Trüffel schimmert auf dem Fleisch. Während der ganzen Mahlzeit bin ich mir einer Hitze zwischen meinen Beinen bewußt, einer Spannung in meinen Brüsten. Ich schlüpfe aus meinem Schuh und lehne meinen Fuß gegen B.s. Schoß. Mit dem großen Zeh fühle ich, wie sein Penis sich regt und gegen meinen Fuß drückt. Er reagiert, indem er unter den Tisch greift, meinen Rock hochschiebt und die Innenseiten meiner leicht geöffneten Schenkel streichelt.

Nach dem Essen beschließen wir, uns die elegante Ausstattung des Restaurants anzusehen. Wir treten in einen von Kerzen beleuchteten Erker neben den Aufenthaltsräumen. Die Luft ist heiß hier. B. lehnt an der Wand und betrachtet in aller Ruhe die Farbe, die Teppiche, die Lampen. Wieder weht mich ein Hauch von seinem Rasierwasser an. Von dem Duft berauscht, küsse ich ihn voll auf den Mund. Seine Zunge drückt fest gegen meine, schiebt sich zwischen meine Zähne, fährt innen an meiner Unterlippe entlang. Während unsere Münder noch aufeinander liegen, lenke ich ihn spielerisch in Richtung auf die Damentoilette. Zuerst wehrt er sich und sagt: »Und wenn uns jemand sieht?«, doch dann läßt er sich mitziehen. Noch während wir uns küssen, fasse ich an sein Glied. Es ist steif und hart. Ich schiebe ihn in eine der beiden Kabinen, schließe die Tür hinter uns ab und beginne ihn wieder zu küssen. Wir lachen, berühren und streicheln uns aber mit wachsender Erregung. B. steht mit dem Rücken zur Toilette, seine Hände unter meinem Hemd, und spielt mit meinen vor Verlangen nach ihm aufgerichteten Brustwarzen. Sanft drücke ich ihn auf den Toilettensitz herunter. Er fährt mir mit den Händen unter den Rock und schiebt seine Finger in die Feuchtigkeit zwischen meinen Beinen. Er saugt an seinen Fingern, dann läßt er mich daran riechen und lecken. Ich öffne seinen Gürtel und bedeute ihm, seine Hose herunterzulassen. Meinen Rock bis zur Taille hochgeschoben, setze ich mich breitbeinig auf seinen Schoß. Sein Glied dringt mühelos in mich ein. Die Hemdträger gleiten von meinen Schultern. Er leckt meine Brustwarzen, spielt mit meiner Klitoris. Langsam bewege ich mich auf seinem Glied auf und ab. Wir beide stöhnen leise. Unser Atem beschleunigt sich im gleichen Rhythmus.

Jemand kommt in den Waschraum und öffnet die Tür der anderen Kabine. Der Riegel wird vorgeschoben. Die Angekommene nestelt an ihrer Kleidung und uriniert dann. Ich drücke meinen offenen Mund gegen B.s Schulter, um das Stöhnen in meiner Kehle zu ersticken, das in Schreie umzuschlagen droht. Heiser flüstere ich, er sei der beste Liebhaber der Welt. Synchron zu unseren Geräuschen gibt unsere Nachbarin einen pressenden Laut von sich und furzt. Während ich mich zitternd auf B.s gespreizten Schenkeln auf und ab bewege, verliere ich das Gleichgewicht und falle beinahe herunter. B. hebt die Füße vom Boden, damit sie nicht durch den Spalt unter der Zwischenwand der beiden

Kabinen gesehen werden können. Ich merke, daß meine Füße zur Rückwand der Kabine zeigen. Wenn unsere Nachbarin unter der Zwischenwand durchschaut, merkt sie natürlich, daß da irgend etwas nicht stimmt. Aber ich bin jetzt zu nahe am Orgasmus, um meine Stellung zu verändern. Während wir ineinanderstoßen, kann ich fühlen, wie die Spitze von B.s Glied sich hart gegen den tiefsten Teil meines Inneren preßt. Wir kommen beide gleichzeitig, und ich lege B. die Hand auf den Mund, damit man sein Stöhnen nicht hört. Währenddessen verläßt die Fremde die Nebenkabine, wäscht sich die Hände und tut irgend etwas vor dem Spiegel. Wir warten und haben das Gefühl, daß eine Stunde vergeht. Dann hören wir sie hinausgehen. Lachend richten wir unsere zerdrückten Kleidungsstücke her. Wir verlassen den Waschraum, entzückt, daß uns wieder einmal eine unmögliche Nummer geglückt ist.

Ich besinne mich und konzentriere mich von neuem auf Frau T.s Dinner-Party. Sie sagt, sie bereue, sich für das grüne Kleid mit dem Dekolleté entschieden zu haben.

»O ja, Frau T., es stimmt schon: Wenn man spontan handelt, kommt man leicht in Schwierigkeiten; vielleicht hätten Sie wirklich gründlicher nachdenken sollen, ehe Sie mit F. auf und davongingen, als hätten sie keinerlei Verantwortung.« Andererseits, dachte ich bei mir, muß man Gott danken, wenn man die Fähigkeit besitzt, Dinge zu tun, die nicht geplant waren. Mir fiel die Eskapade des gestrigen Abends ein, und unwillkürlich verzogen sich meine Lippen zu einem spitzbübischen Lächeln.

C. hatte mich um sieben vor meiner Praxis abgeholt. Ich war zwar erschöpft von einem langen Arbeitstag, doch als ich durch das Autofenster C.s breites Lächeln sah, fühlte ich mich gleich wieder belebt. Nachdem ich in seinen alten, klapprigen Sportwagen gestiegen war, den wir beide so gern hatten mit seinem Faltverdeck und der Tür, die sich von innen nicht öffnen ließ, fiel mir wieder einmal auf, wie gut er aussah – der dunkle Teint und das kurz geschnittene, lockige Haar hoben sich vorteilhaft von seinem hellen Hemd und seinem marineblauen Cashmere-Sportmantel ab. Die Jeans saßen appetitlich eng um Schenkel und Gesäß. C. küßte mich rasch auf beide Augen, sagte, wie schön es sei, mich wiederzusehen, und fuhr los in Richtung Innenstadt. Während der Fahrt besprachen wir angeregt die Möglichkeiten, die vor uns lagen – nach dem Abendessen ein Film, vielleicht könnten wir auch tanzen gehen. Allerdings waren wir beide müde und hatten zu Hause noch zu arbeiten – wahrscheinlich würde nichts aus diesen Plänen werden.

Wir erreichten den Häuserblock, in dem sich das Restaurant befand, parkten das Auto und schlenderten müßig zum Eingang. Ganz natürlich legten wir einander die Arme um die Taille. Im Gehen ließ ich meine Hand tiefer rutschen und die Kurve von C.s Gesäß nachzeichnen; ich fühlte, wie sich seine hübschen Hinterbacken in den Jeans auf und ab bewegten. Auf der Türschwelle ließen wir einander los, und C. schob mich sanft vor sich her, wobei er rasch meinen Hintern streichelte. Das Restaurant war zwar klein, doch bereits sehr voll. Beim Anblick von Weißwein und dampfenden Schnecken am Nebentisch spürte ich meinen Hunger, und ich begann, den Abend energischer anzugehen. C. legte seine Hand fest auf meinen Schenkel, versteckte unsere Gesichter hinter der großen Speisekarte und küßte mich. Es war ein langer, köstlicher Kuß, warm, gierig, vertraut.

Wie immer mit C. war das Abendessen herrlich. Wir redeten ununterbrochen, lachten viel, und ab und zu trafen sich unsere Blicke. Dann sahen wir uns ein paar Sekunden lang unverwandt an, und ich bekam weiche Knie und wurde erregt. Ich konnte fühlen, wie C.s Hand in meiner feucht wurde. Ich wußte, daß er wußte, daß ich wußte...

Wir beide wußten. Doch wir hatten uns schon darauf

geeinigt, daß aus dem heutigen Abend nicht die ganze Nacht werden könnte. Wir hatten beschlossen, jeder für sich nach Hause zu gehen, um Arbeit zu erledigen, die bis zum nächsten Tag fertig sein mußte. Etwas taumelig vom Wein traten wir aus dem Restaurant auf die dunkle Straße. Für einen Film war keine Zeit mehr – wir hatten zu lange beim Abendessen gesessen, und es war schon spät. Wir kamen überein, noch kurz ein wenig zu bummeln und dann heimzugehen.

Als wir an einem Geschäft vorbeikamen, in dem pornographische Literatur verkauft wurde, blieb ich stehen, schaute hinein und fragte C. zögernd, ob es ihm etwas ausmachen würde, mit mir hineinzugehen. Obwohl ich schon immer neugierig auf diese Art Läden gewesen war, hatte ich nie gewagt, einen zu betreten. Als wir in dem kleinen, vollgestellten, schlecht beleuchteten Verkaufsraum standen, fühlte ich mich plötzlich schüchtern und unsicher – was wäre, wenn jemand hereinkäme? Wenn einer meiner Patienten mich sähe? Aber bald verlor ich meine Nervosität und begann, Hand in Hand mit C., die Bilder zu betrachten, die Männer und Frauen in allen nur denkbaren Stellungen zeigten. Ich sah riesige Glieder, feuchte, saftige Vaginen, üppige Brüste mit Brustwarzen, die so rot waren, daß sie wie rohes Fleisch wirkten. Am meisten verblüffte mich die Gewöhnlichkeit der Posen. Ich hatte erwartet, auf etwas Bizarres zu stoßen, etwas, das mir nie in den Sinn gekommen wäre, etwas ganz Besonderes. Statt dessen sah ich nur Fotos von gut ausgestatteten Männern und Frauen, die es auf alle möglichen, aber bekannten Arten trieben. Mir wurde bewußt, wie begrenzt die menschliche Sexualität ist und wie wenig meine eigenen Erfahrungen sich davon unterschieden. Wir waren uns darüber einig, daß wir enttäuscht waren und nichts Neues erfahren hatten. Irgendwie wirkte das Ganze traurig, nicht anregend.

Nachdem wir wieder beim Auto angelangt waren, legte C. seine Arme um mich. Wir küßten uns lange und heftig. Ich war zwar etwas überrascht, doch ich reagierte sofort. Unsere Zungen trafen sich und spielten miteinander. C.s Hand glitt sanft über meine Brüste, seine Schenkel drückten mich gegen die Autotür. Als wir Leute näher kommen hörten, stiegen wir nacheinander durch die Beifahrertür in den Wagen. Unsere Körper waren sich so nahe, daß sie beinahe zusammenklebten. C. streichelte weiter meine Brüste, kniff in meine erregten Brustwarzen und küßte mich auf den Hals. Ich fühlte, wie sich sein Glied in seiner Hose aufrichtete. Gleichzeitig fiel uns ein, daß es schon spät war und daß uns hier im Auto jeder sehen konnte. Widerstrebend, aber lachend fuhr C. also zu der Straße, in der ich mein Auto abgestellt hatte. Wir einigten uns darauf, daß uns der Pornoladen trotz unserer ursprünglichen Enttäuschung vielleicht doch ein bißchen angeregt hatte.

Obwohl wir den Abend jetzt eigentlich beenden wollten, berührten wir einander weiter, während C. fuhr. Die Innenseiten meiner Schenkel waren feucht vor Erregung; ich wünschte mir sehr viel mehr. Außer dem Klappern der lockeren Türen und der ausgeleierten Federn unter den Sitzen war das einzige Geräusch im Auto unser Atem und das Rascheln unserer Kleidung unter den Zärtlichkeiten. Ich fühlte mich, als würde ich vor Begehren nach C. gleich aus der Haut fahren. Doch das zu bekommen, was ich wollte, nein, was ich brauchte, schien unmöglich. Alles hatte sich gegen uns verschworen – die späte Stunde, das winzige, unbequeme Auto, unser Plan, den Abend getrennt zu Hause zu beenden.

Bis wir jedoch die Fifth Avenue erreicht hatten, war es um unsere Beherrschung geschehen. Ich hatte den Reißverschluß von C.s Jeans geöffnet und spielte mit seinem harten Penis, während er meinen Büstenhalter aufhakte und sanft mit den Fingern seiner freien Hand die Brustwarzen meiner entblößten Brüste berührte. Er steuerte den Wagen an den Rand der belebten und strahlendhell erleuchteten Straße. Wortlos hockte ich mich auf den Boden des Autos und nahm sein Glied in den Mund. C. protestierte zuerst und erinnerte mich daran, wo wir waren – auf einer der belebtesten Straßen von New York – doch bald begann er zu stöhnen und meinen Namen zu flüstern. Obwohl mir bewußt war, daß ganze Schlangen von Autos an uns vorbeiströmten und wir so verbotswidrig geparkt hatten, daß es ein Wunder wäre, nicht erwischt zu werden, waren mir diese praktischen Dinge ziemlich gleichgültig. C. lag auf dem Sitz, seine langen Beine angezogen und gegen das Fenster gedrückt, und rieb mit seinem Finger meine nasse Klitoris. Ich kauerte zusammengerollt auf dem winzigen Bodenraum vor dem Beifahrersitz und stützte mich, um das Gleichgewicht zu halten, auf die Gangschaltung, während ich an seinem Glied saugte. C. kam mit einem energischen Aufbäumen und stieß meinen Hinterkopf hart gegen das Armaturenbrett. Und jetzt, in unmöglicher Stellung unter dem Steuerrad eingeklemmt, kam auch ich. Ausgelaugt und erschöpft, mit blauen Flecken, steif und sehr zerknittert, streckten wir langsam unsere zusammengefalteten Körper wieder aus, strichen unsere Kleidung glatt und lehnten uns kichernd aneinander.

Die Fenster waren zu beschlagen, um den herankommenden Polizisten zu sehen. Doch da war er, klopfte ans Fenster und fragte, warum wir um elf Uhr nachts an dieser besonders gefährlichen Stelle geparkt hätten. Wir erklärten etwas in der Art, wir hätten anhalten müssen, um auf dem Stadtplan eine Straße zu suchen, und würden sofort weiterfahren. Ich konnte die morgigen Schlagzeilen direkt vor mir sehen: »Psychotherapeutin wegen Fellatio mit Journalisten in Fifth Avenue festgenommen.«

Soweit der ereignislose Abend eines ganz gewöhnlichen

Wochentages. Soweit meine Warnungen an Frau T. bezüglich der Gefahren der Spontaneität; innerlich aber lächelte ich und wartete schon ungeduldig auf den nächsten ereignislosen Abend mit C...

Sommerferien

Das Flugzeug hob sich von der Startbahn. Tonnen von Plastik, Kolben, Passagieren und Pässen dröhnten in Richtung Paris. Wozu? Heimkehrende Touristen, die Plastiktüten aus Disneyland zur Schau tragen, New Yorker, die die Bücher ihrer Berlitz-Schnellkurse in den Händen halten und den Weg zur Toilette im Louvre auswendig lernen, Geschäftsleute, die die Litanei der Tiefstpreise für Zementfirmen aufsagen oder die Wechselkurse studieren, und ich. Ich floh den Sommer in New York City, weil ich mich sterbenselend fühlte.

Zu viele Liebhaber. Zu viele Wahlmöglichkeiten. Ich hatte meinen Job aufgegeben, um einen Sommer zum »Denken« Zeit zu haben. Ich hatte meinen Job aufgegeben, um einen Sommer zum »Ficken« Zeit zu haben. Die Erquickung war irgendwie nicht dieselbe. Die Augustnächte waren länger, die Stellung der Sterne verändert. Das Eintreffen der ersten Herbstgemüse sagte mir, daß der Sommer seinem Ende zuging. Mir blieb für das, was ich geplant hatte, nicht mehr viel Zeit.

Mein *deus ex machina* war in Gestalt einer alten Freundin erschienen. Eine reiche Studentin, die in Südfrankreich den Freuden der Pastellmalerei nachging. Sie fiel beinahe über mich, als ich am Strand von East Hampton lag und dem schwindenden Sommer und der schwindenden Flut nachsann. Ihr Strohhut à la Monet hatte ihr die Sicht genommen. Zweifellos komponierte sie gerade das perfekte östliche Stilleben, um es mit zurück nach Belmont, Frankreich, zu nehmen.

Wir tauschten die entscheidenden Statistiken der letzten

vier Jahre aus, und sie sagte: »Du mußt mich besuchen.«
Ihre Dachstube war in einem alten Kloster. Es lag hoch auf
einem Hügel zwischen zwei Tälern und war, wie sie stolz
sagte, zu »einer Art Zuflucht für Frauen, die sich in der
Welt umsehen« geworden. In einer Woche reiste sie zurück.
Mein Besuch war willkommen. Ich ließ mir ihre Telefonnummer geben und sagte, ich würde es mir überlegen.

Dreist rief ich sie am Montagnachmittag an. Ich kannte
den Typ. Diese ganze Erziehung! Sie zwingt sie, Angebote
zu machen, die nicht dazu gedacht sind, angenommen zu
werden. Sie konnte jetzt keinen Rückzieher mehr machen.
Ich brauchte einen Platz, an dem ich schreiben und denken
und der Parade von Schwänzen entgehen konnte, die in den
letzten drei Monaten zwischen meinen Beinen durchmar-
schiert waren.

Da war ich also, auf dem Flug nach Paris. Dann ein
Abend mit Weinbergschnecken, ein Tag in Beaubourg, und
der Frühzug von der Gare St. Lazare über Brive nach
Bretenoux. Meine Freundin hatte mir die Zeit und die
Strecke genannt; nach sechsstündiger Fahrt zwischen Mär-
chenfeldern und Bauernhäusern würde ich ankommen, ein
Fahrer würde mich abholen, das Abendessen mich erwar-
ten.

Belmont liegt direkt auf einem Hügel, der sich zwischen
St.-Ceré und Bretenoux in Südfrankreich erhebt. Die Gegend ist bekannt für ihre *pâtés*, ihre Höhlen, ihre Kühe und
ihren Wein. Das Presbyterium, 1608 erbaut, war ein großer,
von Mauern umgebener Komplex. Weißgetünchte Stein-
wände, Kreuzgang, ehemalige Altardecken als Vorhänge,
große Holzbetten, weiträumige Stockwerke mit Dielenbö-
den, marmorne Badewannen und Kamine in allen Zim-
mern. Es war bildschön. Friedvoll. Ein Wunder.

Zwei andere Frauen wohnten ebenfalls dort, Mary, Fotografin aus Afrika, und eine weitere Malerin, Zoe aus

Paris. Wir vier aßen jeden Abend zusammen und verglichen unsere Arbeit und unsere Abenteuer. Ich verbrachte die Tage, indem ich auf dem Fahrrad die Gegend durchstreifte und Pflaumen, Brombeeren, Walnüsse, Feigen und Äpfel aß, die am Wegrand wuchsen. Abends schrieb ich, aß, ging im Sternenlicht spazieren und schlief.

Das Feuer zwischen meinen Beinen kühlte ab. Die heißen Träume, die mich in New York geplagt hatten, wichen. Mein Schoß weckte mich nicht mehr mitten in der Nacht auf, im Orgasmus pulsierend. Binnen drei Tagen hatte ich keine Träume mehr von glühenden Küssen oder Analsex auf dem Fußboden mit einem großen Blonden. Nach drei Wochen war ich zufrieden, eine Naturnonne zu sein.

Meine Zeit im Himmel ging dem Ende zu. Ich hatte versprochen, zwei schwule Freunde zu treffen. Beide waren Künstler und stellten auf der Biennale aus. Als ich ihnen gegenüber meine spontane Europareise erwähnt hatte, überredeten sie mich, sie in Venedig zu besuchen. Das Schlüsselwort für meine Reiseroute lautete: »Warum nicht?«

Am Morgen meiner Abreise wachte ich abrupt auf. Meine Nacht war von Träumen zerrissen gewesen. Der große Blonde war wiedergekommen; er stand neben meinem hohen, hölzernen Bett. Er öffnete die Vorhänge und schob meine Decken beiseite. Er drang in meinen Kokon ein. Ich regte mich nicht. Ans Bett gefesselt durch die Arme Morpheus' und die Träumereien, in die der Gott des Schlafes mich getrieben hatte.

Er schob mein weißes Baumwollnachthemd über meine Brüste hoch und zog mit seinen langen, flachen Fingern die Muskellinie nach, die sich von meinem Magen bis zum Dreieck meiner schwarzen Schamhaare erstreckte. Er trug keine Kleider in unserem ummauerten Paradies; meine Haut war braun; die winzigen Härchen auf meinem Bauch und meinen Armen glänzten golden. Fast so golden wie der Mann, dessen Finger auf meinem Körper auf und ab wanderten.

An den Schenkeln herunter, an den Innenseiten wieder hoch, genau da, wo sich die Schamlippen öffnen, und dann wieder herunter. An den Seiten hoch zu den rosigen Brüsten und den dunkleren Brustwarzen. Er hielt inne, nahm sie zwischen die Finger und rollte sie hin und her, wie man eine Zigarette dreht. Hin und her. Ich fühlte, wie er mich anstarrte mit seinen vollkommenen, eisblauen Augen, wie sein Blick durch meine Lider brannte, die fest geschlossen waren. Er beugte sich über mich. Ich spürte den Druck seines Gewichts auf meinen Brüsten und den heißen Atem, der einen warmen Kreis über meinen Brüsten beschrieb, enger und enger wurde und sich dann auf meine Lippen konzentrierte. Ein Kolibri mit Flügeln und Herz, der fieberhaft herumflattert und nicht landen will. Er streifte meine Lippen. Ich bewegte mich, und er kam zurück und berührte die weichen Innenseiten meines Mundes. Zuerst vorsichtig, dann forschend und suchend. Ich küßte zurück. Unfähig, mich zu bewegen – seinen Nacken zu berühren oder ihn enger an mich zu ziehen. Er war so sanft in meinem Mund, doch der Druck seiner Hände verstärkte sich. Er wanderte herunter von meinem Mund zum Kinn, dann zum Hals, saugte an meinen Ohren, und ich wußte, wo seine Mahlzeit enden würde. Sein Kopf bewegte sich über meinen Schultern vor und zurück. Er saugte über meinen Brüsten an den steinharten Brustwarzen und strich mit seinen großen Händen über meinen Magen. Ich versuchte aufzuwachen, teilzunehmen, seinen Kopf zu berühren, doch meine Arme lagen neben meinem Kopf wie gefesselt. Ich konnte mich nicht rühren. Er bewegte sich zu den Innenseiten meiner Oberschenkel und küßte sie ganz zart – wie die Flügel eines Vogels berührte er mich. Mein Blonder, mein Peiniger...

dann stand er auf. Ich fühlte, wie der Schild von Hitze mich verließ, ersetzt wurde durch die Schichten von Leinen und Wolle. Er zog den Vorhang um das Bett zu und ging fort.

Dieser Traum hielt mich fest, ließ mich nicht erwachen. Morgens war ich verdammt heiß. Mein ruhiger, enthaltsamer Kern war erschüttert. Der Zug kam, und ich reiste ab nach Brive; ich wollte nach Nizza. Mir gegenüber saß ein Junge, vielleicht achtzehn Jahre alt. Er starrte dauernd mich und dann den Fußboden an. Er bekam einen Ständer, der während der Fahrt noch wuchs. Ich wußte, daß »es« jetzt wieder da war. Dieses gewisse, ungreifbare Etwas, das ich bekomme wie ein Tier brünstig wird. Sobald es anfängt, aus mir herauszukommen, zieht es die Männer in Scharen an. Es ist mein Kern, der sich nach ihnen sehnt. Ich habe den Geruch und das Aussehen von Zugänglichkeit. Verflucht sei der Blonde, der all das aufgewühlt hat! Gerade, als ich dachte, ich hätte es so schön überwunden.

Wir hielten an. Der Junge und ich wurden getrennt, da ich umstieg. Der Sonnenuntergang warf Strahlen von Grau und Rosa in die große, offene Bahnstation. Ich ging auf dem Bahnsteig auf und ab, beäugte die Fahrgäste und den Fahrplan. Ein Schaffner bemerkte meinen suchenden Blick und fragte, wohin ich führe. Ja, dieser Zug würde jeden Augenblick auf dem Bahnsteig einlaufen.

Das tat er. Als ich meine Taschen und neuen Körbe zusammengesucht hatte und mich anschickte einzusteigen, erschien auf einmal derselbe Schaffner und half mir. »A droîte«, sagte er. Alle anderen Reisenden gingen nach links. Ich folgte ihm, und er führte mich in ein leeres Abteil. Er stellte meine Tasche ins Gepäcknetz und schaltete die Leselampe über meinem Platz ein. »Bonsoir«, sagte er und ging.

Es war keine Schönheit, dunkel, dicklich und klein. Er hatte glänzende, schwarze Knopfaugen. Er ähnelte einem ausgestopften Bären. Ich dachte über das nach, was gerade geschehen war. Es war meine Phantasie. Er war hilfreich. Ich war hübsch und hatte einen »*accent amèricain*«. Einigen Franzosen gefiel das. Ich versuchte, mich in Proust zu verlieren, doch er war mir zu hochgeistig. Dauernd verließ ich Combray und dachte wieder an meine Decken in Belmont und meinen unvollendeten Traum.

Rollend und schaukelnd fuhr der Zug nach Süden. Ich fing an, schläfrig zu werden. Ich schaltete das Hauptlicht aus und ließ nur die kleinen Lampen brennen, die den Rand des Fenster erhellten. Ich drückte meine Nase an die Scheibe und sah hinaus in die Nacht. Nichts. Keine Stadtlichter. Schwärze.

Die Tür glitt auf, und da stand der Teddybär-Schaffner. Er setzte sich zu mir; wir begannen eine langweilige, begrenzte französische Unterhaltung. Wäre mein Französisch besser gewesen, dann hätte ich mich vielleicht nicht von ihm küssen lassen. Wenigstens nicht so schnell. Er küßte mich hart, und Proust fiel auf den Fußboden. Ich dachte einen Augenblick darüber nach, ob ich das fortsetzen würde oder nicht. Wir hatten nur eine Stunde bis zur Ankunft in Toulouse. Dort würde es keinen Anschluß geben, keinen Morgenkaffee und keine Konversation; außerdem hatte der große Blonde starke Vorarbeit geleistet, von der sein Gegner nun profitierte. Wir küßten uns weiter, und seine Hände glitten über meine Brüste. »*Quelle poitrine formidable!*« Ein so weicher Mund. Er liebte meinen Körper – und meine Hände bewegten sich unter seiner Jacke nach unten, an den Fahrkarten vorbei, zu seiner Haut. Sein Rücken herauf und herunter, während er stöhnte und meine Hände zu seinem Schwanz herunterdrückte. Ich rieb ihn, und er biß in meinen Hals und küßte mich zart ins Ohr, während er wunderbare, heiße Sachen auf französisch flüsterte.

Er stand auf und verschloß die Tür. Dann kam er zurück zu mir, knöpfte seine Hose auf. Im Dämmerlich sah ich den Kopf seines Schwanzes über dem Rand seiner Unterhose hervorgucken. Ein Tropfen Samen glänzte darauf. Zuerst legte ich mich hin und überließ mich ihm. Ich ließ ihn mich küssen und meine Bluse und meinen Büstenhalter wegschieben; er versank in meinen Brüsten. Er stöhnte und schnurrte jedesmal, wenn seine Lippen die Haut berührten oder von meinen großen Brüsten eingehüllt wurden. Er küßte an meinem Bauch herunter und hielt inne. Ich hielt inne. Mühsam standen wir auf, verheddert in Kleidungsstücke und Gliedmaßen. Endlich standen wir nackt da, zwei Fremde in einem fahrenden Zug. Er kam zu mir und ließ seine Zunge in meinen Mund zurückkehren. Keine Fragen. Er saugte nur und strich mit den Händen an meinem Körper auf und ab. Er berührte meine Brüste, umfaßte sie, wog sie, dann sank er auf die Knie. Ich fiel zurück auf den Sitz, und er tauchte tief zwischen meine Beine. Ich wahr sehr naß. Er schob die Ränder beiseite und suchte die weiche, saftige Mitte. Er hörte nicht auf zu lecken und zu schmecken, während er auf den Sitz kletterte und seinen Körper so drehte, daß sein Schwanz in meinen Mund kam. Ich erwiderte seine Saugbewegungen bis ich fühlte, daß meine Vagina sich zusammenzog und ein heißer Strom mich von den Zehen bis zu den Wangen durchfuhr. »Plus vite«, sagte ich, und er verstärkte seine Bewegungen, bis sich in meinen Ohren ein hohles Echo bildete. Ich keuchte, der Zug dröhnte. Meine Ohren und mein Schoß explodierten. Er war erfreut. »Tu es contente.« Ich konnte nur schnurren und ihn zu mir hochwinken.

Als er stand, zog ich ihn so herunter, daß sein Schwanz zwischen meinen Brüsten lag. Er war noch naß und glitt leicht vor und zurück, während ich meine Brüste über ihm fest zusammenpreßte. Sein Kopf rollte von einer Seite zur anderen, er klammerte sich an meinen Schultern und pumpte in mein Fleisch. Der Zug zog an, und ich fühlte süße Schauer, während mein Körper auf dem Ledersitz schaukelte. Er versteifte sich, sein Gewicht fiel auf meine Arme. Er stöhnte nach mehr. Dann war Stille, während er sich heiß zwischen meine Brüste, auf meinen Hals und unter mein Kinn ergoß. »*Tu es formidable. Je jouis.*«

Wir küßten oder umarmten uns nicht. Wir waren Fremde. Er fand ein Taschentuch und rieb mich trocken. Ich sagte ihm, ich fühlte mich wie ein Kind, das saubergemacht wird – ein sehr schönes Kind. »*Une très belle enfant*«, fügte er hinzu und küßte mich auf die Stirn. Er ging weg, um den Zug aufs Abstellgleis zu fahren; ich ging und wusch mich in dem winzigen Metallbecken. Mein Haar klebte mir im Nacken, mein Schoß war noch immer tropfnaß. Ich glaube, er hieß Jacques.

In Toulouse lächelte ich, als ich den Zug verließ. Das war wirklich ein Abenteuer und rechtfertigte meinen heißen nächtlichen Traum. Der Anschlußzug stand schon bereit. Ich fand meine *couchette* und krabbelte in die Hülle aus Leinentuch und Decke. Das Abteil war leer. Merkwürdig, weil sich meistens drei bis fünf andere Leute auf die schmalen Liegen zwängen. Ich döste am Rand des Schlafes dahin, als der Zug anfuhr und sich zu funkelnden südlichen Stränden in Bewegung setzte. Bald kam ein anderer Schaffner herein, sah meine Fahrkarte an und begann mit ernsten Augen zu flirten und Vorschläge zu machen. Ich konnte es nicht glauben. Er war blond, hatte einen Schnurrbart und bohrende, gelbbraune Augen. »Nicht schon wieder«, dachte ich. *Nein.* Ich machte ihm klar, daß ich schlafen wollte – nur schlafen –, und er ging. Mein Gott, drei Wochen Zölibat hatten Bündel sexueller Energie zurückgelassen, die nun überall hervorkrochen.

Ich schlief ein und erwachte zu kaltem Kaffee und dem

Anblick der felsigen Küste. Ich mußte einfach an diesen Strand! In Nizza ergriff ich meinen Mantel und stieg aus.

Ich fand ein kleines Zimmer mit Frühstück, das billig und nur einen Steinwurf vom Strand entfernt war. Mit dem Korb in der Hand, der Proust und Pfirsiche enthielt, machte ich mich auf zum Strand. Die Kieselsteine schienen sich in alle Ecken und Winkel meines Rückens zu drücken, die fehlenden Glieder zu ersetzen und mich zu massieren. Die Sonne briet meine Vorderseite. Ich lag dicht an dicht mit anderen barbusig Badenden. Die Sprachen waren Französisch, Deutsch, Italienisch und Englisch.

Drei junge Leute, die Englisch sprachen, zwei Männer und eine Frau, ließen sich auf dem winzigen Raum nieder, der noch übrig war. Die Untergrundbahn zur Stoßzeit war eine gute Übung für diese Strandszene. Harsche, nasale Töne verrieten mir, daß die Leute keine Briten aus England waren; vielleicht Australier. Es war Sydney, um genau zu sein, und der einzelne Mann begann eine Unterhaltung.

»Sie sprechen Englisch.«

»Ja, ich glaube, ich kann es noch«, antwortete ich.

»Gewöhnlich sieht man Amerikanerinnen nicht oben ohne an den Stränden; daran kann man sie ziemlich sicher erkennen. Warum tun Sie es?«

»Das ist meine Verkleidung!« gab ich zurück.

Er lachte. Er war sehr hübsch. Wirklich hübsch mit schulterlangen blonden Locken und eckigen Zügen. Ungefähr einen Meter achtzig groß, ein Maurer und Surfer mit dünner gewordenen Muskeln und so zarter, feiner und brauner Haut, daß sie aussah, als stamme sie aus eines Buchbinders geheimem Versteck für marokkanisches Kalbsleder. Und dazu wiesen seine Augen die verschiedensten Blautöne auf. Kleine Schalenstücke von Rotkehlcheneiern, zerbrochen und auf einer heißen Marmorplatte verschmolzen. Er war schön.

Wir verglichen unsere Reiserouten. Er reiste am selben Abend nach Rom ab. »Warum nicht erst morgen früh?« fragte ich. Die *couchettes* waren reserviert, und da er mit seinem Bruder und seiner Schwägerin reiste, mußten sie zusammenbleiben.

Gegen Mittag wollten wir den Strand verlassen und schlenderten in mein Hotel zurück, angetrieben von meinem Angebot eines Joints. Wir versuchten, beide ins Hotel zu schlüpfen, doch die scharfäugige Frau an der Tür ermahnte mich: »*Mademoiselle, c'est une chambre pour une personne. Vous!*« Wir versuchten, sie zu überreden, aber die Franzosen sind trotz der romantischen Vermarktung ziemlich hartgesotten. Ich ging nach oben, holte den Joint und kam zu ihm zurück. Er wartete an der Eingangstür.

Lange, tiefe Züge des Rauchs füllten meine Lungen; mein Gefühl für die reale Zeit begann zu verblassen. Wir rauchten und gingen. Er hatte sich aus seinem Hotel schon abgemeldet. Also blieben uns die Straßen und der Strand. An Häuser gelehnt, küßten wir uns und drückten unsere Becken gegeneinander. Ich fingerte in seinen Locken und leckte etwas Salz von seinem Hals. Am Strand tranken wir Wein und aßen Himbeersorbet. Ich war zufrieden, daß dieser Augenblick nicht zu einem Höhepunkt zwang. Eine kleine, leichte Romanze nach der raschen Krise der vergangenen Nacht.

Zeit für den Zug. Wir gingen zum Bahnhof wie zwei Jungverliebte. Er zog in den Krieg. Ich würde bleiben und ein oder zwei Stunden warten, ehe ich jemand anderen fände. Verrückte, tiefe Küsse, erregter Applaus der Menge. Ich errötete, und er stieg in den Zug nach Rom. Ich glaube, er hieß Alister.

Es war jetzt ganz dunkel; die Stadt hatte ein urbanes Aussehen bekommen. Neonlicht in gewölbten Passagen, Kinos, Bars, Austern und Parfüms zum Verkauf. Nach einem langen Spaziergang durch die Stadt in mein Hotel, vorbei an Meer und Strandpromenade, war ich bereit für eine Nacht allein. Morgen würde ich in Venedig sein.

Wieder im Zug, wieder mit Proust auf einem Fensterplatz. Blaugraue Felsbuchten wichen bald einer endlosen, trockenen, gelben Landschaft. Felder und Fabriken wechselten einander ab; ich war wie betäubt von den Bildern, die an mir vorbeizogen. Gegen Sonnenuntergang erschien ein ganz unglaubliches Bild. Das gelbe Land verschwand in grauem Wasser. Wir erreichten den venezianischen Bahnhof, und ich stellte mein Gepäck an der Tür bereit. Boote jeder Art schaukelten auf dem Wasser, das den Zug umgab. Ich wußte, daß wir angekommen waren. Die Sonne versank im Wasser; ich glaubte, den roten Ball zischen zu hören, als er hinter dem Horizont verschwand und einen glühenden Schein verbreitete. Ich nahm ein Taxiboot. Es wurde mein Liebhaber, der mich bei der Hand nimmt und an Orte führt, an denen ich noch nie gewesen bin.

Das Boot fuhr dem Glanz nach. Die Stadt erschien, funkelnd im Flitter der Nacht. Als ich am Kai ausstieg, war Venedig in Abendkleidung. Ich war in Jeans und schmutzig. Ich beäugte die Diamanten von San Marco und drückte mir die Nase platt an all der Eleganz. Ich wirbelte in einem einsamen Walzer über den leuchtenden Platz.

Venedig bei Tag war weniger magisch, aber voller Sehenswürdigkeiten. Meine beiden Freunde hatten Parties, Vernissagen und Shows eingeplant. Dazwischen natürlich immer Essen. Nach ein paar Tagen ereignisloser Besichtigungen traf ich meine Freunde zum Frühstück in der *pensione*. »Na, was plant ihr Tolles für die letzte Nacht, Kinder?« fragte ich. Es gab eine Dinnerparty in der Villa irgendeines venezianischen Kunsthändlers. Das hörte sich langweilig und organisiert an. »Vielleicht ziehe ich alleine los. Könnte ja sein, daß ich Glück habe.«

»O nein, wir haben gesagt, daß wir dich mitbringen. Wir brauchen eine Frau. Außerdem ist unser Gastgeber unglaublich gutaussehend, reich, jung und verrückt.«

»Um welche Zeit?« Sie wußten, wie man mich überredet. Ich warf mich in Schale. Weiße Leinenbluse und türkisfarbener Seidenrock, Perlen, offene Sandaletten, ein heißer Lippenstift und ein neues Parfüm. Die Jungen fanden, ich sähe großartig aus. Arm in Arm machten wir uns auf zum Canale Grande.

Die Villa, ein riesiger, eckiger Steinbau, war eindrucksvoll – sogar von außen. Der Portier übergab uns dem Butler, und dieser führte uns nach oben, wo uns an der Tür unser Gastgeber begrüßte. Mein Mund und meine Vagina öffneten sich gleichzeitig. Vor mir stand ein großer, schlanker, lächelnder Jean Paul Belmondo mit kupferfarbenem Haar, ein paar Sommersprossen, schimmernd weißen Zähnen, braunen Samtaugen und so großen, starken Händen, daß meine Hand bis zum Ellbogen darin zu verschwinden schien, als er sie schüttelte.

Es zog uns sofort zueinander hin wie Motten zu einem Scheiterhaufen. Ich wäre am liebsten sofort zum Opfer geschritten, aber er mußte der gute Gastgeber sein. Drinks für alle aus ausgesucht schönen Murano-Gläsern. Die Kunst war atemberaubend. Ich schwöre, das echte Kreuz und der Trinkbecher des hl. Petrus befanden sich hinter Glas im Wohnzimmer. Auch alles andere war hinter Glas. Wirklich Sonderklasse. Und er war erstaunlich sorglos. Er trug verblichene Jeans, ein nach Maß gefertigtes, blaugestreiftes Hemd, Mokassins, keine Socken und eine Rolex-Uhr für sechstausend Dollar. Ein europäischer Snob. Ich war im Himmel. Ich redete mit allen Gästen und benutzte mein bestes Schul-Italienisch. Ich fand heraus, daß wir um zwölf ein kleines Dinner nehmen würden. Das letzte Essen in Venedig.

Das Restaurant war direkt um die Ecke, und man kannte ihn dort gut. Tisch und Wein waren bereit. Ich schaffte es, mich so hinzusetzen, daß nur eine einzige Person zwischen uns saß. Im Laufe des Essens würde diese Person von der Glut unserer Unterhaltung angesengt werden. Man trug einen Gang nach dem anderen auf. Wir begrüßten jeden mit einem anderen Wein und wurden allmählich sehr betrunken. Unser Gastgeber war der Anführer. Der Braten wurde präsentiert, und er stand auf, um ihn zu tranchieren. Er machte es lausig, und ich tadelte ihn. »Keine Finesse.« Überaus feierlich händigte er mir die Geräte aus. Ich stand auf. Makellos, beflissen und strahlend ging ich zum Kopfende der Tafel und schnitt entschlossen und frech das ganze Fleisch von den Knochen. Es war ein märchenhafter Flirt.

Das Dinner ging ins Dessert über, die formelle Struktur brach zusammen, die Gäste wimmelten herum, und er ging an die Bar, um die Digestives auszuwählen. Ich folgte ihm. Ich war verdammt heiß an Geist und Körper. Ich mußte ins Freie. Ich blieb an der Bar stehen, um einen Schluck aus seinem Glas zu nehmen. »Gut gewählt«, sagte ich und ging direkt auf die Tür zu. Er folgte mir.

Ich hockte mich auf die Mauer am Kanal; er setzte sich neben mich. Ich nahm sein Gesicht in die Hand und drehte es zu mir. Ich küßte ihn. Er reagierte darauf mit einer Art Explosion. Wie eine dieser komischen, trompetenförmigen gelben Blumen, die im Sommer ihre Samen herausschießen, wenn man sie auch nur streift. Sie warten am Wegrand, laden dazu ein, sie zu berühren, und dann schießen gelockte grüne Zungen hervor. Er hob mich von der Mauer, küßte mich und trug mich dabei in die Gasse neben dem Restaurant. Ich war noch nie mit jemandem zusammengewesen, der so stark war, so verrückt. »*Sono caldo tremendo*«, murmelte er, und binnen einer Minute schwitzten wir unsere Hemden durch. Beißend, grabschend, seine Hände unter meinen Armen; meine Füße berührten nicht einmal den Boden. »Ich bin der Gastgeber; ich muß wieder hinein«, stammelte er. »Okay. Gehen wir. Keine Angst.« Ich versuchte, ihn sanft zu küssen, doch jede Berührung machte ihn verrückt. Irgendwie machte ich mich los, kam endlich mit den Füßen auf den Boden und bemühte mich, meine Klamotten wieder glattzukriegen. Leinen und Seide knittern teuflisch. Aber was soll's, die Sache war es wert. Sollten die Jungen doch was zum Kichern haben.

Wir gingen zurück. Er schafsähnlich, ich triumphierend. Wir beendeten das Dinner und kehrten zurück in die Villa zu weiteren Drinks. Ich wurde zum Kanal, so voller Flüssigkeit war ich. Er war wirklich durchgedreht, ganz außer sich. Es war herrlich. Ich kam in die Küche, um zu helfen; der Butler war gegangen. Er ergriff mich, und seine vollen Filmstar-Lippen schlossen mich ein. Wir küßten uns und versanken ineinander. Ein Rascheln auf der anderen Seite des Raumes störte unsere Umarmung. Einer seiner Freunde legte Streifen von Koks aus, bildete aus dem weißen Pulver saubere kleine Regimenter, Soldaten zur Inspektion und Inhalation. Eins-zwei, eins-zwei, und wir hatten sie alle geschafft. Jetzt würden sie in unseren Köpfen und in unserem Blut Kanonen abfeuern. Wir küßten uns wieder, während die Ströme in unsere Hirne rasten.

Die Gäste begannen zu gehen, und meine Freunde beäugten mich. Würde ich bleiben? »O ja«, sagte ich unschuldig, »wir machen noch eine Fahrt im Rennboot.« Sie tappten hinaus in die Dunkelheit, um ein Taxiboot zu finden, nicht ohne mich vorher zu warnen: »Der Zug nach Paris geht mittags!« Jetzt mußte sich der Gastgeber nicht mehr um Gäste kümmern. Wir wandten uns einander zu. »O ja, die Bootsfahrt, wie versprochen«, sagte er mit seinem reichen, herrlichen italienischen Akzent. Der Portier brachte das niedrige Rennboot vor die Tür, und wir stiegen ein. Er raste los, sauste mit halsbrecherischer Geschwindigkeit durch die Kanäle. Er wandte sich zu mir. »Kannst du steuern?«

»Klar«, gab ich zurück. Ich hatte in meinem ganzen Leben kein Boot gelenkt, doch er war sehr betrunken, ich war es nicht, und ich dachte: »Scheiße! Amerikanische Mädchen können alles.« Ich hatte mehr Vertrauen zu mir selbst als zu ihm. Wir tauschten die Plätze, und er begann mich einzuweisen und zu küssen und an mir herumzugrabschen. »Paß auf, fahr nicht gegen eines dieser Dinger, sie sind sehr schwer«, neckte er mich. Ich hatte den Gashebel auf volles Tempo gestellt, und so rasten und hüpften wir aus Venedig heraus. »Wohin fahren wir? Ich frage nur so.«

Wie Graf Dracula röhrte er: »Aufs Meer.« Mein Herz klopfte, sprang, hüpfte, drehte sich, alles auf einmal.

Er griff herüber und stellte den Gashebel zurück. Das Boot lag nun still im Wasser. Wir hatten gelacht und geredet, und der Motor hatte die ganze Zeit gedröhnt. Jetzt wurde alles still. Wir zögerten eine Sekunde, ehe wir einander verschlangen. Sein offener Mund verzehrte mein Gesicht ungefähr so, wie seine Hand meine Hand genommen hatte, als der Abend gerade begann. Wir griffen und küßten und faßten nacheinander. Es war verzweifelt und heftig. Wir hatten kaum begonnen. Kleidungsstücke flogen im Boot herum. Er legte die Kissen so aus, daß der Boden bedeckt war. Es gab genug, um seine ganze Länge von mehr als einem Meter achtzig aufzunehmen.

Er zog seine Hose aus. Er trug eine dieser winzigen Bikinihosen, von denen man meint, daß die Klischee-Italiener sie tragen. Sie tun es tatsächlich. Sein Schwanz war gigantisch. Er biß mich kräftig, drückte mich auf den Boden und kam zu mir. Ich konnte ihn drücken, umarmen und in ihm versinken, so heftig ich wollte, und er küßte zurück, ließ seine dicken Finger unter meiner Wirbelsäule, meinem Hintern und zwischen meinen Beinen spazieren. Er streichelte an meinen Beinen auf und ab, blieb einen Moment in meiner Vagina, umkreiste die Hautfalten und lief dann herunter zu meinem Knie. Ich wand mich. Unser Vorspiel hatte stundenlang gedauert, und jetzt wollte ich ihn, wollte ihn ganz, in mir.

Das Boot schaukelte unter uns, und mit jeder Wellenbewegung öffnete ich mich weiter. Er stand auf und hob mich auf sein hartes Glied, wie man ein Kind auf ein Pferd setzt. Behaglich und sicher schaukelten wir ganz leise. Er spürte den Teer des Bootes und die Botschaft meines Schoßes und steuerte uns beide perfekt. Er ließ seine Finger zwischen meine Beine schlüpfen und rieb zart an meiner Klitoris. Druck ringsum und Lockern und Druck, während er mich mit einer Hand unter dem Hintern festhielt. Ich hatte aufgehört, über seine herkulischen Kräfte zu staunen. Ich war ganz verloren in dem purpurnen Nebel, der mich einzuhüllen begann. Zuerst umgab mich die Farbe nur leicht, doch dann füllten ihr Ton und ihr Geruch meine Nase und meinen Mund, während mein Schoß elektrische Ströme durch meinen Körper schickte. Ich konnte nicht mehr. »*Vieni!*« schrie ich in den klaren Sternenhimmel, und er kam, während ein purpurnes Pulsieren meinen Schoß heftig auf seinen riesigen Schwanz herunterdrückte. Unsere Kontraktionen wetteiferten miteinander, während seine Hitze durch mein Rückgrat schoß.

Erschöpft brachen wir zusammen. Das Mondlicht lag auf uns und wärmte uns. Unser Schweiß begann in der kühlen Brise zu trocknen, während wir unsere Kleider wieder vom Boden aufsammelten. Ich war in den Sternen, auf dem Mars oder im Himmel. Erregt von diesem lebendigen Märchen. Der Prinz nahm mich in die Arme, hielt mich fest und seufzte.

»Kannst du uns zurückfahren? Ich zeige dir den Weg.«
Buntes Himmelslicht breitete sich auf dem Silber aus und
funkelte in meinen schläfrigen, schläfrigen Augen. Ich fuhr
vorsichtig. Mein Kopilot umarmte mich und warf meine
Hände hoch in die Luft, fing sie wieder und sang: »Der
beste Fahrer auf dem Canale Grande. Der beste. Der
beste.« Ich war es.

Doch obwohl ich der beste Fahrer war, hielt uns die
verrückte venezianische Polizei auf dem Rückweg dreimal
an. »Das ist, weil du schön bist und sie mit dir sprechen
wollen. Die Polizei liebt schöne Frauen spät in der Nacht.
Ich übrigens auch.« Er küßte meinen Nacken.

Wir kamen heil nach Hause. Ich brauchte zwei Anläufe,
ehe ich mit dem verfluchten Boot anlegen konnte, aber ich
gab nicht auf. Eine Hand hob mich aus dem Boot und ins
Schlafzimmer.

Das Schlafzimmer war im obersten Stock, unter einem
Glasdach, hoch über der Stadt. Rote Dächer, graues Wasser, lange, flache Gondeln und marmorne Kirchtürme waren der Schmuck des Raumes. Nur ganz Venedig, ein
riesiges Bett und ein kleiner Tisch. Darauf standen ein
Teller mit Feigen und Mineralwasser. »Das sind die letzten
der Saison«, sagte er. »Wir sollten sie alle aufessen.«

Er brach eine purpurne Feige auf. Die ledrige Haut
öffnete sich und enthüllte eine Mischung aus Zinnober,
Rosa und Lachsrot – faltig und von Samenkörnern durch-
setzt. Die weiche Mitte hob und öffnete sich unter dem
Druck seiner beiden Daumen. Er hielt mir die Köstlichkeit
hin. Ich legte den Kopf zurück und nahm alles an. Ließ es im
Mund zergehen und schmeckte mit der Zunge, ehe ich
schluckte. Im Italienischen ist das Jargonwort für Vagina
Feige. Die Metapher war nicht verloren.

Wir saßen nackt da, aßen die reifsten der Früchte,
schlürften alle möglichen Säfte und redeten, als seien wir

seit Ewigkeiten zusammen. In anderen Galaxien hatten wir gelacht über unsere Väter, unser Zaudern, unsere Angst vor Versagen, unsere Liebe zum Meer, die Exaltation und die Lähmung der Wahl. Ich wollte aus der Tür hinaus direkt zum Mond fliegen und ihn anhalten. Die Zeit anhalten und ein Jahr mit diesen Feigen und diesem Mann verbringen, so frisch und reif, wie sie jetzt waren.

Wir legten uns eng umschlungen hin, um zu schlafen, doch sobald meine weichen Brüste seine harte Brust berührten, begann die ruhelose Nacht von neuem. Die Küsse waren jetzt tiefer, voller Seufzer und Süße. Das Drängende war in dem Ritual auf dem Meer erledigt worden; jetzt gurrten und küßten wir. Er glitt an meinem Körper entlang und küßte jeden Fleck; wir kicherten. Ich tippte mit den Fingern auf seine Sommersprossen und rollte mich in Ekstase. »Nur noch eine ganz vollkommene Feige«, sagte er.

Sein Daumen und seine Finger öffneten meine Vagina und hielten die Lippen genauso auf, wie er mir die erste Feige dieses Morgens angeboten hatte. Dann wurde mein Hirn leer, während sein großer, weicher Mund mir den Sauerstoff aussaugte. Kein erstes Lecken, keine Berührungen. Nur seine vollen, nassen inneren Lippen auf meine gepreßt. Er saugte jede Falte, die erigierten Ränder, die hilflose Klitoris, alles auf einmal in seinen Mund. Er rollte und küßte und schaukelte und legte dann seine Hände unter meinen Hintern, um das Mahl zu servieren. Kurze Stöße von Orgasmus kamen aus mir heraus. Blitze und Licht wie ein Sommergewitter. Mir wurde hell und dunkel vor Augen. Meine Ohren fühlten sich heiß an und pochten. Ich spürte jeden Ruck. Ich spürte seine Hinrichtung.

Er hörte auf zu saugen und bewegte seine Zunge wild um meine Vagina herum, eine Silberkugel, abgeschossen von einer Flipper-Maschine. Sie saust durch den Irrgarten, berührt alle Stopps, läßt alle Glocken klingen; er hält die verdammte Maschinen fest, schüttelt sie, so daß der Ball immer wieder durchläuft und überall anstößt. Das Klirren, Läuten und Klingeln war fast mehr, als ich ertragen konnte. Er beendete das Spiel, indem er seinen Finger in meiner Vagina auf und ab fahren ließ und mich dabei heftig küßte und saugte. Im letzten Augenblick zog er seinen Finger heraus und steckte ihn mir in den After. Der Gong erklang. Die Sterne fielen vom Himmel, und als ich den Mund aufmachte, um zu schreien, steckte er mit dem Ballen seiner anderen Hand zwischen die Zähne.

Ich rollte mich zu einer Kugel zusammen, und er wölbte sich darum. Wir konnten nur noch wenige Stunden schlafen.

Der helle Morgen kam mit *caffé latte* und Brioches auf dem Tisch, auf dem die Feigen gestanden hatten. Wir starrten einander mit großen, dunkel geränderten Augen an, aßen, duschten und zogen uns an. »Wir müssen in Kontakt bleiben«, sagte er, als wir vom Canale Grande abfuhren. Ich weiß, daß er Vittorio hieß!

Meine Freunde saßen beim Morgenkaffee an »unserem Tisch«. War ich ein Geist? Sie sahen mich an, als habe ich durch irgendeine mystische Kraft zu Fuß den Canale Grande überschritten.

»Wir hatten nicht geglaubt, daß du den Zug nach Paris noch kriegen würdest. Ehrlich gesagt hatten wir sogar bezweifelt, daß wir dich je wieder in New York City sehen würden.«

»Er mußte geschäftlich nach Mailand, und ich muß in Paris Leute treffen. He, Kinder, es ist spät. Nehmt eure Taschen!«

Der Vaporetto und Venedig bei hellem, geschäftigem Tag waren weniger angenehm als meine sanfte Ankunft. *Fable finito.* Ich war unterwegs nach Paris und zu einem anderen Flugzeug.

Brooke Newman

Schwere Brummer

Als ich mich der Schnellstraße näherte, dachte ich ausschließlich an mein Testament. Normalerweise denke ich nicht an mein Testament – ich bin weder todkrank, noch befasse ich mich in Gedanken mit dem Sterben, obwohl das Fahren auf der Schnellstraße gefährlich sein kann –, doch heute mußte ich mich darauf konzentrieren, denn ich war unterwegs zur Kanzlei meines Anwalts, um alles rechtsgültig ausfertigen zu lassen. Nun liebe ich das Autofahren, liebe Autos und liebe vor allem die schweren Brummer, daher ist das Autofahren für mich eher ein Vergnügen als etwas Aufregendes, und gewöhnlich schätze ich vor allem die Fortbewegung mit meinem Golden Eagle Jeep CJ 7 mit Vierradantrieb und extrabreitem Fahrgestell. Ich bin stolze Besitzerin des Jeeps, auf dessen Kühlerhaube ein Adler mit gebreiteten Schwingen prangt, des Acht-Zylinder-Jeeps, der bergauf ein größeres Anzugsvermögen hat als nahezu alle anderen Wagen, denen man auf der Straße begegnet. Eigentlich könnte man sogar sagen, daß ich meinen Jeep liebe und daß wir's gut miteinander können, die Frau und das Auto. Nicht, daß ich übertrieben vernarrt bin in den Wagen, wenigstens glaube ich nicht, daß ich das bin, obwohl ich ihn hier und da wohl ein bißchen vermenschliche. Nein, ich hege nur ein, sagen wir mal, liebevolles Gefühl für mein Auto.

Wie dem auch sei, als ich auf die Schnellstraße einbog und dabei überlegte, wie meine Erben wohl reagieren würden, wenn sie die Bruchstücke meines Lebens erhielten, nachdem ich das Zeitliche gesegnet hatte, und was mein Anwalt wohl von meiner Großzügigkeit und meinem guten Willen halten mochte, holte neben meinem Jeep plötzlich ein Sattelschlepper auf und blieb, statt zu überholen, mit gleicher Geschwindigkeit an meiner Seite. Dieser Sattelschlepper war ein achtzehnrädriger Bulle mit glänzend blanken, verchromten Türen, pechschwarzer Motorhaube, verchromter Stoßstange, einem endlos langen Auflieger, der nicht im mindesten verrostet war (ungewöhnlich für einen Sattelschlepper), überdimensionalen Reifen (jeder so hoch wie mein Seitenspiegel), einem rot-goldenen Aufkleber mit der Aufschrift »Jack Driven« auf der Tür und darunter dem Bild zweier, einander zugewandter Kardinalvögel. Ich hatte den Eindruck, Jack, offensichtlich Eigentümer und Fahrer des Schleppers, müsse entweder Vögel über Land transportieren, eine Schwäche für Kardinalvögel haben oder ein Baseball-Fan aus St. Louis sein. Was er auch sein mochte, Jacks Schlepper war ein verdammt schöner Sattelschlepper. Als ich so zu Jack Drivens Schlepper hinübersah, konnte ich nur seinen Karren sehen, nicht Jack selbst, daher fragte ich mich, ober er *mich* wohl gesehen hatte. Warum sonst erklommen wir gemeinsam die Steigung der Schnellstraße und übertraten Kopf an Kopf das Tempolimit? Falls er nicht einfach Golden Eagles liebte, mußte Jack mich gesehen haben, als ich auf die Schnellstraße einbog. Ich wirkte tatsächlich ziemlich aufregend hinterm Steuer: Langes, flatterndes Blondhaar fasziniert jeden Lastwagenfahrer. Und da Jack diese Steigung ebensowenig so schnell wie ich bewältigen konnte, wie eine Schildkröte schneller war als eine Gazelle, drosselte ich mein Tempo ein bißchen. Außerdem dachte ich lieber an Lastwagen und den kräftigen Kerl am Steuer dieses Kolosses als an den Tod, also hängte ich mich neben den Achtzehnrädrigen, um Seite an Seite mit ihm bergauf zu fahren. Es machte mir Spaß. Ich mochte Jack Driven und stellte mir vor, wie er aussah: dunkle Haut, schmales Gesicht, rauchige Stimme, kräftig und untersetzt, mit gigantischen Armen und Muskeln, die fast das schmutzige, weiße T-Shirt sprengten. Ich begann vor mich hin zu singen: »*Jack, Jack, he's my man, if he can't do it no one can...*«

Auf der Hügelkuppe legte Jack zu und fuhr auf der anderen Seite mir voraus bergab. Das Spiel können zwei spielen, dachte ich, und wechselte von der rechten Fahrbahn auf die linke (Jack fuhr auf der mittleren), um Jack zu überholen, ohne auch nur einen Blick hinüberzuwerfen und nachzusehen, wie dieser Sattelschlepper-Fahrer aussah.

»*Jack, Jack, he's ma man, if he can't do ist...*«

Den Autofahrerjargon kann wohl ein jeder sehr schnell begreifen, wenn er nur richtig hinhört (ich spreche hier nicht vom CB-Kauderwelsch, ich spreche von echten Fahrbewegungen), und so nahm der Sattelschlepper ebenfalls Tempo auf, und schon fuhren wir wieder Seite an Seite dahin. Es ist nicht leicht, einen Jeep bei so hoher Geschwindigkeit unter Kontrolle zu behalten und gleichzeitig hinüberzuspähen, um festzustellen, was man auf der anderen Seite wohl zu erwarten hat, aber ich tat es, weil ich mir dachte, daß man auf dem Weg zum Unterzeichnen des eigenen Testaments nicht stirbt. Dieser Kerl, der Fahrer Jack Driven, war einfach hinreißend; besser als die meisten, und ich habe mit vielen gespielt, wenn auch nicht mit den meisten. Driven hatte glattes, schwarzes Haar, sein Gesicht war gebräunt und länglich, und sein T-Shirt war keins. Driven trug ein blaukariertes, langärmeliges Hemd, dessen Ärmel bis zu den Ellbogen aufgerollt waren. Seinen Unterarmen nach zu urteilen, mußten seine Arme prachtvoll sein. Ich liebte Jack Drivens Unterarme: fest, muskulös, beschützend und doch gefährlich.

Während ich ihn betrachtete, mußte er mich betrachtet haben, denn unter der tiefschwarzen Motorhaube kam ein lauter, tiefdröhnender Hupton hervor; Jack stieß sozusagen ins Horn. Für eine Dame schickt es sich nicht, ins Horn zu stoßen, also lächelte ich nur und steigerte die Geschwindigkeit um ein paar Striche. Doch Jack blieb gelassen, er fiel wiederum noch ein Stück zurück. Ich folgte seinem Beispiel und spürte, wie meine Erregung, gezündet durch Jacks Phantasiereichtum auf der Straße, allmählich immer weiter anstieg.

Unser Tempo war schon nahezu vorschriftsmäßig, als ich entdeckte, daß Jack Driven den Blinker betätigte: Er wollte an der nächsten Ausfahrt abbiegen, die ihn zu Richmond Bridge führen würde. Ich wollte ihn nicht verlieren, und außerdem kam ich auf seiner Route ebenfalls an mein Ziel; der Weg war länger, aber mit Sicherheit auch besser.

Jack rollte als erster die Ausfahrt hinab; er wußte, daß ich ihm folgte. Gemeinsam nahmen wir Richtung auf die Brücke. Ich sah, wie er in den Seitenspiegel blickte, um festzustellen, wo ich mich befand; er schien zufrieden zu sein. Als wir uns der Brücke näherten, verbreiterte sich die Straße auf vier Fahrbahnen (zwei in jede Richtung), und ich nahm das zum Anlaß, mich, während wir auf die Brücke zurasten, die sich wie eine Berg- und Talbahn über die San Francisco Bay zog, neben den ächzenden Laster zu setzen. Seite an Seite, und jetzt, ohne einander auch nur anzusehen, nahmen wir die Brücke in Besitz, denn niemand konnte an uns vorbei. Es lag nicht unbedingt in unserer Absicht, die Straße zu blockieren; wir schenkten den Wünschen der anderen, die an diesem schönen Vormittag unterwegs waren, einfach keine Beachtung. Als wir die erste Kuppe erreichten, zog Jack um eine Nasenlänge nach vorn, und ich nahm das als Aufforderung für mich, irgendwie zu reagieren – nicht unbedingt dasselbe zu tun wie er, sondern einfach irgendwas. Ich entschied mich, zurückzubleiben und ihm, als wir auf dieser Buckelbrücke bergabwärts

rollten, die Führung zu überlassen. Am Fuß der Bergab-
strecke leuchteten zweimal Jacks Bremsen auf: das Zeichen
dafür, daß es jetzt richtig losging. Ich nahm es als Herausforderung und schoß vorwärts, an ihm vorbei, um unmittelbar vor seinem Kühler auf seine Fahrbahn hinüberzubie-
gen. Jetzt hatte ich die Führung übernommen, und er schien
es tatsächlich zu genießen. So fuhren wir zu zweit über die
Brücke, er direkt hinter mir, beide in gemäßigt schnellem
Tempo, das aber genügend Spielraum ließ. Die Brücke, auf
der wir unser Spielchen trieben, schien sich endlos vor uns
zu erstrecken. Zu behaupten, daß es kein Liebesspiel war,
wäre absurd, weil wir es beide ganz genau wußten, und
keiner vom anderen gelangweilt zu sein schien. Doch als
sich die Brücke dann nur noch hinter uns erstreckte und ihr
Ende vor unseren Türen lag, setzte eine angenehme Ermat-
tung ein, so, als hätten wir uns beide verausgabt. Erschöpfung ist auf der Straße kein negatives Gefühl – im Gegenteil, es ist wunderbar: friedvoll und gelassen, mit einem
beruhigenden Brummen statt mit Gebrüll. Nun, da die
Brücke Teil unserer Vergangenheit war, fühlten Jack Driven und ich uns einander nahe: Gemeinsam hatten wir dies
durchlebt. Und als wir vor dem Stopplicht am Brückenaus-
gang hielten – er neben mir, weil die Ampel auf Rot stand –,
blickte ich zu Jack Driven hinüber, und er zu mir. Er
zwinkerte, und ich lächelte.

Schreiende Julians

»Die Mythen, die, geben wir es doch zu, *irgendwo* auf Realität beruhen, besagen, daß Männer auf x-beliebige Weise abfahren, während für Frauen das ganze Drum und Dran wichtig ist«, sagte er, während er dalag und sein warmer Finger spielerisch um meine linke Brustwarze kreiste. Vermutlich wollte er sich gleich darüber auslassen, daß auch ihm an dem Drum und Dran gelegen sei, aber ich war schon beim Klartext angekommen. Die verkratzte Mantovani-Platte auf der Stereoanlage und die Gardenien-Räucherkerzen waren außerdem seine Idee, nicht meine. Im übrigen versuchte ich, auf x-beliebige Weise abzufahren; ich entschloß mich also, ihm einen zu blasen.

Netter Schwanz. Nicht der längste, aber bei Gott einer der dicksten. Nicht kurz, nein, gut über fünf Zentimeter; und wo sonst bedeutet so wenig so viel, es sei denn, man redet von Mikrochips? Ich meine, nimm etwas, das gerade lang genug ist, um daraus zu pinkeln, gib genug dazu, um ohne Handtuch durch einen Duschraum laufen zu können, darauf noch fünf Zentimeter, und wir kommen hin. Nicht der längste, oder? Aber schon ganz schön. Dazu normaler Umfang, und, nun ja, wenn du noch kein Kind geboren hast oder er vielleicht eine große Zunge besitzt und niemals Asthma hatte, geht es. Du würdest dich nicht beklagen, außer, er verprügelt dich jedesmal, wenn er die ganze Nacht weggeblieben ist.

Und wie ich schon sagte, sein Umfang sprach ja nun wieder für ihn. Man mußte den Mund wirklich weit aufmachen, um ihn reinzukriegen, aber dafür war die Gefahr nicht so groß, in Schwierigkeiten mit dem Würgereflex zu geraten. Ich dachte an die Frau, die ich kannte und die immer in die Kneipe kam, in der ich zweimal in der Woche an der Bar bediene. Wir waren beide Malerinnen, also sprachen wir meistens über Kunst – das heißt über andere Künstler, Materialien und Repertoires –, doch in der letzten Zeit wollte sie bloß noch übers Blasen und ihre neuerdings auftretenden »Erschöpfungsgefühle« reden. Sie hatte irgendeinen Musiker kennengelernt und sich zu einem Blaswunder mit Gummikiefer hochgearbeitet. Was in meinen Augen eigentlich nicht weiter erstaunlich war. Sie stand auf die »Cosmo-Methode«, zu der offenbar gehörte, daß »die Lippen jederzeit über die Zähne gezogen bleiben«, großer Gott. Schon beim Zuhören kam mir das höllisch anstrengend vor.

Jedenfalls blies ich ihm einen und fühlte mich ganz schön froh und kreativ, als der matte Ton seines duftenden, kräftigen, bläulichen Schwanzes in einen opalisierenden Satinglanz überging. Mir gefiel, wie sein Schwanz und mein Mund heiß blieben, wenn ich auch zwischendurch häufig hochkam, um Luft zu holen und nachzusehen, wie lange es bis zum Finish noch dauern würde. Ich strebte Hochglanzpolitur an.

Das Problem war nur, daß er versuchte, mich näher heranzuziehen, um mich seinerseits zu lutschen. Nun bin ich aber nicht der »Eine-Hand-wäscht-die-andere«-Typ. Außerdem kam es mir so vor, als hätte er noch nicht *genug*.

»Nein«, sagte ich.

»Warum nicht?«

»Noch nicht.« Ich beugte mich wieder herunter und gab es ihm richtig. Einige mögen es sanft und einige stark, aber alle mögen es heiß, und alle mögen es naß. Ich wechselte ab zwischen sanft und stark und konzentrierte mich auf heiß und naß. Eine Weile Stille, abgesehen von meinen Lieblingsgeräuschen.

»Wann?« stammelte er. Wetten, daß er vergessen hatte, wann *was*, sich aber verpflichtet fühlte, nicht den Faden zu verlieren?

Ich weiß auch nicht, warum, aber bei einem Typ denkst du nicht zweimal darüber nach, mit seinem Schwanz zu reden, und bei einem anderen machst du dir überhaupt nichts daraus. Ich krabbelte an seinem Bauch und seiner Brust hoch, weil mich das dauernde Krümmen ermüdete, und diskutierte die Lage mit seinem Adamsapfel.

»Wann was?« neckte ich ihn.

Er klang wie unter Drogen: »... wann...?«

»Ja, richtig. Wann was?«

Jetzt fiel es ihm wieder ein. »Komm hier herauf, ich will es bei dir machen.«

Oje. »Es machen?« Ich »mache« es ihm, also will er es mir »machen«? Meinem »es«, von dem er vermutlich denkt, es sei »da unten«? Bei mir läßt die Hitze schnell nach. Ich beschließe, ihm noch eine Chance zu geben.

»Warum?« (Das ist die Art Frage, auf die es viele mögliche passende Antworten gibt; so ziemlich alle würden die gefährliche Blutansammlung aus meiner Leistengegend in den Kopf lenken.)

Er entschied sich für »Warum *was*?« und setzte sich auf. »Scheiße.« (Mein Schneidezahn hatte gerade eine Kerbe in sein Schlüsselbein gemacht.) »Bist du bissig?«

Und dann, als ich wütend hochzukommen versuchte: »Warum ich dich fressen will? Dich zwanghafte, wortklauberische kleine Nutte? Warum ich mein Gesicht zwischen deine Schenkel stecke und dich überall küssen will, nur nicht auf deine Klitoris, bis du soweit bist, daß du mich bittest, dir diesen kleinen Gefallen doch auch noch zu tun? Oder bis du dich an mich drückst oder versuchst, mich bei den Ohren zu packen und dahin zu lenken, wo du mich haben willst? Warum ich das tun will?«

Während dieser Rede, die Musik in meinen Ohren war, legte er mich methodisch wieder hin, zog sanft meine Beine unter mir hervor und spreizte sie, bis sie rechts und links von ihm lagen.

»Das willst du wissen?« fuhr er fort und fing an, mit beiden Händen in meinem Schamhaar zu spielen, es zu kraulen und sich mit der Gegend vertraut zu machen. Er fand den Spalt, versagte es sich aber, ihn zu öffnen, überzeugt, er könne ihn zur rechten Zeit schon dazu überreden, das ganz allein zu besorgen.

Ich erinnerte mich an einen mitternächtlichen Telefonschwatz mit meinem Bruder, bei dem ich mich darüber beschwert hatte, daß es kein weibliches Äquivalent für »einen Ständer kriegen« gibt, und ihm war der schlaue Ausdruck »aufklaffen« eingefallen. (Ich kam darauf nur, weil ich genau das in diesem Augenblick tat, nicht etwa, weil ich Sex gewohnheitsmäßig mit meinem Bruder assoziiere.)

Jedenfalls muß ich an diesem Punkt wohl gesagt haben: »Ich sollte dich mal irgendwann mit meinem Bruder bekannt machen.«

»Ja, Baby, ja«, murmelte er jetzt, während er mich mit seiner Nase anstupste, mein Schamhaar zwischen die Lippen nahm und sanft daran zog. »Und ich würde dich eines Tages gern mit meiner Schwester bekannt machen. Sie redet viel, sehr viel, sie wird dir gefallen. Und schön ist sie – so schön wie du, und *sie* habe ich auch noch nie richtig gefickt. Vielleicht würde sie gerne deinen Bruder kennenlernen.«

Dazu gab es allerhand zu sagen, aber ich wußte nicht genau, was ich zuerst ansprechen sollte: seine Einstellung seiner Schwester gegenüber, seine Einstellung zu mir, seinen allgemeinen Sexismus, sein... Seine Zunge machte unglaubliche Sachen. Einmal, entgegen seiner Ankündigung, streifte sie meine Klitoris, aber nur einmal. Ein kleiner Ausrutscher, wirklich, und er reichte gerade, um... Eigentlich war mir jetzt mehr danach, für eine Weile den Mund zu halten.

»Vielleicht könnten wir alle vier zusammen mal ein langes Wochenende verbringen.« Was? Ach so, er nervte mich noch immer mit dieser Geschwisterkiste. Allmählich verlor ich den Faden. Und merkte vage, daß ich die Kontrolle über die ganze Situation verloren hatte. *Endlich!*

Endlich schlossen sich seine Lippen für einen warmen, nassen Augenblick über meiner geschwollenen Klitoris. Und... verließen sie wieder.

»Würde dir das gefallen...« Er kam hoch und nahm seine Hände weg, von überall, überall, wo sein Mund gewesen war, er strich an meinem Körper hoch, legte die Hände um meine Brüste und berührte meine aufgerichteten Brustwarzen, nahm sie zwischen Daumen und Finger und zupfte leicht daran, ließ sie los, erregte sie dann noch mehr. Ich fühlte, wie sich mein Becken zusammenzog.

»... irgendwann?« Er starrte mir für einen Moment direkt in die Augen, als erwarte er eine Antwort. Von mir, die ich keinen Ton herausbrachte! Ich sah, wie seine Augen über meine Brüste wanderten, meine Rippen, meinen Bauch, wie seine Hände dahin zurückgingen, wo sie gebraucht wurden, und endlich folgte sein Mund ihnen nach. Aber erst, nachdem ich bemerkt hatte, wie er die Lippen schürzte und das Kinn bewegte, während er mich ansah – ich war bereit für ihn –, und festgestellt hatte, daß der Anblick ihm erneut das Wasser im Mund zusammenlaufen ließ. Und dann waren seine Hände und sein Gesicht in mir und auf mir, auf Arten, von denen ich nur geträumt hatte. Manchmal scheint es keine Trennung zu geben zwischen seinem Mund und meiner Möse; ich hätte nicht sagen können, was wem gehörte. Unsere Schleimhäute bildeten eine Einheit. Er liebte meine Möse, er schwelgte darin, vergaß alles, was er vorgehabt hatte, bis auf seinen Genuß. Zweimal wäre ich beinahe gekommen, und er merkte es; nahm seinen Mund weg und drückte die Hand auf meinen Schoß; sprach, um mich abzulenken; berührte meinen Fuß. Das war kein mechanisches Reiben, um die Sache zu Ende zu bringen, kein zaghaftes »Lecken« nur an einer bestimmten Stelle, um bloß nicht an all das andere Zeug zu geraten, das sich weiß Gott wo da unten befinden mochte. Er trank mich; ich wurde gelutscht und getrunken, wahrhaftig.

Ich hatte mich geärgert, daß er es zuerst nicht sagen wollte – sagen, er wolle mich lutschen. Ich war zu dem Schluß gekommen, wenn die Benennung der Sache ihn nicht freute oder erregte, würde die Sache selbst es auch nicht tun. Ich hatte den Impuls gehabt, ihm das Wort »beizubringen«. Jesus. Jetzt brachte er mir bei, was dieses verfickte Wort *bedeutete!* Hmmmm... apropos »fikken«... ich fragte mich, was er erst *daraus* machen würde...

Und dann fing der Orgasmus an, viel zu stark, um ihn noch aufzuhalten. Keine Zeit, alle Energie zu sammeln, sich zu vergewissern, daß alles entspannt abliefe, damit ich nicht unwiderruflich ausgelöst wäre und doch halb unbefriedigt bliebe, irgendwie betrogen, und hinterher Mordgelüste hätte.

So kraftvoll und schnell, wie jetzt mein Orgasmus kam, registrierte ein Teil meines Gehirns, daß er zu wissen schien, was mit mir passierte, während es passierte, und auf jedes Stadium reagierte. Als mein Körper steif wurde, machte ihn das zuerst wild, doch dann beherrschte er sich, weil ihm klar wurde, daß mich das stören und ablenken würde. Ich glaube jetzt, daß er mich wohl gefragt hat, was ich wolle oder brauche, und daß weder Fragen noch Antworten ausgesprochen wurden, aber ich hörte:

»Sag mir... sag mir, Baby.«

Und ich muß geantwortet haben, ihn gebeten haben zu saugen, bitte, saugen, meine Klitoris saugen, saugen... denn das war es, was ich brauchte, und das tat er. Er saugte meine Klitoris, saugte sie irgendwie im Rhythmus der Wellen, und ich kam und kam und kam, immer wieder, mit all den herrlichen Gefühlen, die zu Kraft geworden waren und zu Spannung, zu Energie; eine Kraft, die zu nichts anderem zu gebrauchen war als dazu, es kommen zu lassen und aus meinem Gehirn, meinem Rückgrat und meinem Schoß herauszuschleudern. Und er hörte nicht auf; er saugte und saugte, den ganzen langen Weg vom Gehirn zur Möse. Und er wußte, was los war und was er bekam und verschlang es mit Ausdauer. So begeistert und liebevoll, daß mir Tränen in die Augen stiegen, sagte er mir, ich solle durchhalten... durchhalten... und eben, als die letzte Welle, die ich vielleicht noch aushalten konnte, mich überspülte, drang er in mich ein, zielsicher, sein Pfeil fand die Wunde bereits offen und begierig, vertieft zu werden.

»O mein Gott«, stöhnte ich, als ich ihn eindringen fühlte... stillhalten... dann stoßen... wieder stillhalten... stoßen, und wieder stillhalten, und das mit so kontrollierter, äußerster Leidenschaft, daß ich doch noch einmal kam und noch einmal, während er in mir stillhielt, wie ein Gott mit einem Bolzen strahlender Energie, der ein Universum schafft.

Wenn Sex so ist, trägt er mich über alle Liebe hinaus: Ich werde religiös.

Es war auch noch viel zu früh, um zu wissen, ob ich ihn liebte; ich wußte ja nicht einmal, ob ihm meine Bilder gefielen und was er, wenn überhaupt etwas, tat, um seinen Lebensunterhalt zu verdienen. (Ich betete, er möge nicht reich sein; wenige Leute mit Geld mochten meine Bilder, und ich bezweifelte, daß ich mir das leisten könnte.)

Aber ich wußte, daß ich ihn anbetete... und dann, großer Gott, kam er. Und er schrie. Die ganze Zeit schrie er. Ich flippte aus. Scheiße! Das würde nicht leicht werden.

Mein einziger anderer Liebhaber, der schrie, wenn er kam, war Julian, und soweit ich das heute beurteilen kann, betete ich ihn allein deshalb an.

Er war schön, Engländer und der schlechteste Liebhaber, den ich je gehabt hatte. Julian liebte mich nie, ließ mich nie kommen, versuchte es nicht einmal. »Ich *kann* dich nicht lieben«, hatte er gejammert, nachdem er sich eines Nachts gehörig ausgeschrien hatte. »Kannst du nicht sehen, daß ich emotional ein totaler Krüppel bin?« Ich hatte ihn bei einem Rock-Festival in Atlanta kennengelernt und war ihm nach New York und durch drei Kommunen in der Bowery gefolgt, bis er mich endlich los wurde; noch ein gutes Jahr später trauerte ich ihm nach und träumte von seiner verdammten Schreierei.

So, nun war ich verloren. Wir lagen eine Weile wie tot, hatten nicht einmal die Energie zu atmen, vertrauten darauf, unsere Herzen würden schon weiterschlagen. Ich weiß noch, daß ich merkte, wie meine Augen schielten und ich nicht den Willen aufbrachte, sie wieder richtig einzustellen.

Dann versuchte ich, tief einzuatmen – zu früh; irgendein Reflex ließ mich rülpsen. Ich fing an zu lachen, bewegte mich ein bißchen, und plötzlich stieß meine Möse die Luft aus, die sie aufgenommen hatte; es klang genau wie ein Furz und war mir sterbenspeinlich. Jesus, ich war vollkommen fertig.

Ich sah ihn mit meinen vermutlich noch immer schielenden Augen an. Er lachte, lachte schallend; es gefiel ihm. Ich probierte ein Lächeln.

»Was hast du bloß mit mir gemacht?« sagte ich. Oder sagte jemand. Es hörte sich nicht an wie meine Stimme.

»Wahrscheinlich bist du gerade neu geboren worden«,

sagte er, beugte sich über mich und küßte meinen Nabel. »Ich hole ein Handtuch. Steh nicht auf, sonst fällt dir der Arsch ab.«

Ich beobachtete, wie er zur Schlafzimmertür ging, sah, welche muskulösen Hinterbacken er mit sich spazierentrug und wie die Tür sich hinter ihm schloß. Meine Augen wanderten zum Fenster, zu den Grau- und Purpurtönen des Sonnenuntergangs. Es ist noch immer Tag, dachte ich, noch immer derselbe Tag. Und dann hörte ich die Mantivani-Platte, die bei einem besonders widerlichen Pseudo-Crescendo hängengeblieben war, und realisierte, daß sie das schon eine ganze Weile getan haben mußte.

Was war bloß los? Vielleicht hätte ich mich auch so in ihn verliebt, aber dieses Schreien komplizierte die Sache. Warum ging mir etwas daran so nah?

Andererseits, überlegte ich, warum war es mir unheimlich, daß mich das so berührte? Es war nicht schlimmer, als wenn ein Typ verrückt nach Krankenschwestern oder nach schwarzen Höschen ist oder... na ja, nach all diesem komischen Scheiß, auf den manche Männer ganz wild sind. Das tröstete mich aber auch nicht.

Vielleicht hatte ich bei Julian etwas anderes geliebt, wie etwa... nun ja, eben etwas anderes. Und jetzt assoziierte ich unnötigerweise die Art, auf die er *kam*, großer Gott, mit hoffnungsloser Anbetung – mit Verhängnis.

Irgendwie schien es mir sehr wichtig, noch einmal alles durchzugehen, was gerade passiert war. Wie genau hatte ich mich gefühlt, bevor er schrie? Hatte ich ihn da geliebt? Mit seinem lausigen Musikgeschmack und seinen widerlichen Gardenien-Räucherkerzen? Weil ich ihn jetzt liebte, verdammt, und wenn es sein Schreien gewesen war, dann wollte ich sofort hier weg. Schnell. Ehe es zu spät war.

Er erschien, ein Handtuch über seinen Schwanz gehängt; er mußte ihm also stehen. Schon wieder. Oder noch immer.

Und wenn schon. Er war ein unerträglicher Angeber. Bloß ein Athlet. (Ich hatte es soeben geschafft, meine Augen gerade auszurichten.)

Ich starrte ihn mürrisch an und versuchte, das Handtuch zu Fall zu bringen. Es blieb noch einen Moment hängen, dann fiel es ziemlich abrupt herunter. Gut. Diesmal hatte ich gewonnen. Beide starrten wir auf das Handtuch am Boden.

»Willst du das Handtuch nicht, Julie?«

Toll! *Perfektes* Timing! Er hatte mich vorher nicht beim Namen genannt. Und hatte es zum Glück noch immer nicht. Ich heiße nämlich nicht Julie.

»Julie, he? Heißt deine Schwester so? Julie?«

Er sah überrascht aus. »Ja. Tatsächlich. Woher weißt du das?«

»Ich weiß es nicht«, sagte ich munter, »ich habe einfach geraten. Ich bin nämlich übersinnlich begabt. Hast du gemerkt, wie ich dein Handtuch fallen ließ?«

»Ja, habe ich. Wetten, daß du das nicht zweimal schaffst?« Er sah mich an und kam auf mich zu, das rosa Handtuch auf steigendem Fahnenmast vor sich hertragend. Ich schnappte mir das Handtuch und begann mich abzuwischen, mit gemischten Gefühlen, weil ich das Reich dieses Handtuchs so bald würde verlassen müssen. Ich kniete auf dem Bett und wies mit dem Kopf auf die Stereoanlage.

»Könntest du nicht mit dieser Platte was unternehmen?«

Er stellte den Apparat ab.

»Gott sei Dank. Und würdest du ein Fenster aufmachen? Diese Gardenienscheiße treibt mich die Wände hoch.«

»Wirklich?« fragte er, während er sich mit dem Fenster abmühte. »Harry hat mir auf der Party gesagt, daß du so was magst.«

»*Gardenien*?« fragte ich ungläubig, doch ich fand sein Verhalten höchst interessant. Er weigerte sich, meinen

Köder anzunehmen, und doch wußte ich, daß er einen Kampf nicht fürchtete.

»Ja. Nun, er sagte, du hättest ihm erzählt, daß du mal bei Leuten zum Babysitten warst, die Mantovani-Platten hatten, und daß die Musik dich an die Spielchen mit deinem ersten Freund erinnerte, wenn ihr das Baby zu Bett gebracht hattet. Und dann war da noch irgendwas mit dem Geruch von Gardenien... Ich weiß es nicht mehr.«

»Das hat Harry dir erzählt?«

»Ja, ich sah dich auf der Party und wollte dich kennenlernen. Harry sagte, nein, besser nicht... weil dein Name Julie sei. Weißt du, er hatte auf der Uni so eine Sache mit meiner Schwester, und sie hat ihn sitzenlassen. Ich ging mit einem Mädchen, das auch Julie hieß, und als sie mich wegen ihres Deutschlehrers verließ, haben Harry und ich uns oft zusammen betrunken.«

Irgendwie sagte er mir damit, daß alles, was uns vielleicht früher einmal passiert sein mochte, uns jetzt nichts mehr anhaben konnte. Seine verflossenen Lieben wären für mich vielleicht interessant, aber nicht bedrohlich. Mir wurde klar, daß ich – wenn ich nicht drauf und dran gewesen wäre, diese Beziehung in wenigen Minuten zu beenden – vermutlich mit der Zeit hätte lernen können, ihm meine Geschichten so zu erzählen, wie ich sie wirklich empfunden hatte. *Das* wäre tatsächlich mal eine neue Erfahrung gewesen. Er schlug eine Atmosphäre gegenseitigen Vertrauens vor, die mich beunruhigte... aber ich wollte mich lieber darauf konzentrieren, dieses Durcheinander irgendwie aufzuklären. Er saß neben mir auf dem Bett und war mir mit dem Handtuch behilflich.

»Ja?« sagte ich. »Und...?«

»Na ja, dann habe ich dich ungefähr eine Stunde lang angesehen, und du hast mich ein- oder zweimal angesehen, oder?« (Keiner braucht mit einem Handtuch so viel Hilfe!)

»Richtig«, sagte ich und schob seine Hand weg.

»Richtig. Und dann habe ich zu Harry gesagt, ein Name sei schließlich nur ein Name. Mir war die Sache wichtig. Du gefielst mir, und ich glaubte, ich würde dir auch gefallen. Harry sollte uns also bekannt machen.«

»Aha«, sagte ich. »Und dann hat er dir erzählt, er wisse zufällig, daß du mich mit Mantovani-Platten herumkriegen könntest? Wenn ich also jemals hierher käme, solltest du welche bereithalten? Und als du aus der Matinee dieses blöden Films kamst – und mich eingeladen hast, nach der Vorstellung noch auf ein Glas Wein vorbeizukommen...«

»Mir gefiel der Film«, unterbrach er mich, aus meiner Armbeuge heraus nuschelnd. Er hatte meinen Ellbogen gepackt und meinen Arm zu küssen und ein bißchen zu lecken begonnen. »Tut mir übrigens leid, daß ich keinen Wein da hatte.«

»Oh, das ist schon in Ordnung«, sagte ich und zog meinen Arm zurück, der angefangen hatte, Megavolt an meinen Schoß auszusenden. »Du warst ja damit beschäftigt, in alle Läden der Stadt zu laufen, die gebrauchte Platten verkaufen, um diese miesen Schinken zu finden, oder?«

»Eh, na ja, eigentlich brauchte ich das nicht –«

»Ich will dir was sagen, Ben. Du *heißt* doch Ben?«

»Tja, so nennt mich jedenfalls Harry –«

»Gut. Aber ist es nicht komisch, daß niemand mich Julie nennt?«

»Was meinst du damit?«

»Ich meine damit, daß ich Barbara heiße. Hör zu, als ich Harry zum erstenmal traf, lud er mich ein, mit zu ihm zu kommen und seine verdammten Mantovani-Platten zu hören. Ich sagte nein, kommt gar nicht in Frage. Es *war* eine Geschichte, aber total anders, als er es dir erzählt hat.« Ich entwand ihm den nächsten Körperteil, den er sich geschnappt hatte, stand auf und ging auf und ab. »Die Sache mit den Gardenien hat er frei erfunden. So. Dein alter Kumpel wollte dir einen Streich spielen, und du bist darauf reingefallen. Und alles, was es dich gekostet hat, war –«, ich sah das Plattenregal durch. »Jesus, Ben, was *hast* du für siebzehn Mantovani-Platten bezahlt?«

»Komm her«, sagte er, »dann verrate ich es dir.«

»O nein«, sagte ich, »ich werde es dir verraten. Du brauchst es mir nicht zu sagen, du hattest sie nämlich schon. Ich habe begriffen. Harry brachte dich auf Mantovani, du brachtest Harry auf deine Schwester, die beiden brachten dich auf deine Ersatz-Julie, und dann fiel alles auseinander, und keiner war hinterher mehr derselbe wie vorher. Ben und Julie und Mantovani und Harry und Julie ... *Où sont les neiges d'antan*, stimmt's, Ben?«

»Julian.«

»*Was?*«

»Was ist los?«

»Was sagst du da – soll das etwa bedeuten, daß du *Julian* heißt?«

»Schrei nicht so, Julie –«

»Ich meine Barbara. Beruhige dich; was ist denn los mit dir? Hör zu, Harry nennt mich Ben. Für Benjamin. Mein Name ist Julian Benjamin, okay? ... Wo gehst du hin?«

Ich drehte durch. Und ich wollte weggehen, um für mich allein noch mehr durchdrehen zu können. Doch da holte er mich ein, hielt mich von hinten fest und murmelte mir irgendwas darüber ins Ohr, daß ich keine Kleider anhätte. Das wußte ich doch! Seine Hände waren auf meinen Brüsten, und ich konnte in meinem Kreuz sein dickes, hartes Glied fühlen. Und plötzlich wollte ich lieber das in mir fühlen als weglaufen. (Später könnte ich immer noch abhauen, überlegte ich.) Also drehte ich mich um und legte ihm meine Arme um den Hals, dann war sein Mund auf meinem, und er half mir, auf ihn zu klettern, hob mein Bein hoch und legte es um seine Taille; aber noch nicht, noch nicht jetzt. Zuerst hob er auch mein anderes Bein, seine Hände hielten mich ein Stück von ihm weg, und dann zog er mich auf seinen Schwanz, schob ihn sanft in mich hinein, tiefer und tiefer, und hielt still, bis sein süßer Schrei kam, aus ihm in mich fuhr, und da kam ich, noch ehe er fertig war... und *das* ist mir noch nie passiert, vorher nie und auch nachher nie wieder.

Drei Tage später waren wir noch immer da. Bei Harry. (Es war natürlich Harrys Wohnung, und es waren natürlich Harrys Platten. Ben wohnte nur dort, solange der Speicher über seiner Kunstgalerie für ihn renoviert wurde.)

Ich richtete meine Augen wieder geradeaus, atmete tief, wobei diesmal glücklicherweise nichts passierte, und fragte, ob ich ihn Ben nennen könne.

»Warum? He, was hast du denn mit meinem Namen?«

»Es wäre einfach besser – für uns beide –, wenn ich dich nicht Julian nennen müßte, okay?«

»Verdammt, ich *heiße* aber so, und – oh, ich verstehe.«

»Wirklich?«

»Ja, du bist ausgeflippt, weil ich dachte, daß du Julie hießest, oder weil ich einmal eine Freundin hatte, die Julie hieß, oder weil du meinst, ich wollte, du wärest meine Schwester, oder ich weiß nicht was, aber ich verstehe. Irgendein Typ hieß Julian, richtig? Dieses Arschloch vom Babysitten?«

»Oh-oh.«

»Oder, Jesus... heißt vielleicht dein *Bruder* Julian?«
Ich schüttelte den Kopf.

»Sag es mir.«
Das gefiel mir nicht.

»*Sag* es mir, verdammt. Ich will es wissen!«
Mir fiel ein, daß der Bereich unseres gegenseitigen Vertrauens bisher ein bißchen einseitig gewesen war; ich hatte

aber doch das dumpfe Gefühl, diese Geschichte sollte eine Ausnahme bleiben. Ich war unschlüssig, dann gab ich mir einen Ruck.

»Hör zu, Ben, du weißt ja, daß du manchmal schreist, nun ja —«

»Was?« unterbrach er mich und sah echt überrascht aus.

»Wenn wir uns lieben, Baby, und du... weißt du... du schreist...«

»Ich schreie, wenn wir uns lieben?«

»Na ja, wenn du kommst, dann... dann schreist du eben.«

»Du willst mir erzählen, daß ich schreie, wenn ich komme? So?« Er stieß einen Schrei aus, einen schwachen, kleinen Falsett-Schrei, der mit der wirklichen Sache nichts gemeinsam hatte. Und er lachte. Er hatte tatsächlich keine Ahnung, wie es sich anhörte. Er hatte es nie gehört. Und was wäre, wenn er es jetzt, nachdem ich es ihm gesagt hatte, hören würde? Und es nie wieder täte? Ich mußte aus dieser Saché heraus. Er hatte aufgehört zu lachen.

»Und was hat das Schreien mit Julian zu tun? Komm schon, was immer es ist, du wirst es überwinden, also sag schon. Wer war dieser Julian, und —« er mußte wieder lachen, »was hat das mit dem Schreien zu tun?«

Wie, zum *Teufel*, sollte ich da wieder herauskommen? Schreien. Julian. Gleich zwei davon. Schreiende Julians... *Schreiende Julians!* *Zwei* schreiende Julians! Nun, ich bin Barkeeper – und außerdem die Tochter eines Barkeepers, und für mich hört sich das wie eine Getränkebestellung an.

Ich sagte ihm also die »Wahrheit« über diesen eh... diesen Kellner, diesen komischen Kellner namens Julian, der eine Stimme hatte wie Trompetenfanfaren und in der Bar meines Vaters in New Orleans arbeitete (ich hatte ihm schon von der Bar meines Vaters erzählt). Ich *haßte* ihn, aber mein Vater fand ihn *einfach toll*. Deshalb benannte er einen Drink nach ihm, der ziemlich bekannt wurde. Ganz kurz darauf starb mein Vater. Schönes Trauma, was? Und so ließ mich der Name ausflippen, verstehst du, und ich träumte immer von den Schreien.

»Wer schrie?«

»Mein Vater... eh, ich meine: Julian.«

»Oh.«

Und dann noch diese komische Sache mit dem Namen Julie. Das sei eben einfach zuviel für mich gewesen.

Er kaufte es mir ab. Eine Minute lang.

»Ja, aber warum bringt dich all das auf die Idee, *ich* würde schreien, Barbara? Ich meine, ich weiß ja nicht, was ich tue. Schreie ich wirklich?«

»*Nein*, nein, du schreist nicht... es ist eigentlich kein Schreien, es ist nur, daß du, als wir zum erstenmal miteinander geschlafen haben, so ein Geräusch gemacht hast... ja, wirklich, und da habe ich mich in dich verliebt, ich meine, an diesem Tag, und ich glaube, mein Unbewußtes... als du sagtest, daß du Julian hießest... es kam durcheinander... in meinem Unbewußten.«

Jetzt nickte er: Er verstand. Selbst ich verstand. Ich war sogar bereit, diesem blöden Kellner zu verzeihen.

»Kannst du einen machen?«

»Einen was?«

»Einen *Schreienden Julian*. Harry hat alles mögliche Zeug in der Küche; warum gehst du nicht und machst uns zwei *Schreiende Julians*, und wir trinken sie, und dann ficke ich dich, bis dir die Augen aus dem Kopf fallen.«

»Ben, ich weiß nicht, ob ich das kann —«

»Geh einfach in die Küche und schau dich um. Es wird dir schon wieder einfallen; sie waren doch berühmt, oder? Jemand muß doch gesagt haben, was drin war.«

Ich tat es. Ich mixte sie. Sie waren fabelhaft. Ben sagt, solange ich ihn viermal täglich ficke und ihn mit *Schreienden*

Julians füttere, kann ich ihn nennen, wie ich will. Ich nenne ihn Ben. (Harry nennt ihn jetzt Julian, aber wir sehen Harry selten. Außer bei Vernissagen, wenn wir *Schreiende Julians* servieren. Harry nennt sie *Fickende Julies*, aber so ist Harry nun mal.) Und Ben sagt, er würde meine Bilder auch dann lieben, wenn sie sich nicht so gut verkauften – in seiner Galerie. Aber, zum Teufel, nach ein paar Monaten mit Ben *malte* ich gut. Ich könnte also sagen, daß er für unseren Lebensunterhalt schreit. Aber er weiß es noch immer nicht. Ist das nicht ulkig? In einer Hinsicht sind Männer wie Pornographie. Man lacht darüber, aber man fährt doch darauf ab.

Anonym

Der Graben

Es ist Spätfrühling, und ich helfe einer Freundin, indem wir hinter ihrem Haus mit der Breithacke einen Dränagegraben anlegen. Da ich noch nie zuvor eine Breithacke benutzt habe, brauche ich einige Zeit, um ihre Balance und meine Mitte zu finden. Abwechselnd hacken wir und fahren die wasserdurchtränkte Erde weg. Der Boden ist roter Lehm, ein bißchen glitschig, klebt in hellen Flecken an unserer Haut und unseren Kleidern.

Wir berühren einander, während wir in dem engen Graben zwischen Boden und Haus hin und her gehen. In einer Pause fangen wir an, miteinander zu spielen. Sie geht, pinkelt in den Eimer vor der Tür, kommt zurück, die Handschuhe in den Taschen, und macht ihre Hose zu. Lasziv reibe ich meine dick bekleideten Schamlippen an ihrem abgeknickten, gebeugten Schenkel, streichle aufgerichtete Brustwarzen, die sich unter ihrem Hemd abzeichnen. Geschickt öffnet sie meine Hose, läßt ihre Hand hinein und hinunter gleiten, spreizt meine Beine weiter. Meine Stiefel rutschen im Schlamm aus. Sie packt mich fester um die Taille, bis ich das Gleichgewicht wiederfinde. Ich stemme einen Stiefel gegen die Wand und presse mich hungrig an sie.

Sie dringt in mich ein, beginnt mich rasch und hart zu ficken, während ihre Knöchel fest meine Klitoris reiben. Mein Oberkörper schaukelt vor und zurück, auf und ab, mehr, mehr. Sie flüstert ermutigend: »Ja, ja, Liebste, laß es kommen.« Ich fühle mich, als zöge ich alles in meinen Schoß hinein: ihre Finger, meine Schamlippen und meinen After. Ich halte den Atem an, so lange ich kann, schnappe dann nach Luft und halte wieder den Atem an. Ich glaube, die Spannung nicht mehr lange ertragen zu können. Mein ganzes Sein ist zu einem festen Ball irgendwo in meiner Mitte zusammengerollt.

Mit dem wundervoll intuitiven Bewußtsein, das sie von mir hat, weiß sie, wo sie mich jetzt berühren und wie sie sich bewegen muß, weiß, daß ich gleich kommen werde, sieht mich weich und offen an, reibt meine Klitoris mit ihrem Daumen. Ich schließe wieder die Augen und warte an diesem ruhigen, eine Leere füllenden Platz, bis ich die Flammen hinter meinen geschlossenen Lidern hervorzüngeln fühle, bis meine Schultern sich zusammenziehen und sich dann wie in einem Krampf bewegen. Schauernd komme und komme ich.

Langsam kehre ich zurück, an sie geklammert, kurz und schwer atmend. Die Gerüche von Schweiß und Liebe vermischen sich mit den Gerüchen von feuchtem Holz und sonnendurchwärmtem Gras. Ich küsse und lecke ihren salzigen Hals, drücke sie sanft gegen das Haus, stemme meine Stiefel fest in den Lehm. Wir küssen uns lange, ehe ich mich auf die Suche nach ihrer Nässe mache. Sie seufzt, als ich in sie eindringe, dort einen Augenblick verweile und die Feuchtigkeit dann außen über und um ihre Perle verteile. Stöhnend dreht sie den Kopf von einer Seite zur anderen, zieht mich in sich mit den herrlichen Beckenbewegungen, die ich so aufregend finde. Ich mache meine Finger flach, bewege sie zwischen ihren inneren Schamlippen, reibe mein Gesicht und meine Lippen an ihrer Wange.

Ihre Knie beginnen weich zu werden. Ich nehme ihr Bein zwischen meine, drücke sie mit meinem Gewicht fester gegen das Haus. Sie preßt ihren Venusberg hart gegen meine Finger, bis ich mit kurzen, tiefen Stößen wieder in sie eindringe. Oh, wie naß sie ist, singe ich innerlich, und ich sage ihr, daß sie sehr naß ist. Sie schaukelt auf meinen

Fingern auf und ab, drückt dann meine Hand wieder heraus, und ich kehre zu ihren verhüllten Schamlippen zurück, reibe Klitoris und Schaft mit glitschigen, seidigen Fingern, schiebe das Haar auseinander.

Sie hat den Kopf zurückgeworfen, den Hals vorgewölbt, ihre Schultern zittern. Kleine Zuckungen durchlaufen ihren Körper, sie beginnt durch und durch zu vibrieren. Ich bin voller Liebe für sie, will ihre Freude. Sie zittert, dann scheint sie rund um meine gebogenen, bewegten Finger zu schaudern, ihre Vagina öffnet sich mir und zieht sich dann in kräftigen, zuckenden Ausbrüchen darum zusammen.

Am gleichen Abend in ihrer Hütte sprechen wir über diese Liebe am Nachmittag, verweilen bei besonderen Momenten, warm und nah. Wieder angeregt, spanne ich meine müden Glieder an und schließe ihr Bein zwischen meinen ein. Wir reiben und reden und necken uns, bis wir beide nochmals kommen, Finger und Zehen eng verschlungen. Wir lachen und umarmen uns, erstaunt über diesen Strom von Leidenschaft, der sich unter uns ergießt, an die Oberfläche steigt und uns, manchmal abrupt, mitreißt, der uns nicht recht warnt vor der Tiefe und der Kraft, die aufwallen, sich brechen, zurückweichen und uns erschüttert und erschöpft zurücklassen.

Anonym

Tropen

Die Jahre eilen dahin, an die drei Liebhaber jedoch werde ich mich immer mit einem Lächeln erinnern. Allein im Bett, mit geschlossenen Augen, lasse ich meine Gedanken zurückschweifen zu meinen Erlebnissen als Journalistin und zu den Männern in den Tropen.

FRANZ, AUF LAMU. Eine Journalistin, Reisende in einem staubigen Bus auf der Küstenstraße von Kenia: Mombasa – Mokowa. Zwei Monate Berichterstattung über die äthiopischen Juden und die israelischen Hilfsprogramme in Kenia. Ein uraltes Holzboot rudert mich nach Lamu, dem Sitz eines von den Israelis geleiteten Handwerkszentrums. Auf dieser feudalen afrikanischen Tropeninsel, versteckt im Indischen Ozean, tragen die Frauen wallende, schwarze *buibui*, während ihre moslemischen Herren und Beschützer, ebenfalls ganz in Schwarz, lüstern nach den wenigen Ausländerinnen schielen. Ich saß auf der Veranda des kleinen Hotels und trank meinen allmorgendlichen Mangosaft. Fünf rosahäutige Ausländer winkten mir vom Strand unten zu. Ich gesellte mich zu ihnen, und wir verschmolzen sofort zu einer Bruderschaft im Swaheli-Meer. Keine Uhren, keine Telefone, kein Terminkalender; wir einigten uns auf einen Picknick-Ausflug per Boot zu einer benachbarten Insel.

Sechs Ausländer, bewaffnet mit Rudern, Sonnenöl, Mangos, Ananas und Nikons, fest entschlossen, für einen Nachmittag eine Insel zu erobern. Kichernde Ausländer im fremden Land, die lächelnd »*Junbo, habai gani!*« grüßen.

Wir tauschen Reisegeschichten aus. André auf englisch

mit sexy klingendem, französischem Akzent; Kayoko in feinem, verlegenem »Jenglisch«; Luigi mit lebhaften, italienischen Gesten; Anne mit lautem, australischem Überschwang; ich, die exilierte Amerikanerin, mit einem Paß voll vielfarbiger Visa; und schließlich der stille Mann mit den sensiblen Smaragdaugen. Ich wollte diesen Mann kennenlernen. Sein starkes, intelligentes Gesicht war ausdrucks- und charaktervoll, kaschierte keine Emotionen.

Doch als ich ihn mit seiner tiefen Stimme kehlige deutsche Laute ausstoßen hörte, erstarrte mein interessiertes Lächeln. Ich roch die Verbrennungsöfen von Treblinka, hörte die schwarzen Stiefel marschieren, sah die Geschäfte, an deren Türen das Wort »Jude« geschmiert war. Ich spürte, wie sich in mir der Haß aufstaute. Ich wollte nicht vergessen, und ich konnte nicht vergeben. Sein Volk war verantwortlich. Warum mußte er die fröhliche Kumpanei unserer tropischen Odyssee beeinträchtigen? Ich ignorierte ihn. Ich packte zwei Skulls und ruderte wütend. Ich hörte, wie die anderen lachten, als Lamu zu einem fernen, hinter den Wogen versteckten Buckel schrumpfte.

Wir näherten uns der Insel Pate, ruderten an einem winzigen Fischerdorf vorbei bis zu einer einsamen Bucht. Auf dem Puderzuckersand ausgestreckt, ließen wir uns bräunen und aßen, bis unsere Lippen vom Ananassaft klebten. Wir rieben uns mit warmem Kokosöl ein und zogen uns die Außenhaut, Bikinis und Badehosen, vom Körper. Wir brauchten sie nicht mehr. Wir waren uns nicht mehr fremd.

Wir wateten ins kühle, azurblaue Wasser hinein, eine Erleichterung nach der brutalen Tropensonne. Planschend spielten wir ins Tiefe hinein. Die Australierin schlug ein Wettschwimmen zu einem nahe gelegenen Atoll vor.

Fünf...vier...drei...zwei...eins! Die Gruppe löste sich auf zu sechs Einzelschwimmern. Jetzt waren wir Konkurrenten, nur noch darauf bedacht, die anderen zu überholen. Mit einem Ausbruch unbändiger Kraft arbeitete ich mich voran, dicht hinter dem Deutschen. Glatt und geschickt schossen er und ich durchs Wasser. Mit stärkeren, schnelleren Bewegungen als die anderen entfernten wir uns immer weiter von ihnen.

Dann verkündete Luigi laut: »Genug!« und ließ sich träge zum Strand zurücktreiben. Ich schwamm verbissen und näherte mich mit einem Ausbruch von Energie den stoßenden Beinen des Deutschen. Kein Deutscher würde mich, eine kalifornische Surferin, auf den zweiten Platz verweisen! Ich drehte den Kopf: Alle anderen schwammen zum Strand zurück.

Der Deutsche und ich waren allein im Wasser. Wir jagten weiter. Ich schaltete meine Gedanken ab und überließ mich der Kraft meiner Arme und Beine. Ich spähte nach vorn. Das Atoll war noch nicht nähergekommen, doch unsere Insel mit den Freunden fiel weit zurück. Immer schwerer wurde mein Körper, immer langsamer quälte ich mich durch das nun unangenehm zähe Wasser. Ich wurde schlapp, doch nirgends eine Möglichkeit zum Ausruhen. Der Deutsche schwamm mit leichten, gleichmäßigen Zügen voraus. Ich hatte das Gefühl, daß der unendliche Ozean mich hinabzog. Ich mußte mich bewegen, oder ich wurde von ihm verschlungen. Ich rief hinter ihm her: »Franz!« Endlich hatte ich seinen Namen genannt. Meine Schreie zerrissen die Stille.

Er hörte mich. Er kehrte um und kam auf mich zu. Tröstend streichelte er mir den Arm. »Ist ja schon gut. Ich bin bei dir. Kein Grund zur Aufregung.« Ich brauchte ihn. Ich war verängstigt, erschöpft, meine Tränen mischten sich mit dem Wasser. Er hielt mich um die Taille und stützte mich beim Treibenlassen. Er redete mir gut zu, bis sich meine Panik gelegt hatte und allmählich die Kraft in meine

Hände, meine Arme und meine bleischweren Beine zurückkehrte. Träge bewegte ich mich weiter, Franz immer dicht neben mir. Unendlich langsam ging es vorwärts, und als das Wasser durchsichtig wurde, lebte ich endlich wieder auf. Ich entdeckte bunte Fische, die zwischen ihren Korallenschlössern umherschossen. Das Atoll kam tatsächlich näher.

Als meine Füße den sandigen Boden berührten, kamen wieder lang unterdrückte Angsttränen. Ich konnte kaum gehen. Aber das Grinsen des Deutschen wischte mein schmerzliches Drama davon. Wir standen voreinander, beide nackt und nicht mehr von blauem Wasser umhüllt. Behutsam strich er mir nasse, blonde Haarsträhnen aus dem Gesicht. »Wie köstlich, einander so zu begegnen«, sagten seine Augen. Ich fühlte mich schüchtern, in meiner Nacktheit, vor diesem Mann mit dem fremdartigen Namen. Wir waren sehr allein miteinander.

»Wir sind mindestens sechs Kilometer geschwommen, und jetzt sind wir gestrandet.« Ich antwortete nicht. Er schien mein Unbehagen zu spüren, denn er reichte mir das Tuch, das er immer noch um den Hals trug. Ich wußte nicht, was ich anfangen sollte, mit diesem lächerlichen Stück Stoff mit dem roten Cowboy-Muster. Ich kicherte, weil das Ganze so absurd war. Wir befanden uns auf einem namenlosen Atoll vor der Insel Lamu, vor der kenianischen Küste, irgendwo im Indischen Ozean, weit entfernt von aller Welt, und ein Deutscher reichte mir ein rotes Halstuch, um meine Blöße zu bedecken.

Wir konnten nichts tun. Wir konnten das Atoll nicht erkunden. Höchstwahrscheinlich unbewohnt, aber falls doch nicht, würden wir auf Moslems stoßen – und wir waren zwei nackte Ungläubige. Ich dachte an die anderen, die ohne uns picknickten. Mit ihren sonnengeblendeten Augen konnten sie uns nicht sehen. Wir waren vergessen.

Ich betrachtete ihn. Abermals war er ein Nazi, ein Judenmörder, und ich eine nackte Jüdin. Wir setzten uns unter eine Palme, und er begann zu erzählen. Und während ich zuhörte, wurde dieser Deutsche ein faszinierender Mann, ein Mann, den ich kennenlernen wollte. Er hörte auf, Nazi zu sein, und auch unsere Nacktheit vergaß ich plötzlich. Als Architekt hatte er vier Jahre lang in Sambia gearbeitet und geholfen, Häuser für die Obdachlosen zu bauen. Er war Berliner, aber auch ein weltläufiger Mann, ein deutscher Sorbas mit Köpfchen und Mumm.

Ich fühlte mich von ihm angezogen, und er spürte das. Unser Wortfluß versiegte. Er rückte näher. In seinen Augen lesend, wich ich zurück – voll Angst und doch voll Begehren.

»Ich *muß* es wissen, Franz. Dein Vater. Was macht er jetzt? Im Krieg war er ein Nazi, nicht wahr?«

»Mein Vater war Arzt, Chirurg.«

Dachau? Auschwitz? Wieder ein Doktor Mengele, wieder ein Todesengel, der in den Todeslagern mit meinen Verwandten experimentierte?

»Er wurde im Krieg verhaftet. Die Nazis bezeichneten ihn als Kommunisten und erschossen ihn.«

Voll Schmerz und Zorn auf mich selbst, wegen meiner häßlichen Gedanken, rückte ich näher. Verzeihung erbittend berührten meine Finger sein Gesicht. Wir verstummten, beobachteten eine Möwe, die am afrikanischen Himmel Kapriolen flog. Alle anderen Worte vergessend, teilten wir nunmehr die unsrigen.

Ich fühlte mich wohl. Ich überließ mich diesem Ort, dieser Zeit, diesem Mann. Ich erwiderte seinen durchdringenden Blick. Als sich unsere Lippen trafen, flüsterte Franz: »Jetzt werden wir viel mehr entdecken als nur diese Insel.«

Unser Verlangen wirkte magnetisch, als er mich an sich

zog. Sanft bedeckte er meinen Hals mit Küssen. Unsere Lippen trafen sich zu längeren, intensiveren Küssen. Ein Drängen stieg auf, als unsere Körper sich vereinigten, und ich entspannte mich in seiner Umarmung. Ganz leicht spielte seine Zunge mit meiner rechten Brustwarze. Während er mich streichelte, löste sich mein gespannter Körper, umfangen vom Bann des Fühlens, Berührens. Ich begehrte diesen Mann.

Ich betrachtete das dunkle Haar auf seiner flachen, muskulösen Bauchpartie. Vorsichtig erforschte meine Hand seinen Penis, den pulsierenden Beweis für unser beider Verlangen.

Seine starken Hände arbeiteten sich zu meinem Schenkel hinab. Ich spürte, wie seine Fingerspitzen behutsam meine Vagina berührten und ihre feuchten Lippen umkreisten, bis ich vor staunender Erregung erschauerte. Wir *mußten* einander haben – jetzt!

Als ich ihn in mich eindringen fühlte, schloß ich stöhnend die Augen. Er war dick, stark und ganz tief in mir. Wir verstanden uns ohne Worte, unsere Körper sprachen mit langen, langsamen, perfekt koordinierten Bewegungen. Es war, als seien wir schon ewig ein Liebespaar. Als mein Körper unaufhaltsam der sexuellen Flut entgegenjagte, verstärkte er seine Stöße.

Ich war kurz vor der Explosion. Ich war fast auf dem Gipfel. Unsere Hüften stießen uns zur Grenze der Leidenschaft empor. Ich erschauerte vor Glück, als er seine Hand zwischen unsere Körper schob und mit festeren, schnelleren Strichen meine Klitoris streichelte. Unser beider Atem ging heftig, beide hielten wir das letzte zurück. Dann konnte ich es nicht länger zurückhalten. Ich wurde auf eine andere Ebene wilder, heftiger Gefühle katapultiert. Ins wirbelnde Vergessen des Orgasmus hineingeschleudert, hieß ich seine Explosion mit heftigen Stößen willkommen.

Ekstatisch umklammerten wir einander in freudigem, gleichzeitigem Höhepunkt. Ich hielt ihn fest, die Beine um seine Taille geschlungen.

Die afrikanische Sonne brannte auf uns herab. Wir waren eins.

MICHAEL, AUF MOEN. Eine Journalistin, auf Reisen mit *Air Micronesia*, in einer kleinen Maschine, die auf ihrer allwöchentlichen Route über dem winzigen Flugplatz kreist. Die Moen-Insulaner scheuchten ihre Schweine und Schafe von der Rollbahn aus Korallen, und wir landeten. Bewaffnet mit einem Tonbandgerät, sollte ich die Story von zwölf Bewohnern der Insel Tawabati aufnehmen, die nach zweiundsechzig Tagen Irrfahrt auf See gerettet worden waren. Nachdem der Bootsmotor versagte, waren sie ohne Lebensmittel und Wasser 1500 Meilen weit getrieben. Einundzwanzig waren gestorben, bevor die Überlebenden bei der Insel Moen aufgefischt wurden.

Ich meldete mich in meinem Hotel, einer strohgedeckten Hütte, dem einzigen Hotel auf ganz Moen. Für einen Dschungel-Fan war diese fünf Meilen lange Insel eine tropische Perfektion, ein unberührtes, unbekanntes Jade-Juwel im Südpazifik. Diese größte Insel der Truk-Kette hatte weder Straßen noch Telefon noch Strom. Ich schwor mir, den Auftrag so schnell wie möglich zu erledigen und dann sofort dieses Paradies zu erkunden.

Ich marschierte zum »Krankenhaus«. Errichtet von *American Aid*, gab es in dem dreistöckigen Bauwerk keine Ärzte, keine Medikamente, keine Bettwäsche, keine Seife – nur ein paar schlecht ausgebildete Krankenpfleger. Die Überlebenden begrüßten mich mit angstvollen Blicken aus Augen, die mich aus eingeschrumpften Körpern anstarrten. Die unterernährten Kinder mit ihren aufgeblähten Bäuchen lagen auf verdreckten Pritschen neben knorrigen, alten Fischern. Zweiundsechzig Tage lang hatten sie die stürmische See überlebt, doch konnten sie dieses verschimmelte Krankenhaus überleben? Sie sprachen Gilbertesisch, und diese Insulaner nur Trukesisch.

Ich konnte es nicht ertragen. Ich wanderte den Berg hinab zur Gemischtwarenhandlung und kehrte mit Bananen, Orangen, Suppe und Kämmen zurück. Ich wies die Krankenpfleger an, Cola und Fanta wegzuräumen. Das war kein Essen für Menschen, die sich irgendwie mit in Kokosnußschalen gesammeltem Regenwasser und mit der Hand sowie einem Taschenmesser gefangenen Meeresschildkröten und Fischen am Leben erhalten hatten. Es war ein grausamer Witz, dieses moderne Krankenhaus ohne Medikamente. Bei ihrem Wunderheiler im Dorf wären sie in besseren Händen gewesen.

Ich blieb fünf Tage. Ohne auch nur einen Erste-Hilfe-Kurs mitgemacht zu haben, versuchte ich sie zu pflegen. Wir verständigten uns durch Gesten und Bilder. Sie wußten nicht, wo sie sich befanden, nur, daß sie weit von ihrem Atoll der Tawabati-Inseln entfernt waren.

Am fünften Tag begegnete ich ihm. Er hielt sein Motorrad an und beobachtete, wie ich näher kam. Dieser dunkle, stämmige, bärtige Mann war Michael, ein amerikanischer Arzt, hergeflogen von Guam, um den Überlebenden zu helfen. Er kannte Moen, besuchte es routinemäßig, wenn er mit seiner schwarzen Ärztetasche in Mikronesien von Insel zu Insel zog.

»Ich hab' schon von Ihnen gehört; Sie sind ›die Florence Nightingale des Journalismus‹«, sagte er, als er seine Maschine wieder anließ. »Sitzen Sie auf, ich werde Sie entführen. Wir gehen tauchen.«

Erleichtert, der Realität des Krankenhauses entronnen zu sein, stiegen wir in das klare, ruhige Wasser der bezaubernden Truk-Lagune. Wir legten Masken und Sauerstoffflaschen an und entdeckten unter Wasser eine andere Welt. Einen Friedhof aus dem Zweiten Weltkrieg. Die Lagune war übersät mit japanischen U-Booten, von denen manche niemals geöffnet worden waren. Die Japaner hatten die Lagune zu einem Marinestützpunkt ausgebaut. Geschützt von einem Riff und stark befestigt, war sie von den Amerikanern bombardiert worden. Jetzt waren die U-Boote stumme Zeugen für die schweren Angriffe und die vielen Wassertoten.

Michael und ich kletterten in unser Boot. Als wir die Masken abnahmen, wurde uns klar, daß wir einander immer noch fremd waren. Tauchpartner, die kaum miteinander gesprochen hatten, die einzigen Fremden auf dieser winzigen Insel. Ich freute mich, diesen tropischen Garten Eden mit ihm teilen zu dürfen. Ich mochte sein freundliches, offenes Gesicht, sein herzliches Lachen und seine lächelnden blauen Augen.

Michael reichte mir eine Taschenflasche mit Brandy. »Trinken Sie ihn mit Genuß, hier gibt es keinen Alkohol. Die Männer von Moen waren die gewalttätigsten Trinker im ganzen Pazifik. Deswegen beschlossen ihre Frauen, die Prohibition in den Tropen einzuführen. An einem schönen Sonntagmorgen, als die Männer noch viel zu verkatert waren, um wählen zu können, gingen sie an die Wahlurnen. Demokratie in der Praxis: Die Frauen gewannen zu 100 Prozent. Alkohol ist auf Moen verboten, also trinken wir dieses kostbare Naß.«

Wir lächelten uns vielsagend zu. Wir wußten beide, daß wir mehr werden würden als nur Freunde. »Was tun die Leute eigentlich hier?« fragte ich ihn. »Ich habe noch nie jemanden arbeiten sehen. Schon gar nicht im Krankenhaus.«

Er sah mich an. »Sie lieben sich. Und wenn sie erschöpft sind, setzen sie sich an den Strand, um die Wellen und den

Sonnenuntergang zu beobachten. Sie frönen nur einem einzigen einheimischen Laster: dem Gras. Sie werden high, dann lieben sie sich und werden wieder high.«

Er verankerte das Boot und schnorchelte, einen Schwarm purpurn und grün schimmernder Fische hinter sich herziehend, um die herrlichen, orangefarbenen Korallenriffe herum. Ich folgte Michael zum Strand und zur Bootshütte. »Ich hab' eine Überraschung für Sie«, verkündete er und zog einen langen, dünnen Stab heraus. »Das ist ein Liebesstab. Jeder Mann von Moen schnitzt sich selbst einen und trägt ihn sozusagen als Visitenkarte mit sich herum.«

»Und wozu dient so ein Liebesstab?« erkundigte ich mich, halb belustigt, halb fasziniert an dem Ding herumfingernd.

Michael rückte näher, zögerte, dann zog er mich an sich. Zwischen den Küssen erklärte er mir: »Wenn ein Mann eine Frau begehrt, wartet er, bis es Nacht ist, und geht dann zu ihrer Hütte. Leise, ohne die anderen Familienmitglieder zu wecken, schleicht er sich zu der Stelle der Außenwand, hinter der sie schläft. Er schiebt den Stab durch die Bambusstangen und wartet auf ihre Reaktion. Sie betastet den Stab, liest mit den Fingerspitzen seine Braille-Signatur. Entziffert sie eindeutig die Zeichen eines Mannes, den sie begehrt, zieht sie den Stab zu sich herein und schleicht sich zur Hütte hinaus. Sie finden ein Versteck und dann einander. Will sie ihn nicht, schiebt sie den Stab wieder hinaus, und er zieht, Stab in der Hand, von dannen.«

Michael zog mich an sich, und als er mit der Zunge meine Lippen nachzeichnete, verspürte ich eine köstliche Erregung. Plaudernd, einander berührend gingen wir zum Strand – in dem Bewußtsein, daß wir einander bald haben würden. Doch es war spät, und er wurde im Krankenhaus gebraucht. Auf seinem Motorrad knatterten wir davon.

Er kam nicht wieder. Am Abend schlenderte ich allein zum Strand. Wir hatten einen wunderschönen Nachmittag verlebt, mit einem wunderschönen Anfang und einer wunderschönen Mitte. Nur das Ende blieb ungeschrieben. Vielleicht hatte ich sein Interesse falsch eingeschätzt. Ich fühlte mich leer, zurückgestoßen.

Am nächsten Morgen ging ich wieder ins Krankenhaus – zu den Überlebenden, redete ich mir ein, wußte aber genau, daß ich dort Michael zu finden hoffte. Eine Krankenschwester erzählte mir, der Doktor habe am Abend zuvor ganz plötzlich mit einer Motorbarkasse zu einer anderen Insel fahren müssen, wo zwei Männer bei einem Fischerei-Unfall verletzt worden seien. Ich war erleichtert. Er hatte mich nicht sitzenlassen, aber ich konnte nicht auf seine Rückkehr warten. Ich hatte meine Story fertiggeschrieben, und am Nachmittag sollte die allwöchentliche *Air-Micronesia*-Maschine eintreffen.

Als ich einen letzten Spaziergang rund um die Insel machte, dachte ich an Michael und an das, was hätte geschehen können. Ich erforschte die verlassenen japanischen Bunker und Munitionsdepots. Die Narben waren überall auf der Insel zu sehen: Der Krieg im Pazifik hatte einsame Skelette, verbrauchte Kugeln und schweigende U-Boote zurückgelassen. In der Hütte auf dem Flugplatz stehend, beobachtete ich meine Maschine, die zum Landeanflug kreiste. Ich hätte Michael einen Brief hinterlassen sollen; nun, da ich wußte, daß ich ihn nicht haben konnte, begehrte ich ihn verzweifelt. Ich sah zu, wie die Maschine zur Landung ansetzte, wieder hochzog und dann weiter kreiste. Die Schweine und Ziegen wollten die Rollbahn nicht verlassen. Auf den ungeduldigen Piloten warteten in Panape und Palau weitere Passagiere. Mit einem Ruck ließ er die Maschine endgültig steigen, und ich starrte verblüfft in den Himmel hinauf. Er hatte mir eine weitere Woche auf

Moen geschenkt. Überglücklich dachte ich an mein Wiedersehen mit Michael.

An diesem Abend sprang ich in mein Bett, wollte den Tag mit einem schönen, tiefen Schlaf beenden. Aber ich ahnte etwas. Ich spürte eine Präsenz im Raum, konnte im Dunkeln aber nichts sehen. Mit kurzen, angstvollen Zügen atmend, wartete ich stumm. Irgend etwas glitt durch die Wand. Eine Viper? Großer Gott, was sollte ich tun? Ich fühlte mich sehr allein, als ich mir die verborgenen Fänge der Schlange vorstellte. Dann hörte ich ein gedämpftes Geräusch. Ich setzte mich auf. Irgend etwas strich an meiner Wange vorbei. Ein dünnes Stück Holz kam durch die Bambuswand. Ich fühlte geschnitzte Zeichen und begriff. Ein Liebesstab! Ein gedämpftes Geräusch draußen wurde zu lautem Lachen. Mit vor Erregung heftig klopfendem Herzen zog ich den Stab zu mir hinein.

Als die Tür aufging, erstarrte ich plötzlich. Wieso nahm ich Dummkopf eigentlich an, daß es Michael war? Er war ohne Abschied fortgegangen und hatte mir nicht versprochen wiederzukommen. Was, wenn es nun einer von diesen gedrungenen, berauschten Insulanern war? Alle Männer von Moen wußten, wo die Hütte der Amerikanerin lag.

Nervös fragte ich: »Wer ist da?«

»Kannst du den Stab nicht lesen? Ich bin's. Ich bin gerade zurückgekommen. Auf einem der Thunfischboote hat es einen gräßlichen Unfall gegeben.« Die Umrisse seiner beeindruckenden, fast einen Meter neunzig großen Gestalt füllten den Türrahmen. Als ich aufsprang, um ihn zu umarmen, stieß er mich spielerisch aufs Bett zurück. Mir das T-Shirt vom Leib reißend, küßte er mich leidenschaftlich. Mit seiner Zunge arbeitete er sich an meinem Hals hinab zu meinen Brustwarzen, und seine nassen, schlürfenden Geräusche wirkten in der tropischen Stille doppelt laut. Seine Zunge bewegte er so geschickt, als kenne er meinen Körper seit eh und je.

Halb kitzelnd fuhr ich mit den Fingern an seiner Brust hinab, zog einen Pfad bis zu den Innenseiten seiner Schenkel und zu seinem Penis, dessen glänzender Kopf sich verlangend aufrichtete. Er barg sein Gesicht an meinen Brüsten und streichelte gleichzeitig mit seinen Fingern in sanften Kreisbewegungen meine Klitoris: langsam, dann schneller und immer schneller.

Auf einmal jedoch hielt Michael inne und richtete sich über meinem Körper auf. Er wirkte lüstern und hinreißend. Erwartungsvoll schloß ich die Augen, während sein Penis einen Pfad über meinen Bauch hinab zeichnete und mich leicht zwischen den Beinen antippte. Dann drang er mit einem schnellen, kraftvollen Stoß in mich ein. Wieder und immer wieder, immer tiefer, immer härter. Mein Körper bog sich, löste sich von meinem Verstand. Ein und aus fuhr Michaels Zunge in meinem Mund, in perfekter Harmonie mit seinem Penis. Als mein Körper sich zur Eruption bereitmachte, stieß ich einen lautlosen Schrei aus.

Unvermittelt zog er sich ein Stückchen zurück. Sekunden schienen wie Minuten, während mein Körper wartete, nach mehr verlangte. Und dann, als ich es nicht mehr aushalten konnte, stieß er mit perfektem Timing zu, wieder, und wieder, und wieder, und wieder. Dicht am Rand des Orgasmus balancierend, konnten wir ewig so weitermachen. Noch einmal hielt er inne und wartete darauf, daß mein Körper um mehr flehte, ihn wieder in sich haben wollte. Um zur genau richtigen Sekunde zuzustoßen und uns zum erschauernden, erbebenden, jubelnden Höhepunkt zu bringen. In jener Nacht erkannte mich Michael. Erschöpft und verausgabt umklammerten wir einander ganz fest.

Der Liebesstab fiel zu Boden.

PAULO, IN MANAUS. Eine Journalistin, auf Reisen im Amazonasgebiet, mit viel zuviel Zeit. Der Fotograf war immer noch nicht eingetroffen. Seit vier Tagen kündigte er telegrafisch seine Ankunft an, doch jeder *Varig*-Flug aus Rio kam ohne ihn. Wie so viele Brasilianer hatte auch er auf seinem Kalender keinen Platz für amerikanische Ablieferungstermine. Leider blieb mir keine Wahl. Ich brauchte ihn, also wartete ich. Die Redaktion des »Jornal do Brasil« versicherte mir, sie hätten einen Topfotografen für diesen potentiell gefährlichen Job ausgesucht. Wir sollten das *Projecto Jari* infiltrieren, ein geheimes Land innerhalb des Landes, im Besitz eines der reichsten Männer der Welt, des exzentrischen, dreiundachtzigjährigen Daniel Ludwig. So groß wie Holland, war Jari für Außenstehende gesperrt, vor allem für Journalisten. In Armut lebende Brasilianer wurden, mit Versprechungen märchenhafter Löhne nach Jari gelockt, von überall her eingeflogen. Völlig mittellos in einem versteckten Dschungel-Slum buchstäblich in der Falle sitzend, wurden sie dann praktisch zu Gefangenen. Sie fällten Bäume für die Mammut-Papierfabrik, die auf einem Schiff in Japan gebaut und um die ganze Welt zu diesem entlegenen Vorposten im Amazonasgebiet geschafft wurde. Die brasilianische Regierung schien das Ganze irgendwie zu decken, denn einige ihrer höchsten Beamten waren darin verwickelt. Die Story war gigantisch, und ich hatte keinen Fotografen.

Ungeduldig und frustriert, mochte ich keinen weiteren Abend allein in meinem schäbigen, deprimierenden Zimmer im »Hotel Amazonas« verbringen. Eine alleinstehende Frau bleibt in diesem langweiligen Binnenhafen, tausend Meilen den Fluß hinauf, des Abends zu Hause, wenn sie keine Prostituierte ist. Aber das war mir jetzt egal. Ich wollte endlich Menschen sehen!

Ich ging zu einem nahe gelegenen Restaurant. Ich bestellte mir eine schwarze Bohnensuppe und schob sie beiseite. Ich war nicht hungrig. Ich starrte in mein Buch, aber die Wörter blieben auf den Seiten kleben. Der Mann in der beigefarbenen Safarijacke am Nachbartisch zeichnete konzentriert. Ich verschlang ihn mit den Blicken. Große braune Augen, glänzendes schwarzes Haar, reinste Eleganz, kein Einwohner dieser rauhen, entlegenen Stadt. Ein junger Omar Sharif. Ich konzentrierte mich auf ihn, weckte seine Aufmerksamkeit und senkte den Blick dann wieder aufs Buch. Als ich spürte, daß er herüberkam, lächelte ich innerlich über meinen Erfolg.

»Was lesen Sie?« erkundigte er sich mit seinem charmanten portugiesischen Akzent.

»›Xana‹. Über die Zerstörung des Amazonasgebiets.«

Mißtrauisch fragte er: »Wieso interessieren Sie sich dafür?«

Auf einmal argwöhnisch, wurde mir klar, daß ich nicht wußte, wer er war. In einem Polizeistaat sollte man nie etwas preisgeben. Fast hätte ich meine Tarnung aufgegeben, bevor ich sie noch richtig angelegt hatte. »Ich bin Touristin aus Kalifornien. Ich möchte möglichst viel über den Amazonas lesen.«

Seine Miene entspannte sich; er lächelte. »Und ich möchte möglichst alles am Amazonas zeichnen. Ich heiße Paulo und bin ebenfalls für kurze Zeit hier auf Besuch. Hätten Sie das hier vielleicht gern?« Er reichte mir eine Profilzeichnung meines Kopfes. Mit wenigen, gekonnten Strichen hatte er mein Profil eingefangen. »Heute abend möchte ich Manaus erforschen. Wollen Sie mich begleiten? Die Realität kann weit faszinierender sein als ein Buch.«

Ich brauchte ihm nicht zu antworten. Er wußte, daß ich mit ihm zusammensein wollte, er konnte in Gesichtern lesen.

»Haben Sie schon mal *Candomblé* gesehen? Das ist brasilianisches *Voodoo*. Von den westafrikanischen Sklaven mitgebracht. Ein Stück den Fluß hinauf gibt es in einem *Barrio* ein ganz spezielles *Candomblé*-Haus; dort möchte ich heute abend das Ritual zeichnen.«

Als ich mit dem Künstler zum Pier ging, war ich nun doch noch froh, in diesem langweiligen Hafen am Ende der Welt zu sein. Paulo mietete einen Indianer, der uns mit seinem Motorboot den Fluß hinauffuhr. Wir tuckerten an der üppigen Vegetation vorbei, die von der Erotik karmesinroter Passionsblumen pulsierte und nach den weißen Amazonaslilien duftete.

Leise glitt unser Boot an einem Alligatorbaby vorbei, dessen Augen im seichten, tintenschwarzen Wasser funkelten. Paulo, der meine Angst spürte, zog mich an sich. Der Amazonas war geheimnisvoll und gefährlich. Beide, der Fluß und Paulo, waren weit faszinierender als Träume.

Das Boot näherte sich einer kleinen Gruppe von Häusern, die entlang des Flußufers auf Stelzen standen. Wir stiegen aus und wurden sogleich vom hypnotisierenden Rhythmus der Trommeln zu dem *Candomblé*-Haus gelockt, einem ehemaligen Lagerschuppen für Kautschuk. In dem Moment, da wir es betraten, befanden wir uns in einer anderen Realität. Der kleine Raum war von einem Duftgemisch aus Nachthyazinthen, Zedernholz und Schweiß erfüllt. Auf dem Altar lagen heilige Federn, Zauberperlen, Schalen mit Maismehl: Opfergaben für die Götter. Fünf in Käfige gesperrte Brüllaffen kreischten zum rhythmischen Händeklatschen der besessenen Frauen.

Mindestens dreißig Frauen, alle in Weiß, wanden sich, schrien, beteten singend zu Lelmanja, Göttin der Flüsse und des Wassers. Schwarze, Mulattinnen, Indio-Frauen – alle waren sie entflammte Seelen. Schweigend, fasziniert beobachteten Paulo und ich, wie sie ihre Körper verließen, in Trance auf den Bohlenfußboden fielen, die verschiedenen *orixas* verkörperten.

Jetzt gesellten sich andere Frauen, die an den Wänden gestanden hatten, zu den rasenden *Candomblé*-Tänzerinnen. Und während sie ihr Tempo steigerten, dahinwirbelten, sprangen, geheime Energiequellen anzapften, zeichnete Paulo. Er winkte mich näher, nahm seine silberne Figa-Kette ab und hängte mir das Schutzamulett um den Hals.

»Jetzt können Sie hinausgehen«, erklärte er. »Jetzt sind Sie sicher vor dem bösen Blick.« Hand in Hand wanderten wir in den dichten Dschungel hinein, dessen Nachtschwärze vom Klang der Trommeln belebt war. Der Amazonas, Quelle für den halben Sauerstoffbedarf der Welt; ohne diesen Dschungel würde der Planet Erde ersticken.

Wir kamen in eine Kakaopflanzung und erspähten zwischen der dichten Vegetation eine weiße Segeltuch-Hängematte. Sie war an zwei hohen Bäumen befestigt, und über ihr schimmerten goldene Kakaofrüchte im grünschwarzen Laub.

Selbst ein wenig von der *Candomblé*-Trance erfaßt, ließ ich mich in die Hängematte sinken. Sie schwang vor und zurück und hing wieder still. Behutsam schlüpfte Paulo neben mich. Alles war still, bis auf die nahen, schmatzenden Geräusche des Flusses und das Dröhnen der Trommeln. Unsere Umarmung wurde unterbrochen von einem ungeheuren Flattern, als ein Schwarm von Hunderten kleiner Sittiche aus dem Dschungel aufstob und verschwand.

Paulo streichelte mir das Gesicht und küßte mich schweigend. Wir hielten einander umfangen, die Hitze unserer Körper war der Hitze des Abends gleich, sein Duft dem Geruch des Dschungels. Seine Zunge glitt an meinem Hals entlang, seine Zähne zupften an meinem Ohrläppchen. Er zog meine Bluse heraus und schob seine Finger sanft unter meinen Spitzen-BH.

Die Hängematte begann sich zu bewegen. Und als unsere Körper lebendig wurden, verstärkte sich das Schwingen so lange, bis wir auf den feuchten Boden fielen und unsere Körper in einem weichen Bett aus Vegetation versanken.

Wir lagen Fleisch an Fleisch, völlig ineinander vertieft. Unser Liebesspiel war behutsam und doch leidenschaftlich. Jeder angespornt von der Intensität des anderen. Unsere Körper umschlangen einander im Rhythmus der Trommeln und wurden eins, während wir uns in rollenden Wogen bewegten.

Unser Atem ging schneller, unser Stöhnen wurde lauter, als unsere Körper sich in dem kühlenden Schlamm drehten und wanden. Immer schneller wurde Paulo, immer kraftvoller stieß er in mich hinein. »Ich komme! Ich komme!« schrie er laut, das Schweigen des Dschungels zerreißend. Ich konnte mich nicht mehr zurückhalten. Ich spürte, wie seine Explosion meinen Orgasmus in rascher Stakkatofolge zündete.

Erschöpft, verausgabt lagen wir da; unsere Körper glänzten von Schweiß und Schlamm. »Wir müssen zusammenbleiben«, sagte er, zum leidenschaftlichen Latino werdend. »Zwischen uns besteht etwas Besonderes.«

Ich löste mich aus seiner Umarmung; ich wußte, daß ich uns ernüchtern mußte. »Ich erwarte einen Fotografen aus Rio, und morgen brechen wir auf, zum *Projecto Jari*.« Ich wollte diese Worte nicht aussprechen. Ich wollte, daß unsere Gefühle die Realität torpedierten. Ich wollte bei diesem Künstler bleiben. Ich verstummte, erwartete, daß er einen Zauberstab schwang und den magischen Zauber zurückholte.

Statt jedoch ärgerlich zu werden, brach Paulo in brüllendes Gelächter aus. Wie konnte er lachen, wo ich mich ihm geöffnet hatte, ihn begehrte! Er fand das offenbar komisch. Es war ihm gleichgültig.

»Wir sind keine Schiffe, die sich nachts begegnen.« Er zog mich an sich. »Wir bleiben zusammen.«

»Aber ich muß fort, sowie der Fotograf ankommt.«

»Ich weiß.« Er lachte wieder. »Ich bin der Fotograf.«

Carol Conn

Der dreißigste Geburtstag

Als ich meinen Wagen vor dem hohen, schmiedeeisernen
Tor parke, wird mir ein bißchen schwach in den Knien.
Meine Finger zittern, während ich voll Nervosität noch
einmal die Einladung zu einer »Nacht zeitloser Phantasie«
durchlese. Dieser Abend mit zwei männlichen »Geishas« ist
ein ganz spezielles Geschenk meiner Freundin Sharon zum
dreißigsten Geburtstag – etwas, wie es das nur in Kalifornien gibt. Obwohl ich bemüht bin, in lässiger Haltung zur
Haustür zu gelangen, werden meine Schritte von einem
heftig klopfenden Herzen begleitet, das sich irgendwo in
meiner Kehle niedergelassen hat.

Wie versprochen, haben meine anonymen Gastgeber
einen Pfad von Kerzen hinterlassen, die mir flackernd den
Weg durch einen eleganten, doch überwucherten englischen Garten weisen. Ich mache halt, um die faszinierende
Szenerie zu genießen. Gleich hinter dem Garten ragt das
majestätische Profil des Mount Tamalpais empor. In Kas-
kaden wallt der Nebel an den Bergflanken herab, die in
diesen letzten Sekunden eines herrlichen Sonnenuntergangs in glühenden Tönen von Pink, Orange und Purpur
flammen. Irgendwie scheint dies ein passendes Omen für
einen dreißigsten Geburtstag und den vor mir liegenden
Abend zu sein. Was immer geschieht – es wird auf keinen
Fall eine gewöhnliche Feier sein.

Gleich hinter dem rustikalen Tor wirkt der Garten mit
blühenden Blumen in jeder nur erdenklichen Schattierung
wie eine Farbenexplosion. Zu meinen Füßen dunkelt sma-
ragdgrünes Moos, das jeden zerbröckelnden Ziegel des
alten, ausgetretenen Pfades umrahmt, im schwindenden

Licht zu reinem Purpur. Magnolien- und Geißblattblüten parfümieren die leichte Brise.

Der Abend besitzt die Struktur eines kunstvoll gewebten Seidenteppichs. Der überdies ein fliegender Teppich sein muß, denn jeder tiefe Atemzug lindert die Ängste, bis mein Geist, wie von den sanften Böen getragen, frei und leicht dahinschwebt. Der Wind bewegt mein Kleid, der meine Schenkel streichelnde Stoff löst ein unwillkürliches Erschauern aus. Schwelende Funken werden von neuem entzündet, beginnen wieder an meiner Wirbelsäule auf und ab zu schießen. Der fliegende Teppich trägt mich zu einem kürzlichen Erlebnis zurück. Vor knapp einer Stunde war ich eine sexuelle Surferin, die mit Hilfe der dampfenden Lippen und unermüdlichen Zunge meines Liebhabers endlos auf einer köstlichen Woge der Lust dahinritt. Der noch anhaltende Schwung reizt meinen Schoß, und ein Tropfen erinnerter Leidenschaft sickert heraus.

Der plötzliche Flug von Fledermäusen über mir reißt mich aus meinen Sonnenuntergangsträumen, und ich gehe weiter auf ein Haus zu, das in jeder Hinsicht so malerisch und rustikal ist wie dieser Garten. Der silberne Klang der Türglocke genügt, um meine eben erworbene Gelassenheit in die erwartungsvolle Unsicherheit einer zum Opfer erkorenen Jungfrau zu verwandeln.

Die geöffnete Haustür gibt den Blick frei auf einen Raum voll brennender Kerzen, deren Licht die beiden in kurze Kimonos gehüllten Männer zu dunklen Silhouetten werden läßt.

»Hallo, Geburtstagskind!« begrüßen sie mich gedämpft.

Ich trete ein, voll zurückhaltender Abwehr gegen ihre durchdringenden Blicke. Dann erinnere ich mich an Fausto, meinen Liebhaber, und seine unausgesprochene Eifersucht, als ihm klar wurde, daß ich für diesen Abend andere Pläne hatte. Nachdem unser Verhältnis so ist, wie es ist –

das heißt, keine Forderungen, keine Verpflichtungen –, hatte er nicht das Recht, mich zu fragen, warum ich den Abend meines dreißigsten Geburtstags nicht mit ihm verbringen wollte. Doch das selbstgefällige Funkeln in seinem Blick, als er meine Wohnung verließ, verriet mir, daß er so eine Ahnung hatte, was ich am Abend treiben würde.

Was er mir damit sagen wollte, war eindeutig. Ganz gleich, was ich heute abend mit einem anderen Mann erleben sollte (nicht einer, mein Liebling, zwei!), Faustos erotische Präsenz würde nicht hundertprozentig zu ersetzen sein. Seine romantische Leidenschaft bewegt mich innerlich, löst eine neu gefunde Kraftreserve aus einem bisher unentdeckten Vorrat aus.

Ich hebe den Kopf und ergreife mit majestätischer Haltung das Regiment über die beiden Geishas. Heute abend bin ich eine Göttin, die sich ihrer Macht bewußt ist, während zwei Priester mich mit allen Riten und Fanfaren uralter heidnischer Religionen anbeten werden.

Meine göttlichen Gewänder? Hauchdünne schwarze Strümpfe, die, an einem schwarzroten Strumpfhaltergürtel befestigt, meine Schenkel umspannen. Ein schwarzes Seidenhöschen, inzwischen feucht vor Erwartung, das sich unter einem lose sitzenden Kleid im Stil der dreißiger Jahre an meinen Körper schmiegt. Das Kleid hat einen tiefen Ausschnitt und ist vorn sowie an den Seiten geschlitzt. Die sinnlich wirkende schwarze Kunstseide bildet einen dramatischen Hintergrund für die überall aufgestickten roten Lippen. Der Zauber des Abends scheint diese Lippen lebendig zu machen: Aufreizend schimmern und tanzen sie im Kerzenlicht. Angemessene Gewänder für diese beiden Sterblichen, deren Blicke nun, als jeder von ihnen eine meiner Hände an die Lippen führt, nur noch reine Bewunderung ausdrücken.

Ich sehe zu, wie sie meine Finger mit forcierter Verliebtheit küssen, und dann dämmert mir etwas. Meine Macht ist abhängig davon, wie sehr ich diese Männer aus dem Gleichgewicht zu bringen, wie gut ich mehrere Kräfte gegeneinander auszuspielen vermag. Unbewußt habe ich meinen ersten Schachzug bereits getan, indem ich zuvor einen anderen Mann geliebt habe.

Sanft entziehe ich ihnen meine Hände und gehe zur Bar, wo in einem Eiskübel eine Flasche Champagner steht. Ich halte inne, erwarte von ihnen, daß sie mir alle Wünsche von den Augen ablesen und sofort erfüllen. Ich habe nicht die Absicht, mich selbst auf einen Barhocker zu hieven. Und wie durch einen Tritt in Gang gesetzt, eilen sie beide herüber, um mir auf meinen »Thron« zu helfen. Erst dann werde ich mir der langweiligen Klänge aus der Stereo-Anlage bewußt. Die Musik ist absolut ungeeignet.

»Gentlemen, ich bin für Jazz gekleidet. Gebt mir bitte Charlie Parker oder Billie Holiday.«

Dies löst abermals hektischen Eifer aus, fördert jedoch eines von Birds Alben zutage. Zum Glück ist Lady Day im Haus, und meine Geishas verlieren nicht das Gesicht. Bald füllt ihr süßer, melancholischer Gesang das Zimmer. Meine Gastgeber seufzen erleichtert, als ich mich entspanne und endlich beginne, ein Glas Champagner, etwas schwarzes, gummiartiges Hasch und die ganze gegenwärtige Situation zu genießen.

Jetzt ist es an mir, die Geishas zu taxieren. Alexander ist ein hochgewachsener, blonder Beach-Boy-Typ um die Dreißig, muskulös, aber schlank, mit aufregenden, langen Beinen. Jeremy ist ein etwa vierzigjähriger, etwas kurz geratener dunkler Künstler mit einem fast finsteren Aussehen. Er hat ein kleines Bäuchlein und drahtiges Brusthaar, das sich um das Revers seines Kimonos kraust. Beide erwidern meine musternden Blicke anerkennend und mit einer Sinnlichkeit, die mir weit eher zu einem B-Film als zu einer Geburtstagsparty zu passen scheint. Ich lache, weil ich high genug bin, um fest überzeugt zu sein, daß ihr Dialog kitschig genug sein wird, um aus dem Drehbuch stammen zu können.

»O Lady«, seufzt Alexander wie auf ein Stichwort, »du bist wahrhaft schön! Du bist fleischgewordene Phantasie: Eine bezaubernde Fremde ist zu einem Abend erlesener Vergnügungen erschienen. Ein Geschenk der Götter.«

Tor! Ich bin eine Göttin. Champagner und Hasch jedoch führen mich aus dem Tempel zu einer weniger weihevollen Stätte. Billie Holiday singt noch immer den Blues, so daß ich mir vorkomme wie eine tragische, erotische, gindurchtränkte Mama in einer schäbigen Bar der dreißiger Jahre mit zwei gehorsamen Sklaven. Gleich darauf massiert mir Jeremy Hals und Schultern; dabei streifen seine Fingerspitzen hauchzart meine Brustwarzen, die sich daraufhin steil aufrichten.

Alexander teilt meine Beine und streichelt jeden Schenkel mit seinen herrlich sensiblen Lippen. Durch das Seidenhöschen hindurch beginnt er mit seiner Zauberzunge meine Klitoris zu reizen. Ich treibe dahin auf dem fliegenden Teppich, von den köstlichen, durch Alexanders Zunge ausgelösten Empfindungen höher und immer höher hinaufgetragen.

Ich schließe die Augen und sitze in Gedanken wieder auf dem Sofa in meinem Wohnzimmer, wo ich zusehe, wie Fausto, mein Liebhaber, mit beiden Händen meine Schenkel packt, während er sein Gesicht in meinem Schoß vergräbt. Seine karamelfarbene Haut schimmert seidig, duftet schwach nach Eukalyptusbäumen und süßer Meeresluft. Er brummt, als ich mich vor Wonne winde. Mein Körper steht in Flammen, während ich hin und her treibe, zwischen Fausto und diesen beiden mich bewundernden Liebhabern.

Wieder bin ich die Göttin dieses Geburtstagstempels.

Die Göttin weiß, daß jene Männer, die Frauen am besten zu lieben und zu schätzen wissen, gern ihr Gesicht in den Säften ihres Schoßes baden. Und diese hingebungsvollen Priester beten meine Pussy an. Sie genießen mich als exquisite Geschmackserfahrung, ebenso hoch anzusetzen wie alter Cognac oder Beluga-Kaviar. Das schwach moschusduftende Parfüm meines Leibes ist ein hochgradiges Aphrodisiakum, und mich zu trinken versetzt sie in den Garten Eden zurück. Sie möchten in dieses Paradies zurückkriechen, können aber nur eine Zunge, einen Finger, einen Schwanz hineinschieben, aber auch das schon verheißt ihnen einen Augenblick Flucht vor der Welt.

Diese Befriedigung und Errettung der beiden Geishas entspringt ausschließlich meinem intensiven Genuß. Und es ist mir verdammt egal, wie lange es dauert. Wenn ich ihnen meinen Orgasmus vorenthalte, werden sie sich nur um so heftiger bemühen. Ich halte mich zurück und lasse die Spannung wachsen. Schließlich sind diese Sterblichen hier, mir zu gehorchen. Wenn einer von ihnen müde wird ... nun, dann ist da immer noch der andere.

Jawohl, Billie Holiday persönlich hätte dieses so intensive Liebesspiel gebilligt. Also versuche ich den Moment hinauszuzögern und klammere mich an den seidigen Strang der Ekstase, ständig auf einem erotischen Hochseil balancierend, bis ich in einen tiefen Orgasmus falle. Ich bleibe so stumm wie möglich, während Arm-, Bauch-, Waden- und Schenkelmuskeln in unterschiedlichem Rhythmus zucken, bis sie schließlich im Takt pulsieren.

Als die inneren Explosionen schließlich nachlassen, treibe ich langsam ins Zimmer zurück und spüre, wie mein Körper wieder fest wird. Da bin ich, liege praktisch auf einem Barhocker und habe die Beine über Alexanders Schulter gelegt, während er dicht vor mir kniet. Mit ungeheurer Befriedigung blickt er von seinem Platz zwischen meinen Beinen zu mir auf. Abermals vergräbt er sein Gesicht, kommt glänzend hoch, um Luft zu schnappen, und legt seine glattrasierte Wange an meinen Schenkel. Jetzt erst merke ich, daß Jeremy mir, die ich nahezu horizontal liege, Kopf und Rücken stützt.

Billie Holiday singt noch immer, mein Kleid ist bis zum Bauch hochgerutscht, das Höschen auf den oberen Rand der Strümpfe runtergezogen. Jeremy hilft mir in sitzende Stellung auf, und ich glätte lässig Kleidung und Haar. Ich leere mein Champagnerglas und sehe die beiden ausdruckslos an. Ihr verzweifelter Wunsch zu erfahren, ob ich zufrieden bin, ist so eindeutig! Ich lasse sie im ungewissen.

Ich greife zur Pfeife, lächele lieb und flüstere: »Noch etwas Hasch, bitte.«

Kaum vermag ich das Lachen zu unterdrücken, als sie geschäftig an die Erfüllung meines Wunsches gehen. Dies alles ist so herrlich absurd! Meine Freundinnen müßten Logenplätze für die Vorstellung haben. Ich wünschte, sie könnten zusehen, wie Alexanders geschickte Hände an meinen Beinen auf und ab gleiten und er behutsam an jedem Fuß knabbert.

Jeremy versucht mir nasse, leidenschaftliche Küsse zu geben, aber ich wende mich ab. Ich spüre den Stachel der Zurückweisung, doch Musik, Drogen und meine sich manifestierende Macht schließen jegliches Mitleid aus. Außerdem finde ich ihn im Vergleich zu Alexanders leichter Hand aufdringlich und ungeschickt. Jeremy muß sich damit begnügen, meine linke Hand zu streicheln.

Das nächste Glas Champagner wird in einem Schaumbad getrunken. Alexander trägt mich in ein von Kerzen beleuchtetes Badezimmer und zieht mir liebevoll das wenige aus, was von meiner ursprünglichen Bekleidung noch übrig ist. Seine Hände und sein Mund sind ganz und gar auf ihre Aufgabe eingestellt. Sanft wäscht er mir Beine und Füße, bedeckt jeden Fuß mit zahllosen Küssen. Alexander scheint sich vollkommen damit zu begnügen, meine Phantasievorstellungen nachzuspielen, und ich lasse es höchst zufrieden geschehen.

Inmitten des verschwimmenden Kerzenlichts vor dem Hintergrund der Badezimmerkacheln serviert er mir abermals Hasch und Champagner. Als ich aus dem himmlischen Schaumbad auftauche, wickelt er mich zärtlich in riesige Badetücher und bringt einen lila Seidenkimono für mich zum Vorschein.

Offenbar kleiden wir uns zum Dinner an.

Alexander nimmt mich auf die Arme und kehrt mit mir ins Wohnzimmer zurück. Gemeinsam kuscheln wir uns auf eine bequeme Chaiselongue. Er setzt seine Beinmassage fort, während ich bete, er möge nie aufhören. Welch ein Segen: hochgebracht, wieder heruntergeholt, und alles, ohne eine Gegenleistung erbringen zu müssen! Einen Abend lang absolut selbstsüchtig und keinerlei Wiedergutmachung. Ein breites Grinsen verzieht mein Gesicht, als Jeremy Speisen hereinbringt und auf dem Eßtisch am anderen Ende des Zimmers abstellt. Wir setzen uns zu einer recht seltsamen Familienmahlzeit. Meine Geishas berühren kaum ihre Teller, sondern starren mich mit derselben Leidenschaft an, die ich der geeisten, leicht mit frischem Dill und Minze gewürzten Gurkensuppe zuteil werden lasse. Der saubere Geschmack der von süßem Yoghurt gemilderten, von Jeremy zubereiteten Gurken verführt meine Geschmacksknospen. Ich sehe ihn erleichtert aufseufzen und fühle mich wohler, während ich ihn und Alexander mit in Knoblauchbutter getauchten Artischockenblättern füttere. Alexander wird ganz wild, als ich ihm langsam ein zweites Blatt aus dem Mund ziehe; das sinnliche Scharren an seinen Zähnen, meint er, erinnert ihn an das Gefühl, das er hatte,

223

als er sich kurz nach meiner Ankunft zwischen meinen Beinen vergrub.

Das Spannungsfeld baut sich weiter auf, als wir eine Lammkeule mit einer süß-scharfen Wacholdersauce verschlingen. Hingebungsvoll, mit an unser erstes Scharmützel dieses Abends erinnernder Intensität zerreißen wir das gebratene, zarte, saftige rosa Fleisch mit beiden Händen. Alexander küßt mir den meinen Arm hinablaufenden Fleischsaft von der Haut.

Beim Salat finden wir einigermaßen wieder zur Fassung zurück und kauen gelassen. Die milde Sauce und die knakkige Frische wirken ernüchternd wie ein Bad in einem kühlen Gebirgsbach. Der Salat reinigt nicht nur unseren Gaumen, er reinigt uns auch Körper und Geist und schafft Raum für das folgende Ereignis, den eigentlichen Anlaß dafür, daß ich dieser Soirée zugestimmt habe.

Eine Massage von zwei Männern gleichzeitig. Schon immer habe ich vier (oder mehr) Hände wohltuend, beruhigend an meinem Körper spüren wollen. Alexander geleitet mich in ein Schlafzimmer mit so vielen Kerzen, daß die vier Wände mir in meinem derzeitigen Zustand wie eine Milchstraße *en miniature* erscheinen. Französische Chansons schaffen eine etwas unheimliche Atmosphäre, als seien die Geister uralter Liebespaare zurückgekehrt, um das Bevorstehende zu beobachten. Vielleicht repräsentiert eine jede dieser winzigen Flammen die Seele eines großen, leidenschaftlichen Liebhabers. Bald schwebe ich in den Wolken, getragen von vier Händen, die geschickt sämtliche Spannungen lösen. So gerührt bin ich von der Zärtlichkeit und der Kunst meiner Geishas, daß es mir schwerfällt, meine Wonne zu verbergen.

Während Alexander mit der Massage fortfährt, erhält Jeremy nunmehr die langersehnte Chance, mich zu trinken. Trotz seiner Tolpatschigkeit weiß er die Hügel und Täler meines Schoßes mit technischem Geschick zu erkunden. Mein Körper spannt sich zu einer weiteren Explosion, diesmal jedoch ist die Göttin entschlossen, sie zu kaschieren. Jeremy wird niemals davon erfahren. Es ist eine hundertprozentig beherrschte Energie, als ich zum Höhepunkt komme – wie Feuerwerkskörper, die Funken versprühen, so lautlos wie fallender Schnee.

Jetzt bin ich verausgabt. Drei intensive Sitzungen an diesem Abend plus Massage reichen aus, mich schläfrig zu machen. Ich würde jetzt gern nach Hause gehen, doch Hasch, Wein und Champagner verbieten mir das Autofahren. Wie soll ich aufstehen, mich anziehen und mich von meinen Gastgebern verabschieden können? Viel zu mühsam! Also genieße ich weiterhin die Massage. Bin jedoch noch wach genug, um zu spüren, daß Alexanders Schwanz in mich eindringt.

»Halt!« Die erotische Spannung bricht, und zwei Erektionen werden schlaff wie bei einer Dusche mit eiskaltem Wasser. »Ich muß erst mein Pessar einsetzen!«

»Ist schon okay«, gibt Jeremy ein wenig überheblich zurück. »Wir sind Tantriker.«

Ungläubig starre ich ihn an.

»Wir werden nicht in dir kommen.«

Die Göttin mag auf diese Versicherung hereinfallen, nicht aber das Geburtstagskind aus Fleisch und Blut. Ich setze mein Pessar ein und mustere die beiden wartenden Geishas nachdenklich. Als ich fertig bin, fallen sie über mich her, ersticken meinen Körper mit zahllosen Küssen und langen, liebevollen Strichen der Zunge.

Aber der Bann ist gebrochen. Ich sehne mich nach den sanften, elektrisierenden Zärtlichkeiten, die ich so sehr brauche. Ich bin abgelenkt, als befinde sich eine weitere Person im Zimmer. Dieses Gefühl läßt mich erschauern, weil diese Präsenz gleichzeitig vertraut und fremd für mich ist.

Ich schließe die Augen und sehe Fausto, der sich über mich beugt. Seine Miene spricht von einer schmerzenden Mischung aus Eifersucht und Erregung. Er küßt mich heftig, und ich komme mir vor wie ein kalter, schlafender Vulkan, der plötzlich aktiv wird, ausbricht und flüssiges Feuer bis in meine Zehen hinabschickt. Mein Körper pocht und zuckt vor Verlangen. Fausto zieht sich ein wenig zurück, lächelt und streichelt mir übers Haar.

Ich werfe einen Blick auf Jeremy und Alexander, die mich wieder massieren und von Faustos Gegenwart nichts zu ahnen scheinen. Abermals schließe ich die Augen, und Fausto läßt mich noch weiter dahinschmelzen mit einem Kuß, der mir tief bis in den Unterleib dringt. Ganz flüssig bin ich und ganz empfangswillig. Er zieht sich zurück, genießt meine köstliche Agonie. Ich hebe den Kopf, will unbedingt seine Lippen halten.

Nicht aufhören, bitte!

Ein weiterer elektrisierender Kuß treibt mir das Wasser in die Augen, und ich beginne heftig zu keuchen. Sein Mund gleitet an meinem Hals hinab zu einem Fleck, den er einmal »die heiße Stelle« getauft hat. Das ist meine Achillesferse. Fausto ist der einzige Mann, der begreift, wie hilflos dieser Fleck mich macht: zur Sklavin seiner leidenschaftlichen Berührungen. Ganz behutsam beißt er mich um diesen Fleck herum, in einem sinnlichen, erregenden Tanz, der das Blut durch meine Adern rauschen, mein Herz hektisch hämmern und jeden Muskel unkontrolliert zucken läßt. Der Rhythmus seiner Lippen und Zähne an meinem Hals vereint sich mit dem von Alexanders Schwanz, der jetzt immer wieder in mich hineinstößt.

Mehr, mehr! Alles! Nur nicht aufhören!

Die Kombination des erotischen Fausto mit Alexander ist mehr, als ich ertragen kann. Der stete Rhythmus von Alexanders Schwanz, jetzt hoch und hinaus, dann wieder hinab und hinein – verbunden mit der Erinnerung an Faustos melodiöse Berührung und seine glühenden Küsse –, verwandelt mich in einen orgastischen Schmetterling. Jedes Stöhnen, jedes Aufkeuchen gleicht einem Flattern meiner Flügel, das mich höher und immer höher trägt, bis ich schließlich zwischen den Sternen dahingleite, angetrieben von anscheinend kosmischen Wellen. Schauer der Lust durchdringen jede Faser, jede Pore, jede Höhlung meines Körpers.

»Fausto!«

Sein Name hallt in meinen Gedanken wie ein Schrei und ein Gebet, als ich eine schmerzhafte Barriere durchbreche, die mich schlaff und schweißnaß zurückläßt.

Anonym

Und dann unterwerfe ich mich...

Ich ergriff die Gelegenheit, zu Andrés winzigem, weiß verputztem Häuschen zurückzukehren. Als ich vor seiner Tür stand und den Duft der Rosen roch, die sich an beiden Seiten hochrankten, erinnerte ich mich an unsere letzte Begegnung zwei Wochen zuvor. Im Morgengrauen war ich aus derselben Tür gerannt, in strömendem Regen, angstvoll und wütend. Er war plötzlich wütend auf mich gewesen aus Gründen, die ich kaum verstand. Ich wußte nur, daß es etwas mit seinem unstillbaren Hunger zu tun hatte. Der, da war ich sicher, mußte fast so alt sein wie er selbst. Oft hatte ich den wütenden Vierjährigen in ihm gesehen, der das Unmögliche verlangt. Ich hatte ihm gegeben, was ich konnte, und er hatte skrupellos alles genommen. Je sorgfältiger und genauer ich ihm Zärtlichkeiten und Zuneigung, Nachgiebigkeit und besondere Gunstbezeugungen erwiesen hatte, desto entflammter war sein Begehren geworden und desto strenger und grausamer seine Forderungen. Schließlich hatte er mich erschöpft, psychisch und physisch.

An jenem letzten Abend hatte ich mich ganz der Aufgabe hingegeben, seine exotischen Begierden mit den verschiedensten Genüssen zu befriedigen. Doch er war nicht befriedigt. Irgendein Dämon – ein verrücktes Licht – hatte sich in seinen Augen gezeigt. Diesen Blick hatte ich schon vorher an ihm gesehen, und er erschreckte mich. Immer war er einem seiner Wutausbrüche vorangegangen. Er hatte etwas an sich von verzweifelter Angst, eine Wildheit, die mir den Magen zusammenzog und meine Sinne alarmierte, auf alles gefaßt zu sein.

In dieser Nacht ließ sich der Dämon nicht beschwichtigen. Nachdem wir uns geliebt hatten, hatte ich André angefleht, mich schlafen zu lassen. Er wurde reizbar und verlangte, ich solle ihn noch einmal kommen lassen. Ich war vollkommen ausgepumpt und hatte nicht die Kraft, auch nur die Hand zu heben. »Bitte«, dachte ich, »laß heute nacht nicht den Dämon heraus, André.« Die Panik, die durch meinen Körper fuhr, gab mir neue Energie. Ich langte über seinen Rücken und streichelte ihn sanft. »Bitte, können wir nicht bis zum Morgen warten, Liebling?« bat ich. Meine Weigerung wirkte wie das Streichholz an einem Pulverfaß. Seine Wut schäumte auf, vernichtete alle zwischen uns verbliebene Zärtlichkeit. Ich sah, wie seine Arme sich anspannten und bogen, als er sich über mir auf die Knie erhob. Ich spürte die Gewalt nahen und erwog blitzschnell alle Fluchtmöglichkeiten. Ich war jetzt hellwach, wußte, daß ich rasch handeln mußte, wenn es soweit war. Ich wurde weich wie ein Kätzchen, um nicht von seinen harten Armmuskeln hilflos auf das Bett gepreßt zu werden; dann glitt ich mit so sanfter Präzision unter ihm hervor, daß ich schon Hose, Bluse und Schuhe angezogen, wenn auch nicht zugeknöpft hatte, ehe er mir folgte. Mit einem einzigen, lautlosen Satz war ich an der Tür und schlüpfte hinaus.

In strömendem Regen und mit bis zum Hals klopfendem Herzen rannte ich. Nicht aus Angst, von ihm verfolgt zu werden – er hatte monatelang in Drogen und Alkohol geschwelgt und war überhaupt nicht in der Lage, mich einzuholen. Ich wollte nur weit weg von dem Dämon in ihm. Ich rannte fast eine halbe Stunde, ehe ich die Stufen zu meiner eigenen Wohnung erreichte. In dem Augenblick, in dem ich die Tür öffnete, begann das Telefon zu klingeln. Ich wußte, wenn ich antwortete, würde er mich anflehen und darauf bestehen, daß ich zurückkäme. Ich ging zum Telefon, und da ich genau wußte, was ich wollte, hängte ich den Hörer aus. Nachdem ich den Apparat zum Schweigen gebracht hatte, stieg heftige Wut in mir auf. Ich biß die Zähne zusammen.

Nun stand ich in der Mittagssonne, bemerkte kaum eine Rose, die direkt neben der Türglocke hing, und überlegte einen Augenblick lang, ob ich einen Fehler machte. Ich war nicht mit der vernünftigen Erwartung irgendeiner Wiederannäherung gekommen, sondern aus einer primitiven Art von Sehnsucht. In zwei Wochen hatte ich es nicht geschafft, mein Begehren nach Andrés Zärtlichkeit und Leidenschaft loszuwerden. Er hatte mich intensiver aufgewühlt, als ich es je zuvor erlebt hatte. Mit einem einzigen Blick hatte er mich ganz erkannt. Seine Augen fanden die Mitte meines Seins; vielleicht konnte er tatsächlich die genetische Zusammensetzung meiner Körperzellen sehen. Ich war ein Fadenende, das er durch das Nadelöhr schob. Ein einziger Blick von ihm konnte mir sagen, ich solle ihm folgen, sprechen oder mich seinem Spiel anschließen. All seinen Befehlen und Wünschen hatte ich mit einer Bereitwilligkeit gehorcht, die von innen kam. Meine Gefügigkeit war nicht gewollt, sondern instinktiv. Ich war zurückgekommen wegen des außerordentlichen Genusses, mit einem anderen menschlichen Wesen so eng verbunden zu sein.

Als ich den Arm hob, um an der Tür zu läuten, spürte ich eine prickelnde Erregung, eine Mischung aus Begehren und Gefahr. Nach ein paar Augenblicken öffnete ich langsam die Tür. André stand wortlos, regungslos, seine braunen Augen sahen mich sanft an. Ich war dankbar für eine weitere Gelegenheit, seine körperliche Schönheit zu genießen. Sein braunes Haar war lockig, aber nicht zu sehr. Jede Mutter wäre vernarrt in ihn gewesen (und er hatte eine Menge Ersatzmütter). Seine Proportionen schienen meine eigenen vollkommen zu ergänzen. Nur war er zehn Zentimeter größer als ich. Wir paßten zusammen wie zwei Stücke nassen Tons.

Er schien darauf zu warten, daß ich sagte, warum ich da war. Daß er mich nicht hereinbat, erfüllte mich mit leisem Unbehagen. »Darf ich hereinkommen?« fragte ich. Er trat zur Seite, noch immer schweigend; ich überschritt die Schwelle. Ich sehnte mich nach der Willkommensumarmung, an die ich mich gewöhnt hatte. Wenn er nur die Arme um mich werfen und mich direkt zum Bett führen würde! Ich fühlte mich noch verlegener, aus dem Gleichgewicht gebracht. Wir standen ein paar Augenblicke lang in heikler Entfernung voneinander. Er schien den Abstand zwischen uns mit den Augen zu kontrollieren. Ich war wie festgewurzelt. In seinen Augen suchte ich nach einem Zeichen, daß er sich freute, mich zu sehen, fand jedoch keinen Hinweis. Sein Blick blieb sanft, aber undurchdringlich. Ich schluckte meinen Stolz herunter und streckte die Arme aus, um ihn zu umarmen. Mechanisch erwiderte er die Umarmung. Plötzlich fühlte ich mich steif und automatisch wie eine Puppe, deren Glieder sich auf einer einzigen Achse vorwärts und rückwärts bewegen. »Es ist wirklich vorbei«, dachte ich, »er hat mir nichts zu geben.« Ich suchte nach Zauberworten, die alles besser machen würden, so, wie es gewesen war. Nichts kam. Meine Kehle war wie zugeschnürt. Vielleicht könnte ich sagen »es tut mir leid«? Aber was tat mir leid? Da stand ich, stumm, sah ihm sehnsüchtig in die Augen wie ein ergebener Hund. Er erwiderte meinen Blick distanziert und undurchdringlich. Ich fragte mich, wie er so mühelos gefaßt bleiben konnte. Dann, langsam, erloschen alle Antriebe in mir. Mein Körper entspannte sich, ich stand vollkommen still, hatte nichts mehr zu sagen. Genau in diesem Augenblick nahm er meine Hand und befahl mir mit einem Blick, vorwärts zu gehen. Wir bewegten uns durch sein graues Vorderzimmer in sein Schlafzimmer. Auf einmal fühlte ich mich winzig und weich, wie eine kindliche Prinzessin. Eine Lust füllte mich, wie ich sie vor langer Zeit am Weihnachtsmorgen empfunden hatte, wenn ich mich dem Baum und den bunten Päckchen näherte, auf denen mein Name stand. Dankbarkeit wallte in mir auf, weil mir vergeben worden war – wenn ich auch nicht wußte, was.

Sein Bett war nicht gemacht, wie üblich. Schräge Sonnenstrahlen fielen über die leicht ergrauten Laken. Er legte von hinten seine Hände auf meine Schultern und drehte mich zu sich um. Er hielt mich auf Armeslänge von sich weg, legte seine Hände in meine Taille und sah mich mit einem Blick an, der sagte« »Du bist für mich da«, mit der vollkommenen Sicherheit, ein Recht auf meine Gunst zu haben. Ich begann zu schmelzen wie Butter. Ich hörte meine innere Stimme sagen: »Ja, für dich allein bin ich da.« Ich stand still und wußte, er konnte mich nach seinem Wunsch formen. Er knöpfte meine Bluse auf. Eine Welle spielerischer, katzenhafter Impulse stieg mir in die Beine, stieg höher, durchflutete meinen ganzen Körper. Ich zog sein Hemd aus seiner Hose und streifte es über seine wohlgeformten Arme herunter. Ich öffnete seine Hose und bückte mich, um sie ihm auszuziehen, ich fühlte mich verwundbar, als ich meinen nackten Po nach hinten streckte. Der Anblick seines Penis, der steif und leicht gebogen war, erregte mich. Mit geübter Leichtigkeit stieg er aus seiner Hose; ich nahm sein Glied in die Hand und streichelte es, bestaunte seine weiche Glätte.

Wieder nahm er meine Hand in seine und zog mich hoch. Wir gingen zu dem schmalen Bett, zogen die Laken glatt und schlüpften hinein. Die Decke wäre nicht nötig gewesen; unsere Körper paßten so genau zusammen, daß für kalte Luft kein Zentimeter Platz zwischen uns war. So umarmten wir uns; unsere Nasen berührten sich beinahe; wir sahen einander in die Augen. Lust erfüllte mich wie warmer Dunst. Alle Oberflächen meines Körpers schmolzen, als wir uns vereinigten. Wir waren größer als der Raum, in dem wir uns befanden – ein zeitloses Universum.

Der Akt war weich wie Samt und hart wie die Endgültigkeit. Er modellierte mich zu einem Dutzend verschiedener Formen – gebogen, flach, aufrecht, diagonal gebeugt. Er stieß meine Schenkel nach hinten hoch über meinen Kopf, bis ich dachte, er würde mich zerreißen. Seine Stöße waren gleichzeitig heiß und kalt. Ich preßte und kniff meine Finger in sein Fleisch und biß mit den Zähnen so tief in seine Schulter, wie ich es wagte, ohne ihn zum Bluten zu bringen. Zerfließend prallte ich an seiner Festigkeit ab, schwankte und war doch fest verankert mit seinem steifen Glied. Nur zu bald begann eine dünne Schweißschicht meinen Körper zu bedecken. Weich und angespannt zugleich fühlte ich, daß all meine Körperzellen unter der Spannung des Augenblicks bersten würden. André spürte, daß ich es fast nicht mehr länger aushalten konnte, und sprach mit bestimmter, sicherer Stimme. Sie hatte einen dunklen, bedrohlichen Unterton, der meine Haut prickeln ließ. »Komm jetzt!« befahl er. Und mein Orgasmus kam wie die dicken Tropfen tropischen Regens, sammelte sich zum tosenden Wasserfall und verebbte schließlich in ruhigem Wasser, in dem sich der Himmel spiegelt. Er ließ mich ein paar Augenblicke lang ruhig liegen. Mein inneres Auge schwamm durch tiefe, grüne Teiche, über ihren weißen Schaum und in den Nebel, der unter den Sonnenstrahlen aufstieg. Dann fühlte ich, daß seine Hand sich auf meinem feuchten Bauch nach unten bewegte zu meiner behaarten Öffnung. Er stieß die Finger in den schlüpfrigen Spalt und rieb fest und rhythmisch. Ein Ruck durchlief mein Rückgrat wie ein Schuß, fesselte mich für einen Augenblick in hilfloser Gespanntheit. Ich bog den Rücken durch, als die Ladung sich von meiner Wirbelsäule aus in alle Richtungen verbreitete. Er zog seine Finger so schnell heraus, wie er sie hineingestoßen hatte, faßte mich bei den Hüften und drehte mich um. Kaum war ich auf den Bauch gerollt, zog er mich auf die Knie hoch. Er glitt unter mir hindurch, legte sich auf den Bauch und sagte: »Fick mich.« Meine Knochen waren wieder lebendig geworden. Sie bewegten sich in meiner Haut. Auf seinem Rücken hockend, umfaßte ich ihn fest und preßte seine Beine mit meinen Schenkeln zusammen. Dann drückte ich meine Brüste gegen ihn und begann, mit meinem Becken über seinen Hinterbacken stoßende Bewegungen zu vollführen, heiß wie der Sand an einem sonnenglühenden Strand. Wieder und wieder stieß ich in die abfedernde Nachgiebigkeit seiner Hinterbacken. Eine physische Kraft nahm in meinem Becken Gestalt an, drängte nach außen, in seinen Hintern: Selbst ohne Schwanz wußte ich, daß ich ihn in den Arsch fickte. Ich beschleunigte mein Tempo, fühlte mich mit jedem Stoß lebendiger. Ich drang mit der ganzen, konzentrierten Kraft meines Seins in ihn ein. Beide begannen wir im Gleichklang zu stöhnen mit einer Spontaneität, die jeden Augenblick zu einer Entdeckung machte. Meine Hüften waren flüssig wie Quecksilber. Bald konnte ich meine Erregung nicht länger beherrschen. Tränen und Lachen brachen mir aus allen Poren. Schwach fiel ich neben ihm zusammen. André, noch immer wachsam vor Begehren, befahl mir erneut: »Fick mich!« Ich stützte mich auf einen Ellbogen und griff nach einen Topf Vaseline auf dem Boden neben dem Bett. Ich öffnete ihn und steckte die Hand in das kühle, klebrige Gel. Um ihn zu entwaffnen, streichelte ich mit der anderen Hand, zärtlich wie eine Mutter, seine Brauen und Wangen. Dann berührte meine andere Hand seinen Hintern. Rasch fand mein Finger die Öffnung und drang ein. André stieß einen kleinen Schrei von Lust und Angst aus und kniff den After fest zusammen. Er war so stark und heiß wie eine Vagina. Ich stieß fester. Langsam öffnete er sich. Während ich den Finger hineinschob, öffnete er sich und zog sich zusammen, öffnete sich und zog sich zusammen. Er hob das Becken an, damit ich tiefer eindringen konnte. Als er seine Anspannung lockerte, schob ich einen zweiten Finger hinein und öffnete ihn noch weiter. Dann einen dritten und vierten. Er wand sich und stöhnte; seine Bewegungen beschleunigten sich. Ich wußte, daß der Augenblick nahe war, zog meine Finger heraus und drehte ihn auf die Seite. Ich glitt unter ihn und zog ihn eng an mich. Sein Körper war schwer vor Hingabe. Als er in mich eingedrungen war, stieß er langsam und kraftvoll zu. Es strömte sein Samen in mich. Weiche Helligkeit zuckte über sein Gesicht; seine Stimme kam von tief innen, hoch und hilflos. Wir sanken auf die Matratze und hielten einander in süßer, benommener Umarmung.

Unser halbbewußtes Dämmern schien endlos. Im ruhigen, zärtlichen Schutz unserer Arme waren wir Kinder ohne Angst, ohne Erinnerung, heil und neu.

Wir zogen uns wortlos an. Wieder nahm André mich bei der Hand und führte mich langsam zur Tür. Wir tauschten einen letzten, leidenschaftlichen Kuß, und ich trat durch die Tür ins Sonnenlicht.

Jacquie Robb

Zeit des Wachstums

Liebe Nina,

*ich vermisse Dich! Da die Wochen vergehen und Deine
Briefe nur äußerliche, oberflächliche Eindrücke Deines Le-
bens enthalten, bin ich frustriert; mir fehlt der besondere
Kontakt, den wir miteinander hatten. Ich hoffe, daß Deine
Idee, fortzugehen, gewirkt hat und daß Du und Frank
einander nahe seid. Wie geht es mit Euch? Du kennst meine
Gefühle zu diesem Punkt, aber trotzdem hoffe ich, daß Du
bekommst, was Du wolltest.*

*Weißt Du noch, wie wir am Tag vor Deiner Abreise zu
unserem »Denkfelsen« gingen? Es war windig, und die
Wellen in der Bucht hatten weiße Schaumkronen. Du sagtest
mir, diese Reise sei der letzte Versuch, die Sache mit Frank
ins reine zu bringen. Du klangst so resigniert, daß ich hätte
weinen können, selbst als ich Dich tröstete. Wir saßen da,
berührten uns nicht, ließen das Tosen der Flut durch uns
hindurchziehen und uns von der Sonne wärmen. Die Ruhe,
die mich an dieser Stelle immer überkommt, stellte sich
schließlich ein, aber trotzdem machte ich mir Sorgen.*

*Ich habe eine Weile gebraucht, um herauszufinden, war-
um ich mich gleichzeitig friedvoll und unbehaust fühlte. Es
lag daran, daß ich nicht vollkommen ehrlich zu Dir oder zu
mir selbst war. Manchmal bin ich so langsam! Ja, ich wollte
Dich trösten; natürlich wünschte ich Dir das Beste. Gleichzeitig wollte ich Dir aber auch sagen, Du solltest nicht
weggehen. Wenn Du und Frank hier nicht miteinander zurechtkommen, warum glaubst Du dann, die Rückkehr nach
der Stadt werde das bewirken?*

Nun, Dein Weggang hat mir geholfen, vielleicht sogar

Deiner Ehe. Geholfen, meine Gefühle zu klären; offen zu sein, selbst in einem Brief, selbst wenn diese Offenheit bestürzend ist, ist sie besser, als mir selbst gegenüber unehrlich zu sein. Wenn Du zurückkommst... ah, wenn Du zurückkommst... Nina, wir kennen einander so lange, wie oft haben wir uns beieinander ausgeweint? Zusammen gelacht? Unsere Einsichten geteilt wie neue Spielsachen? Wie kann ich anders als Dich lieben?

Also – meine Gefühle für Dich sind gewachsen, meine Liebe, und sind nicht mehr platonisch. Ich habe mich in Dich verliebt. So, jetzt habe ich es gesagt. Ich hoffe, das ist besser, als Dich damit zu überfallen, wenn Du wieder zu Hause bist. Halte Deine Argumente bereit... oder breite Deine Arme aus. Mein Herz steht Dir in jedem Fall offen.

Werden wir uns wirklich erst in einem Monat wiedersehen? Ich kann nicht warten!

Alles Liebe,
Jackie

PS. Hab' keine Angst, komm einfach zurück. Ich verspreche Dir, daß es ungefährlich ist.

Zwei Wochen später hatte sie noch immer nicht geantwortet. Ich hätte mich selbst ohrfeigen können, weil ich diesen Brief geschrieben hatte, mich dafür ohrfeigen können, daß ich mich in eine richtige Frau verliebt hatte. Und noch dazu in meine beste Freundin! Ich befolgte nicht einmal mehr meine eigenen Ratschläge. Gute Freunde sind schwer zu finden, man muß die Freundschaft jahrelang pflegen. Warum all das wegwerfen, indem man sich verliebt? Wenn es nicht direkt abstößt, belastet es doch auf jeden Fall die Beziehung.

Nina verfolgte meine wenigen Liebesgeschichten aus sicherer Entfernung, genauso, wie ich Zeugin ihrer Ehe war. Sie teilte meine Freude und meinen Schmerz mit dem gleichen Schwung, den sie in ihre eigenen, stürmischen Beziehungen einbrachte. Sie hatte immer akzeptiert, daß ich lesbisch war; doch mir wurde mehr und mehr bewußt, daß Akzeptieren, Billigung und Verständnis jeweils von sehr unterschiedlichen Gefühlen begleitet waren.

Irgendwo im Hinterkopf wußte ich, daß unsere Beziehung selbst dieser Wendung der Ereignisse standhalten würde. Das bewahrte mich jedoch nicht vor mitternächtlichen Fragen, wenn ich im Obergeschoß in meinem Bett lag und im Mondlicht mit dem Finger die Muster der Decke nachzog: Habe ich sie abgeschreckt? Wird sie zu mir kommen? Wird sie alle ihre Abwehrmechanismen aufrichten? Wie kann ich sie davon überzeugen, daß es okay ist? Daß es okay ist, was auch immer geschieht?

Ich wusch Gemüse aus dem Garten. Meine Finger wurden kalt unter dem Strahl aus dem Wasserhahn. Die Sonne war noch immer warm, doch der Wind, der durch den Fliegendraht des Fensters kam, erinnerte mich an alle Unannehmlichkeiten des Herbstes. Es war beinahe Zeit für die ersten Abendnachrichten im Radio, als plötzlich Nina durch die Tür trat.

»Wunderfrau!« rief sie, ihr Lieblingsspitzname für mich. In einer Hand trug sie einen Strauß aus Habichtskraut und Goldrute.

Mein ganzer Körper erwärmte sich, als ich sie mit nassen Händen und nach Luft ringend mitsamt dem Strauß fest in die Arme nahm.

»Oh, Nina, willkommen zu Hause! Wann bist du angekommen?«

»Erst gestern. Ich wäre früher vorbeigekommen, aber ich mußte die Tiere versorgen ... auspacken ... na, du weißt schon.« Ihr gebräuntes Gesicht wirkte gesund und betonte ihr blondes, windzerzaustes Haar.

»Wie geht's Frank?« fragte ich; ich war so glücklich, sie wiederzusehen, daß ich ihr ihr langes Schweigen verzeihen und sogar auf einen Erfolg der Versöhnungsreise hoffen konnte, die uns getrennt hatte.

»Er ist noch geblieben. Oh, wie wunderbar alles aussieht. Ich bin so froh, zu Hause zu sein«, antwortete sie rasch.

»Du verläßt ihn also wirklich?« Ich war zu überrascht, um meine Erregung zu verbergen. Gleichzeitig riet mir meine innere Stimme, den Ausweg zu nehmen, den sie mir gelassen hatte.

Ihre blauen Augen wanderten in meiner Küche herum, schauten aus dem Fenster und über die Felder. »Oh, ich weiß nicht. Er besucht für ein paar Wochen seine Leute, und dann werden wir sehen.«

Was sehen? hätte ich gern gefragt, aber diesmal hielt ich mich zurück.

Ich füllte ein Glas mit Wasser für die Blumen und setzte den Teekessel auf. Wir ließen uns am Küchentisch nieder und waren bald wieder auf dem laufenden übereinander. Es sei gewiß nicht so wie hier, sagte sie. Frank hatte seine alten Schulfreunde, mit denen er sich zusammentun konnte, aber deren Frauen waren Vorstadtfrauen, die sich für Schulen, Malklassen und die neueste Promenade außerhalb der Stadt interessierten. Der Glanz, den ich so gut kannte, trat in ihre Augen, als sie mir in allen Einzelheiten eine Dinnerparty schilderte, bei der Frank in bester akademischer Manier die Freuden des Landlebens gepriesen hatte. Sie selbst hatte dabeigesessen und an die undurchdringliche Grasnarbe, an vernichtende Fröste, Kartoffelkäfer und den Frühlingsregen gedacht, der jedes Jahr den Zeitpunkt abzuwarten schien, an dem die Sprossen am empfindlichsten waren und nur durch jahrelang geübte Geschicklichkeit und Pflege gerettet werden konnten. Wir lachten, als wir uns an unsere ersten Enttäuschungen mit den Wundern des Akkerbaus erinnerten. Innerlich jedoch war ich beunruhigt, weil Nina noch immer Frank als Zielscheibe ihrer Scherze bevorzugte.

Gerade redete ich mir selbst ein, daß es gar nicht so übel war, Ninas Bosheit um den Preis meines Schweigens wiederzuhaben, als sie sagte:

»Aber ich habe dort trotzdem Freunde gefunden. Ein Paar.« Ihre großen Hände legten sich in ihren Schoß, als sei sie sich ihrer plötzlich bewußt geworden.

»Gut. Wer sind sie, und wie sind sie?«

»Sie sind Lesbierinnen, stell dir vor.«

»Oh.«

»Ich brauche dir wohl nicht zu sagen, daß ich eine Menge über dich erzählt habe.«

»Oh.«

»Ich habe ihnen viele Fragen gestellt, die Fragen, die ich dir nie stellen konnte, weil es mir zu peinlich war. Oder weil ich zu weit weg war.«

»Nina, hör' zu, ich –«

»Du bist meine beste Freundin, Jackie, das weißt du doch. Ich bin geschmeichelt wegen deiner Gefühle für mich. Verwirrt, aber geschmeichelt.«

»Nun, und was haben deine Freundinnen dir über mich gesagt?« Ich fühlte mich unversehens ertappt und war auf der Hut.

»Sie sagten, ich solle mit dir reden«, antwortete sie ruhig. Ich hielt ihr meine rauhe, schwielige Hand hin; sie zögerte nur einen Augenblick, ehe sie mir ihre gab. Wir sahen uns lange an, während es draußen allmählich dämmrig wurde. Sie sah verwirrt aus, und ich versuchte, ihren Blick mit all der Liebe und Unterstützung zu erwidern, die ich spürte.

Ich ersparte es ihr, diesen Augenblick als erste abbrechen zu müssen. »Hilfst du mir, das Abendessen zu kochen?« fragte ich freundlich.

Sie sah hinüber zum Spülbecken, wo die Nachmittagsarbeit noch unbeendet liegengeblieben war. »Aha, ich ahne einen Gemüseeintopf«, sagte sie lächelnd.

Ich ließ sie beim Brokkoli-Schneiden allein und ging zum Schuppen, um einen Armvoll Holz zu holen. Ich blickte nach Osten über die Bucht und in die aufsteigende Dunkelheit und atmete langsam und tief. Ich erinnerte mich wieder an die Verwirrung, die, wie ich gemeint hatte, ewig dauern würde, als ich mich selbst ungeduldig gefragt hatte, was ich eigentlich wollte; ich hatte noch nicht erkannt, daß die Männerarme, in denen ich Trost gesucht hatte, mich nicht so trösten konnten, wie ich es mir wünschte. Ich erinnerte mich an meine Überraschung, als ich mich zum erstenmal verliebt hatte. Aber natürlich! Wie einfach! Was ich möchte, ist eine Frau. Inzwischen haben Überraschung und Entzücken die Verwirrung abgelöst; aber ich vergaß nie die Verwirrung und Verletzung und wollte sie auch nicht vergessen.

Nina schien meine wiedergefundene Sicherheit zu spüren, als ich das Holz hereinbrachte und das Feuer im Kochherd anzuzünden begann.

»Vermutlich hat jede Frau, die ich kenne, schon mal daran gedacht, mit einer anderen Frau zu schlafen«, sagte sie und setzte damit ihren inneren Dialog laut fort. »Natürlich würden sie das ihren Männern oder Freunden nicht sagen. Ich weiß, daß ich meine emotionale Unterstützung von meinen Freundinnen bekomme. Ich glaube, das ist normal. Es ist einfach... nun ja...«

»Dann probier es doch!« Ich versuchte einen scherzenden Ton, der aber nicht gelang. Ein Schweigen folgte, das plötzlich anklagend und unbehaglich war.

»Schau, ich will dich nicht zu irgendwas überreden. Lassen wir es für eine Weile auf sich beruhen, einverstanden?« bat ich. Es tut mir leid, daß ich dir diesen Brief geschrieben habe, dachte ich. Das hier ist etwas, was niemand für dich in Ordnung bringen kann.

Ich füllte die Gemüse in einen Topf mit etwas Wasser und fing an, den Tisch zu decken. Wir warteten darauf, daß die Spannung sich lösen würde. Gott, wir kannten einander so gut. Wir seufzten im selben Moment und lächelten uns dämlich an.

»Gehen wir zur Landspitze.« Nina schien von ihrem eigenen Vorschlag überrascht.

»Gut.« Ich steckte ein paar Holzscheite in den Herd, stellte die Klappe richtig ein und schob den kochenden Eintopf auf einen kleinen Brenner.

»Es wird abends schon kalt draußen.« Ich griff nach einem Pullover.

»Wenn du den Winter nicht vertragen kannst, hast du den Sommer nicht verdient.« Ein alter Scherz. Die Harmonie war wiederhergestellt.

Wir schritten rasch aus, Nina voran auf dem Pfad durch die Dämmerung. Würde sie den Weg zum Denkfelsen einschlagen? Nein, sie ging weiter abwärts nach rechts, durch das Feld und in einen Hain au schütteren Pinien, die sich weit über die Bucht hinauslehnten und an das bißchen Erde klammerten, das nicht durch Sturm oder Erosion hinweggefegt worden war. Sie lief mir davon in ihrer Eile, ans Meer zu kommen, ganz ans Ende der Landspitze. Mir fiel ein, daß sie ja den Sommer im Landinnern verbracht hatte, fern vom Ozean, der so sehr ein Teil unseres Lebens war, und ich verlangsamte meinen Schritt; ich wollte ihr Raum geben, einen alten Freund zu begrüßen, und ich genoß es, ihre Silhouette vor dem Hintergrund von Bäumen, Felsen und Bucht zu betrachten.

Wir standen da, aufgehoben in Zeit und Raum, und sahen zu, wie sich am indigoblauen Horizont ein wachsbleicher Mond erhob. Hier waren keine Worte nötig. Ich liebte diese Frau ganz und gar. Ich wollte sie in keiner Weise verändern.

Schließlich drehte Nina sich um und kam zu mir zurück; ich wartete am Rand des Pinienhains. Sie legte ihre Hände auf meine Schultern und musterte mit ihren klaren, blauen Augen mein Gesicht. Ich hatte Schwierigkeiten, ihrer Intensität zu begegnen, nachdem ich gerade meine aufgewühlten Gefühle der nächtlichen Ruhe des Ozeans angeglichen hatte.

»Jackie, weißt du, daß ich dich liebe?«

»Ja, Nina, das weiß ich.«

»Wirst du mich lieben, o Frau der Wunder?«

Eine Pause, einen Atemzug lang; diesmal suche ich mit meinen ungestellten Fragen ihre Augen.

»Nina, du mußt nicht. Ich —«

»Ich möchte aber.«

»Ist es nicht bloß etwas, von dem man annimmt, es müßte passieren? Spontane Leidenschaft und all das? Ich will nicht, daß du dich dazu zwingst, weil du meinst, daß ich es möchte.«

»Ist das nicht eine romantische, heterosexistische Idee?« fragte sie scherzhaft.

»Nein, ist es nicht«, gab ich kurz zurück.

»Okay, okay, ich bin offen. Dann also als Experiment.«

»Ich bin kein Versuchskaninchen.«

Ich sah, wie sie mir die Gefühle an den Augen ablas, die ich nicht verbergen konnte. Dann, mit einem rätselhaften Lächeln, beugte sich Nina vor und küßte mich, versuchend, langsam. Und ich, verblüfft, doch dann mit einem reinen, angstvollen Freudensprung meines Herzens, nahm sie in die Arme. Mit kurzen, zärtlichen Küssen erforschten wir die Grenzen der Intimität. Ich beschrieb mit meiner Zunge einen Kreis um ihren Mund, während ihre Hände meinen Kopf streichelten, an meinem Rücken entlangfuhren. Ich suchte das Gesicht, das ich so gut kannte, doch es war mir verschlossen. Ich fragte kurz, ließ es dann auf sich beruhen.

Unsere Spannung war jetzt anders, dringlicher. Wir zitterten vor Erregung und Kälte, rieben einander die Arme, um uns zu wärmen und zu berühren, sahen zu, wie unser Atem Wölkchen bildete. Der Küstenschlamm, von der Ebbe freigelegt, sandte mir mit seinem beißenden Duft eine sexuelle Botschaft. Der Widerschein des Mondes auf dem Wasser schien unsere Verbindung zu billigen, unsere Umarmung mit einem Strahlenkranz zu umgeben. Die Arme umeinandergelegt, gingen wir langsam zum Haus zurück.

Die Wärme des Holzes besänftigte uns, als wir uns über der Herdhitze die Hände rieben. Selbst diese kurze Trennung war zu lang, und ich streckte die Arme aus, um sie an mich zu ziehen. Hand in Hand gingen wir die Treppe hinauf.

Die silbernen Mondstrahlen vermischten sich mit dem Glühen der Lampe. Der Spiegel auf dem Schreibtisch reflektierte unser Profile im Licht: Ich war nur wenig größer als Nina und hatte den gleichen, kräftigen Körperbau. Mein kurzes, braunes Haar kontrastierte zu ihrer blonden Mähne.

Meine Hand am obersten Knopf ihrer Flanellbluse brachte ihre Augen rasch zu meinen zurück.

»Du bist schön«, sagte ich und beugte mich vor, um das zu küssen, was jeder geöffnete Knopf enthüllte. Zärtlich strich ich ihr das Haar aus dem Gesicht und streifte ihr die Bluse von den Schultern. Ich ließ meine Hände über ihren nackten Rücken und ihre Taille wandern.

Sie strich mit den Händen an meinen Seiten hoch; ich hob die Arme und war bald von meinem Rollkragenpullover befreit. Wir umarmten uns, Brust gegen Brust, Bauch gegen Bauch. Wir atmeten die Weichheit von Haut, betont durch unsere rauhen Jeans.

»Deine Brüste sind vollkommen.« Sie hatte ihre Hände darumgelegt.

»Ich mag deine.« Ich umkreiste mit den Handflächen ihre Brustwarzen. Sie waren kleiner und runder als meine, mit blassem, fast weißem Flaum dazwischen.

Meine Finger bewegten sich abwärts zu ihrer Taille und öffneten die Knöpfe ihrer Jeans. Ich drückte ihre Hüften an mich, preßte ihr Becken an meines. Langsam kniete ich nieder und zog die Hose an ihren Beinen herunter, küßte ihre Schenkel, ihre Knie, ihre Waden.

Sie setzte sich aufs Bett, um ihre Schuhe auszuziehen, und warf mit einer einzigen, raschen Bewegung Jeans und Strümpfe von sich.

Ich stand vor ihr, sah herunter auf ihre zwischen meinen Beinen kauernde Gestalt. Sie hob den Kopf, um meinem Blick zu begegnen, öffnete schweigend den Reißverschluß meiner Hose und küßte meinen Bauch. Ich beugte mich ihr entgegen, den Rücken durchbiegend. Ihre Finger beschrieben Kreise um mein vorgeschobenes Becken. Die Stille, die uns umgab, war nur von unserem flachen Atem unterbrochen.

Mit den Händen auf ihren Schultern drückte ich sie sanft aufs Bett zurück. Nina hob fragend die Augenbrauen und lachte nervös. Neben ihr liegend, streichelte ich ihre Wange, ihre Brauen, liebkosend und tröstend, bis ihre Augen sich schlossen und ihre Züge sich glätteten. Das flackernde Licht der Lampe spielte auf ihrem Gesicht, tanzte über unsere Köpfe. Ich zog sie an mich, küßte ihre Wangen, ihre Nase, ihre Ohren, bis unsere Lippen sich trafen. Sanft, dann mit wachsender Leidenschaft, hielten wir uns umarmt und wiegten uns hin und her. Das Summen der Leidenschaft wurde tief in mir zu Stöhnen, zu Ächzen.

Ganz und vollständig in unserem Wissen und in uns selbst, begannen wir die uralte Zeremonie. Ich legte mich auf sie, streifte ihre Lippen mit einem leichten Kuß. Mein Knie schob ich zwischen ihre Beine, ich bog mich über ihr zusammen. Ein Wimmern entfuhr Nina, als meine Lippen ihre Brustwarze fanden, Nahrung, Feuer, Lebensenergie saugten.

Meine Hände erforschten die Kurven ihres Körpers, die Glätte der straffen Haut über den Rippen. Ich streichelte die Weichheit ihres Bauches, jedes Streicheln ein Brausebad, jede Umdrehung fester, niedriger, tiefer; ihr Stöhnen wurde zu einem dünnen Keuchen, als meine Finger zuerst ihren Schamhügel bürsteten, umkreisten und dann sanft hielten. Ich lag still wie eine Hirschkuh am Waldrand und verlängerte die erste Fingerberührung. Meinen Kopf auf ihrer Brust, umschloß sie mich mit ihren Beinen. Die Hitze ihres Blutes, unser gemeinsam schneller werdender Puls bewegten meine Finger, und der Rhythmus beschleunigte sich.

Mein Mund, nicht länger mit Küssen zufrieden, suchte ihre anderen Lippen. Ihre Glieder schienen gewichtslos, als sie mich mit zurückgeworfenem Kopf und gebogenem Rücken willkommenhieß. Sanft berührte ich ihre feuchte, zitternde Vulva; langsam drang ich in ihre Falten ein. Meine Zunge glitt durch ihre weiche Öffnung und umkreiste ihre sich aufrichtende, vor Leidenschaft pulsierende Klitoris. Meine Fingerspitzen streichelten ihr Gesäß.

Wieder hielten wir inne, aber nicht, um uns auszuruhen; wir waren zu weit gekommen, um von Müdigkeit eingeholt zu werden. Unsere Herzen klopften; sie sah mich einen Augenblick lang wild und ungläubig an. Ich griff in ihren Schoß, und Hitze flutete heraus, als sie sich öffnete, um mich zu empfangen. Meine Zunge ging nun eigene Wege; sie flatterte, kostete, verweilte, leckte, saugte ihre Säfte, bis die Schreie durch sie, durch mich, durch das ganze Universum unserer von süßem Schweiß glänzenden Körper widerhallten. Wir lauschten, fasziniert, während die Wellen des Genusses uns durchspülten.

Ich flüsterte von meiner Liebe und bewegte mich abwärts, um den Druck ihres Körpers zu spüren. Nina lag bewegungslos da und versuchte, ihren Atem zu beruhigen. Noch immer leicht zitternd, hielten wir einander umfangen, drückten unsere Rundungen aneinander. Sie zog sanft an meinen Haaren, bündelte sie in ihren Fäusten zusammen. Unsere Körper streckten sich bis zur Grenze ihrer Dehnbarkeit, während alles Empfinden auf die sich berührenden Stellen konzentriert war. Meine Brustwarzen richteten sich erwartungsvoll auf, als sie ihren Mund auf meine Brüste drückte. Sie saugte kräftig wie ein Neugeborenes, das weiß, was es will und wie es das bekommt. Ich wünschte alle Milch, die ich nie gehabt hatte, in ihren wartenden Mund, der so hungrig war nach meinem Genuß.

Ihre Hände folgten den Umrissen meiner Kurven; wir lagen nebeneinander und erforschten die feinen Unterschiede unserer Körper: berührend, sehend, riechend. Ihre Hände auf meinem Körper erschufen alle Frauen, die ich je gekannt hatte, je zu sein gehofft hatte. Alles vermischte sich unter ihrer Berührung. Mein Herz wurde weit, umfaßte die Freude unseres Zusammenseins und unseren machtvollen Genuß.

Nina drehte sich um und legte sich neben mich, spreizte sanft meine Beine. Mein Körper schrie nach Berührung, doch ich wollte sie nicht mit meinem Begehren überwältigen. Langsam tasteten sich ihre Finger vor, streichelnd, öffneten dann die Samtfalten. Ich schlang die Arme um ihre Schenkel und wand mich, als Rauch und Feuer mich durchfuhren.

Naß und offen für sie, griff ich nach ihrem Nerv. Nina schüttelte leicht den Kopf und runzelte die Stirn, als wolle sie sich auf meinen Genuß konzentrieren. Sie rieb meine feuchten Lippen, streichelte meine Klitoris in schnellerem Rhythmus. Ich erschauerte und schob sie nach unten.

Ich brauchte jetzt nichts als Nina in mir. Sie wußte es, machte eine Bewegung, um in mich einzudringen, hielt jedoch plötzlich inne, wie überrascht durch eine unbekannte Landschaft. Zitternd vor Erwartung, zog ich die Beine hoch. Der Macht meiner Hingabe sicher, preßte ich mein Becken gegen ihren Arm. Sie drang in mich ein, tiefer und tiefer, bis sie fast die Rückwand der Vagina berührte. Mein Körper wurde hohl unter den Gezeiten des Orgasmus, ich fühlte ihre Finger überall in mir. Ich schrie meine Ekstase in die Nacht, sich brechende Wellen aus weißem Licht, schimmernde Hitze unserer Leidenschaft.

Das Summen, das ein Schreien war, war nun ein Dröhnen in unseren inneren Ohren, die als erste aus der Benommenheit erwachten. Der Mond war schon lange untergegangen; vorsichtig legten wir uns anders hin, der Form des Bettes entsprechend, und zogen die Decken bis zum Hals hoch. Sie öffnete den Mund, um zu sprechen, schien sich anders zu besinnen, schwieg.

»Schhhh«, flüsterte ich. »Es ist okay.« Ich legte einen Arm unter ihren Kopf. Sie drehte sich zu mir, ihr Arm umfaßte meine Seite, ihre Knie waren angezogen. Ich küßte sie leicht auf die Stirn. Sie lächelte, schon eingeschlafen.

Als ich am nächsten Morgen erwachte, strömte die Sonne durchs Fenster und reflektierte das Leuchten, das ich innerlich empfand. Nina war noch immer um mich geschlungen, ihr langes Haar lag auf dem Kissen. Gefüllt mit einer Energie, die meine normalen morgendlichen Reaktionen überflutete, streckte ich mich und löste sanft unsere noch immer feuchten Körper voneinander. Nina stöhnte leise und zog sich die Decke über den Kopf.

»Morgen, Sonnenschein.« Ich küßte ihren Scheitel, das

einzige, was von ihr zu sehen war. Keine Antwort; ich tauchte mit dem Kopf unter die Decke, drückte meinen Bauch an ihre Hüfte, legte meinen Kopf auf ihre Brust und saugte an ihrer Brustwarze; rasch wurde ich heiß vor Erwartung.

»Was machst du denn jetzt?« fragte sie, schnell erwachend. »Meine Lieblingsstellung«, antwortete ich und massierte die untere Wölbung ihrer Brüste, an den Rippen herunter bis zu den Haarlocken, dann zurück zu den wartenden Brustwarzen. Es ist tatsächlich meine Lieblingsstellung; ich habe es aufgegeben, den männlichen Theoretikern zu antworten, die sagen, insgeheim begehrte ich meine Mutter und die nährende Milch und nicht sexuelle Befriedigung. Ich habe beschlossen, daß ich alles will: Milch, Sex und eine steife Brustwarze, vermischt zu meiner Erfüllung.

»Meinen ersten Orgasmus hatte ich gestern abend, als du an meinen Brustwarzen gesaugt hast«, sagte ich heiser vor Schlaf und Begehren. »Der nächste war, als...«

Und ich lachte, ließ meine Hände an ihrem glatten Körper entlanggleiten, genoß ihre Weichheit, unsere Weichheit. Sanft drehte ich sie auf den Rücken und beugte mich über sie. Auf die Ellbogen gestützt, sah ich in ihr Gesicht und lächelte. Ich schlang einen Arm um ihren Hals, legte meinen Kopf auf ihre Schulter, küßte leicht ihren Nacken.

»Jackie, uh, nicht gerade jetzt, ja? Ich möchte erst wach werden, und –«

»Ich auch, normalerweise. Ich meine, ich möchte wach genug sein, um es zu genießen. Ich könnte dir helfen, deine blauen Augen aufzukriegen, wenn du willst.«

»Was ich will, ist pinkeln, und dann will ich Tee und etwas von deinem Brot mit, mal sehen, mit Rhabarbermarmelade. Hast du noch welche?«

»Ah, die Dame wird hochnäsig, was? Schon verstanden! Bin gleich wieder zurück!«

Ich sprang auf, schlüpfte in einen Morgenrock und ein Paar Mokassins und warf ihr von der Tür aus einen Kuß zu. Unten arbeitete ich rasch, ganz ohne meine gewöhnliche morgendliche Taumeligkeit. Mit dem ersten Streichholz flammte das Feuer im Herd auf, und ich lächelte zustimmend. Ich holte Honig und Sahne heraus und beschloß, den Sahnekrug, der als Dekoration auf der Fensterbank stand, abzuwaschen und zu benutzen, um dem Frühstück eine feierliche Note zu geben. Ich ordnete die Blumen, die Nina mir am Vortag mitgebracht hatte, neu an und stellte sie aufs Tablett. Ich summte bei der Arbeit, aber am liebsten hätte ich einen Schrei ausgestoßen, einen lauten, rebellischen Freudenschrei. Freude des Rebellen, Rebell der Orgie; Worte verbanden sich und schossen mir durch den Kopf, während ich das Frühstück fertigmachte.

Das Tablett stand bereit, und ich goß gerade das letzte Wasser in die Teekanne, als ich Ninas Schuhe auf der Treppe hörte.

»Zurück ins Bett! Du bekommst heute die ganz große Ehrenbehandlung«, rief ich. Als ich mich umdrehte, lehnte sie, vollständig angezogen, an der Tür.

»Ich muß gehen.« Es klang halb mürrisch, halb entschuldigend.

»Warum? Die Tiere können warten«, sagte ich langsam und versuchte, die Enttäuschung nicht vorwegzunehmen.

»Ich rufe dich bald an.«

»Mich anrufen? Du segelst einfach durch die Tür und sagst, du wirst mich anrufen? Du bist verrückt. Wenn du irgendwas hast, dann laß es mich wenigstens wissen, Nina!«

»Du siehst so glücklich aus heute morgen. So heil. Ich habe Angst.«

Ich nahm ihre Worte und ihre Stimme in mich auf, zwang mich, den Knoten in meinem Hals zu entspannen.

»O Gott«, seufzte ich. »Hier, der Tee ist fertig. Komm, setz dich hin.«

Wir saßen genauso da wie am Abend zuvor, und wir sahen beide aus dem Fenster auf den Tau im Gras, die Pinie beim Garten, den Morgen eines dieser besonderen, warmen Herbsttage. Meine anfängliche Panik schwand, wurde ersetzt durch eine neue Entschlossenheit.

»Nina, was wir getan haben, war gut; es war richtig.« Meine Stimme klang zu laut und angestrengt. »War ich zu grob?« Leiser diesmal, aber ich würde nicht bitten.

»Nein.« Es klang traurig, wehrte aber auch weitere Bekenntnisse ab. Sie zwang sich zu einem angespannten Lächeln. Die süße Elektrizität der vergangenen Nacht war nun eine Last zwischen uns.

»Ich weiß, was du denkst«, sagte ich; mein Denken raste und war wie betäubt. »Du denkst, daß unser Leben aus einer kleinen Stadt besteht, aus Nachbarn, von denen wir abhängig und die von uns abhängig sind. Du denkst, daß es nicht klappen würde. Aber da ist nichts zu ›klappen‹. Es ist passiert.«

»Also?«

»Also? Was soll ich sagen? Ich kann sagen, daß ich dich liebe. Das tue ich. Ich bin eine hoffnungslose Romantikerin, erinnerst du dich?«

»Es ist nicht nur das, Jackie. Es sind auch andere Dinge.«

»Ich weiß.«

»Wirklich? Ich mag meinen Platz in dieser Gemeinschaft. Du hast die Ehre, die Exzentrikerin der Stadt zu sein. Es gefällt dir sogar. Du bist so stark, daß du niemanden sonst brauchst.«

»Im Augenblick fühle ich mich nicht sonderlich stark.« Das stimmte nicht; während mein Herz sich weitete, um die Verletzung in sich aufzunehmen, wuchs eine Kraft in mir.

»Nina«, fuhr ich fort und zwang sie, mich anzusehen, »du hast mir so viel Unterstützung, so viel Kraft gegeben. Du hast mir gezeigt, wie fürsorglich Frauen sein können, wie liebevoll. Ich habe immer gehofft, daß ich dir dasselbe gebe.«

»Die letzte Nacht war wundervoll«, sagte Nina. Ich wußte nicht, ob sie das gehört hatte, was ich sagte, oder nicht. »Ich fühlte mich wie in den Sternen.« Sie ging rasch an das andere Fenster, lehnte sich mit dem Rücken an den Spülstein. »Aber ich will nicht in einem Vakuum leben; ich bin gern hier zu Hause mit Frank und den Tieren und rede beim Tee mit meinen Freundinnen über die Mehlpreise.« Bei dem Wort ›Freundinnen‹ runzelte sie die Stirn und sah mir dann direkt in die Augen. »Natürlich gebe ich dir Unterstützung. Ich durchlebe deine Abenteuer mit und mache sie in gewisser Weise zu meinen eigenen. Das wird sich nicht ändern. Aber ich auch nicht. Ich will mich nicht ändern.«

»Das will ich auch gar nicht.« Ich starrte aus dem Fenster, hypnotisiert von der Sonne. Endlich zuckte ich die Achseln und stand auf, um die Tassen mit dem nun erkalteten Tee abzuräumen. Ich merkte, daß ich zum Spülstein gehen wollte, zu Nina. Ich stand mitten in der Küche und fühlte mich müde.

»Nun siehst du traurig aus. Komm, Wunderfrau, das geht vorbei.«

»Ja, natürlich. Aber im Augenblick glaube ich, ich wäre gern eine Weile allein.«

»Okay«, sagte sie rasch und mit einer Mischung aus Ablehnung und Erleichterung. »Ich rufe dich bald an. Oder... willst du morgen zum Abendessen kommen?«

»Nein, nicht morgen, aber bald einmal. Ich versprech's dir.«

»Ich liebe dich, Jackie.«

»Das freut mich. Wir sehen uns bald, bestimmt.«

»In Ordnung.« Ein Zögern, eine kurze, flüchtige Umarmung, dann schloß Nina leise die Tür hinter sich.

Ich beschäftigte mich, indem ich eine saubere Küche noch sauberer machte; ich hielt nur einmal inne, als ich Ninas Auto auf der Kieseinfahrt wenden hörte. Ich wanderte durch das Haus, versuchte, mich mit seinen vertrauten Ansichten und Gerüchen zu heilen. Langsam und entgegen all meinen Erwartungen breitete sich ein Lächeln auf meinem Gesicht aus.

»Oh, Nina.« Ihr Name schwamm in der Morgenluft; mit einem Kuß schickte ich ihn hinter dem Auto her, das jetzt den Hügel hinauffuhr. Ich liebe dich auch, dachte ich. Mehr und mehr. Nicht mehr wegen der letzten Nacht, nicht weniger wegen des heutigen Morgens. Ich sah in den Eßzimmerspiegel, trocken glucksend, und ich liebte die Verwundung und die Kraft, die selbst jetzt zwischen meinen Beinen zuckten. Mensch, Mädchen, bist du noch immer geil? dachte ich, lachend und Grimassen schneidend. Geil? Ist dir noch immer kein neuer Vorname eingefallen für dieses feuchte Zittern, oh, Frau vieler Worte? Schoßig? Gott, nein. Yonisch?

Ich zog ein Paar Wollsocken an und schlüpfte in meine Stiefel. Ich machte mir nicht die Mühe, mich anzuziehen, ging nach draußen; die Bänder meines Morgenrocks schleiften durch das nasse Gras. Ich verschränkte die Arme, um meine Brüste vor der Gänsehaut zu schützen, die mich überkam, und ließ die Sonne durch die Morgenkälte des Landes und meines Körpers dringen. Ich atmete tief ein, betrachtete die letzten Blüten im Garten und die ferne, graue Bucht. Gähnend reckte ich die Arme zum Himmel. Dankbar ging ich hinaus, um den Tag zu begrüßen.

Verbotene Spiele

Das Schmutzige, Ungehörige und Verbotene sind immer Aspekte der Sexualität gewesen, die für viele Menschen das sexuelle Erlebnis intensivieren. Diese Faszination könnte sich aus der Jugendzeit herleiten, als die Sexualität von einem Geheimnis umgeben war. Verschleierung und Anspielungen machen sie aber nur reizvoller. Jahre später, wenn Sex etwas Normales geworden ist, können sexuelle Praktiken, die mit dem Verbotenen zu tun haben, noch immer sehr stimulierend wirken. Gewisse Aspekte des Unerlaubten nehmen in der Phantasie des Menschen oft einen großen Raum ein. Die Vorstellung, mitten im Liebesakt erwischt zu werden, Sex mit einem Freund, mit einem andern Paar oder mit einer Gruppe von Leuten zu haben, gehört beispielsweise zu solch weitverbreiteten Phantasien, die das Verbotene berühren.

Es gibt Menschen, die ihre Wunschträume für sich behalten und es nicht riskieren, sie wirklich zu erleben. Sie meinen, die Realität könnte nie so gut wie die Phantasie sein, und ein Versuch, die Phantasie in die Wirklichkeit umzusetzen, würde sie nur zerstören. Andere jedoch suchen die verbotenen Wunschträume zu erfüllen und ergreifen die Gelegenheit, wenn sie sich bietet. Die ungewöhnliche Situation, das Verbotene, Verpönte, der Stoff, aus dem Phantasien sind, können zu einzigartigen sexuellen Erlebnissen führen, wie die folgenden Erzählungen beweisen.

Beth Tashery Shannon

Morgensonne

Als Bob für einen Monat die Farm verließ, war nichts natürlicher, als daß sein Bruder Stephan und ich über gewisse Dinge sprachen.

Während wir morgens die Pferde fütterten, begann ich: »Ich wünschte, Bob würde mich nicht jedesmal ausschließen, wenn er sich schlecht fühlt.«

Später, beim Mistschaufeln, murmelte Stephan: »Mein Bruder meint, er hätte immer recht, nur weil er älter ist.«

»Ich bin froh, daß er sich um die Menschen kümmert, aber er meint, er müsse die ganze Welt vor dem Einstürzen bewahren«, rief ich an diesem Nachmittag, während ich die Hufe des Pferdes abkratzte, das ich gerade hereingebracht hatte.

»Und merkt gar nicht, daß sie von allein ganz gut hält«, antwortete Stephan aus dem nächsten Stall.

Als wir auf den beiden Arabern über den Kamm des Hügels zu den gewellten, offenen Flächen trabten, auf denen wir galoppieren konnten, war ich schon bei: »Manchmal sollte es ihm auch nicht so selbstverständlich sein, daß ich in seinem Bett liege.«

Stunden später antwortete Stephan: »Jeder wird als selbstverständlich hingenommen. Ich wünschte, die Leute könnten aufhören, mich als Bobs kleinen Bruder zu betrachten, und *mich* sehen.«

Von der Bank aus, auf der ich saß, sah ich auf Stephan herunter. Er saß auf dem Scheunenboden, den Rücken gegen Heuballen gelehnt, die Arme um die Knie gelegt. Das Sonnenlicht, das durch ein hohes Fenster fiel, ließ sein Haar in viel blasserem Gold glänzen als das von Bob und fiel auf die schlanken Arme, die hellbraun waren wie das Fell eines Löwen. Er hatte die Stirn gerunzelt und den Kopf vorgeneigt, so daß seine Augen von seinen Haarlocken fast verdeckt wurden. Die gerade Nase und der schmale Mund waren feiner gezeichnet als die seines Bruders.

Und da war ich, genau dessen schuldig, worüber er gerade geredet hatte. Bob und Stephan steckten immer zusammen, führten den Mietstall gemeinsam, arbeiteten gemeinsam auf dem Gelände. Zum erstenmal fiel mir auf, daß ich nach sechs Monaten mit Bob noch nicht einmal wußte, was Stephan machte, wenn er nicht die Pferde bewegte oder seinen Teil der Ställe ausmistete.

Er sah zu mir auf; im schrägen Licht glänzten seine Augen erstaunlich blau über den hohen, schmalen Wangenknochen – so blau wie exotische Schmetterlinge auf Bildern.

Was in dieser Nacht geschah, schien ebenfalls vollkommen natürlich. Ich hatte Stephan als Kind betrachtet, obwohl er in mancher Hinsicht genauso reif war wie Bob. Aber der jugendliche Eifer zu gefallen war in Stephan noch ganz unverdorben, die Reitmuskeln in seinen langen Schenkeln und seinem schmalen Rücken waren schlank und anmutig, und er wollte mich in dieser Nacht nicht einmal oder zweimal, sondern viele Male.

In diesen vier Wochen hatten wir Besseres zu tun, als darüber zu reden, was geschehen würde, wenn Bob zurückkäme. Ich machte keine Pläne, Bob zu belügen, wenn ihm all das, auf das wir uns geeinigt hatten, nämlich daß »Liebe« nicht gleichbedeutend ist mit »Besitz«, wirklich ernst war, dann müßte er es einfach akzeptieren. Aber ich befürchtete, daß er nicht seinen Bruder gemeint hatte, als wir über andere Liebhaber sprachen. Ich sah keinen Weg, einer Wahl zwischen den beiden auszuweichen, und davor hatte ich Angst.

Es stellte sich heraus, daß Bob zu voll war von all dem, was er erlebt hatte, als daß ich sofort hätte hingehen und irgend etwas erwähnen können. Stephan und ich hörten seinen Geschichten zu, während wir nebeneinander, aber in einigem Abstand auf dem Zaun der Reitbahn saßen. Ich wußte nicht, ob Bob etwas merkte.

Und dann gingen Bob und ich allein fort, und es war besser, als ich es in Erinnerung hatte, einfach seine dunkle, blonde Schönheit zu beobachten, die gebräunte Haut, die über den reifen Formen seiner Muskeln dahinglitt wie Wasser über abgerundeten Steinen, und die vertraute Sicherheit seiner Berührung zu spüren. Als ich seine vollen, leicht aufgeworfenen Lippen mit meinen streichelte und öffnete, schmeckte ich die warme, antwortende Süße seiner Zunge, während unsere Lippen sich langsam zusammen bewegten; jede seiner Berührungen in mir öffnete mich ihm wieder bis auf den Kern. Er erwiderte es mit Offenheit.

Ich war im Begriff, mein Lieblingspferd zu bewegen, die kleine, walnußbraune Araberstute mit den leicht einwärts gerichteten Hufen. Ich unterzog sie einer raschen Musterung und wollte den Sattel holen. Als ich einen Stuhl heranzog, um an ihr hoch aufgehängtes Zaumzeug zu reichen, kam Stephan herein. »Komm, schau dir das an.«

»Was?«

»Hier draußen«, sagte er, machte kehrt und ging hinaus. Es war klar, daß ich keine weitere Antwort bekommen würde; ich ließ also das Zaumzeug hängen und folgte ihm hinaus zu den Ställen. Er ging auf den leeren Stall zu, den er mit frischem Stroh für ein neues Pferd ausgelegt hatte, das bei uns untergestellt werden und am Nachmittag eintreffen sollte. Er trat ein und blieb direkt hinter der Stalltür stehen.

»Was? Ich sehe nichts.«

»Du hast nicht gut genug hingesehen.«

Ich wandte mich im Stall um, betrachtete die weiß ge-

kalkten Wände, das Fenster voller Morgenlicht und Blätter-
schatten, den dick mit frischem Stroh bedeckten Boden.
Von hinten legte sich Stephans Arm um meine Taille; er
liebkoste meinen Nacken.

»Nicht jetzt«, sagte ich. »Jeder könnte hier hereinkommen.« Ich wußte wirklich nicht, ob wir es überhaupt je noch
einmal tun sollten.

»Bob repariert den Zaun der abgelegenen Weide.« Seine
Lippen schlossen sich um mein Ohrläppchen; er saugte
sanft daran.

»Einer der Stallmieter könnte kommen.«

»Ich habe das Scheunentor zugemacht. Wir würden jeden hören, ehe er hereinkommen könnte.«

Stephan griff nach der Stalltür und schob sie ebenfalls zu;
dann drehte er sich zu mir um. Mit seinen hohen, eckigen
Wangen und den lebhaften blauen Augen sah er im Morgenlicht beinahe durchsichtig und plötzlich zerbrechlich
aus.

Ich schüttelte verneinend den Kopf, aber er sah, daß ich
nicht sicher war. Er kam näher, und ich konnte den Duft
von Klee und Stroh an ihm riechen, als er seine schlanken
Schenkel durch unsere Jeans gegen meine preßte. Leicht
wie ein Farnblatt streifte seine Zunge meine Unterlippe;
gleichzeitig fühlte ich, wie er meinen obersten Blusenknopf
öffnete.

»Wir sollten das nicht tun, Stephan«, sagte ich und hörte,
wie schwach meine Worte klangen.

»Dann tu nichts. Bleib so.« Er knöpfte meine Bluse auf,
zog sie aus der Hose und öffnete meinen Büstenhalter.
Seine kühlen Hände streichelten meine Brüste. Dann beugte er den Kopf, und feuchte, lebendige Wärme umschloß
meine Brustwarzen und schickte kleine Schauer durch mein
Rückgrat. Ich lehnte mich ihm entgegen, noch immer den
Kopf schüttelnd, aber lachend über das Spiel, das daraus

geworden war. Ich öffnete auch sein Hemd und streifte es ihm ab, streichelte seinen schlanken Rücken an den kleinen Erhebungen seiner Wirbelsäule herunter bis zu den beiden Einkerbungen direkt über seiner Hose und seinen schwellenden Gesäßbacken. Das Haar dort war ein weicher, feiner Flaum. Er bemerkte mein Streicheln nicht, weil er zu sehr damit beschäftigt war, meine Jeans herunterzuziehen. Ich stieg heraus und lag im Stroh, schloß die Augen. Strohhalme stachen mir in den Rücken, und der frische Geruch ringsum erinnerte mich an die anderen Male mit Stephan, vertrieb alle Entschlüsse der vergangenen Nacht, mich von ihm fernzuhalten.

Ich spürte, wie er meinen Slip herunterzog; seine Hände legten sich leicht um meine Hüften. Dann glitt er nach oben, und unsere Zungen fanden sich warm. Mit geschlossenen Augen sah ich einen leicht pulsierenden, roten Wirbel, der denselben Rhythmus zu haben schien wie die Bewegungen unserer Münder und das eifrige, zärtliche Suchen seiner Hand zwischen meinen Beinen.

Ein Rumpeln ertönte am anderen Ende der Scheune und wurde lauter. Ich setzte mich auf. Stephan kam auf die Knie, seine Nüstern waren geweitet.

Das Tor fiel zu, und Schritte hallten durch die Scheune. Vielleicht war es nur einer der Stallmieter; deren Pferde standen zum größten Teil am anderen Ende der Scheune; doch selbst ein Stallmieter müßte an uns vorbei in die Sattelkammer, und die Tür unseres Stalles hatte eine vergitterte Öffnung, die nicht zu schließen war. Unsere einzige Chance, nicht gesehen zu werden, bestand darin, still da zu bleiben, wo wir waren. So leise ich konnte, versuchte ich meinen Slip zu entwirren und anzuziehen. Schritte hallten durch den Mittelgang und kamen näher.

Die Stalltür wurde zurückgeschoben.

Bob stand da und sah auf uns herunter. Stephan fuhr von

mir zurück, als habe er einen elektrischen Schlag bekommen. Es gelang mir, meinen Slip zu entwirren, aber es war zu spät. Nackt lag ich da, die Beine im Stroh ausgestreckt.

»Hab' ich euch beide erwischt!« Eine Sekunde lang meinte ich, seine Stimme sei vor Wut verzerrt, dann hörte ich das Lachen darunter. Seine Augen trafen meine nur kurz, wie eine Herausforderung. Ich hatte ihm einmal im Scherz gedroht, eines Tages würde ich mir ihn und seinen Bruder schnappen und mit beiden zusammen schlafen. Er hatte gelacht und gesagt: »Nur zu!«

Bob starrte Stephan grimmig an. »Hör auf, herumzuzappeln, Bruder! Jetzt ist es zu spät zum Anziehen.« Wieder sah er mich an, und diesmal war es eindeutig – das Lachen und und die Herausforderung. »Ihr haltet mich wohl für blöd, was?« fragte er. Dann zog er sich mit einer einzigen, raschen Bewegung das Hemd über den Kopf und warf es auf den Boden. Es war staubig von Pferden und Arbeit. Ein feiner Staubfilm bedeckte die glatte, braune Haut seiner Brust. Ich starrte ihn an. An dem Tag, an dem ich gedroht hatte, ich würde mir ihn und Stephan schnappen, hatte er gewußt, daß ich zwar scherzte, es aber im Grunde gern getan hätte. Aber ich hätte nie geglaubt, daß auch er gemeint hatte, was er sagte.

Bob öffnete den Reißverschluß seiner Jeans, zog sie mitsamt den Stiefeln aus und stand da, eine Hand auf der Hüfte, während Stephan in seiner Ecke erstaunt glotzte.

Das weiche Licht schien die Wölbungen und Höhlungen von Bobs Körper zum Glänzen zu bringen. Sein Penis war nicht aufgerichtet, hatte aber dieses volle, schwere Aussehen. »Ich kann teilen, wenn du es auch kannst«, sagte er zu Stephan.

Stephan sah mich hilfesuchend an.

»Nun, Bruder?« fragte Bob.

Dann sah ich, daß Bob auch mich beobachtete, mich

absichtlich verlockte, indem er vorgab, die Entscheidung habe nichts mit mir zu tun.

»Vielleicht will ich nicht«, antwortete ich und spielte die Würdevolle. Soweit man würdevoll sein kann, wenn man splitternackt auf einem Stallboden liegt.

Ehe ich noch etwas sagen konnte, kniete Bob über mir und hielt meine Hände nach unten. »Ich halte sie fest, während du sie vernaschst, und dann verhandeln wir!«

Stephan in seiner Ecke lächelte jetzt, offensichtlich erleichtert, daß Bob es spielerisch nahm, statt wirklich wütend auf ihn zu sein.

»Scher dich zum Teufel!« sagte ich zu Bob und gab vor, ihn zu treten, aber ich mußte zu sehr lachen, sowohl über Bobs Spiel als auch über die Wirkung, die es auf seinen Bruder hatte.

Als Stephan sah, daß ich nichts dagegen hatte, zog er mit betonter Beiläufigkeit seine Jeans und seine Stiefel aus und warf sie in eine Ecke. Dann setzte er sich näher zu uns, unsicher, was er nun tun oder sagen sollte.

»Wagt es bloß nicht«, forderte ich sie beide heraus.

Ohne meine Handgelenke loszulassen, beugte sich Bob herunter und drückte seinen Mund auf meinen, schob seine Zunge hinein. Ich biß ihn, aber sanft, während ich zu Stephan schielte.

Stephan warf seinem Bruder einen raschen Blick zu, aber auch er grinste. Endlich lehnte er sich herüber, um mir einen Kuß zu geben. Bob beugte sich zurück, um Platz für Stephan zu machen, dann räumte Stephan wieder für Bob das Feld. Dieses abwechselnde Vor und Zurück war lustig, aber es war noch immer mehr spielerisch als leidenschaftlich, und ich fing an, auf mehr zu hoffen. Ich entzog meine Hände Bobs lockerem Griff und zog beide Männer nahe an mich heran, Bobs muskulöse Glätte an meine eine Brust, Stephans schlanke Brust mit dem goldenen Flaum an meine andere. Ich lächelte zu ihnen auf und streichelte ihr Haar, Stephans hell, lockig und fein, Bobs dunkler und länger, in lockeren Wellen. Ihre vier Hände streichelten mich gleichzeitig.

Ein Teil von mir wollte sich fragen, ob das ein Sexspiel sei, das nichts bedeutete, oder ein ganz neues Arrangement zwischen uns dreien, das unter Umständen eine Büchse mit Würmern öffnen und kompliziert werden würde. Aber die Würmer waren bereits aus der Büchse heraus, und obwohl ich mir Sorgen zu machen begann, ertappte ich mich dabei, daß ich die Augen schloß und die reine Befriedigung genoß, von ihnen beiden gestreichelt zu werden. Eine Weile versuchte ich zu raten, wer wo war, aber ich konnte es nicht. Sie wanderten von einer Brustwarze zur anderen, saugten mal an einer, mal an beiden gleichzeitig. Einen Augenblick spürte ich Bobs Zunge um sie kreisen, eine Sekunde später fühlte ich an derselben Brustwarze Stephans hungriges Saugen, während Bobs Zunge schnell über die andere Brustwarze glitt. Manchmal vermutete ich, daß sie die Seiten wechselten und mich zu täuschen versuchten, aber schließlich verlor ich vollkommen den Faden, trieb ankerlos in einem warmen Ozean, ohne Land zu sehen.

Eine Hand streichelte meine Schenkel, und ich spreizte die Beine, wer immer es sein mochte. Eine Zunge glitt naß über meine Vagina, herunter zwischen den empfindsamen Hautfalten, berührte meine inneren Schamlippen. Gleichzeitig konzentrierte sich eine andere Zunge auf meine Klitoris und verwirrte mich.

Als ich heruntersah, waren da zwei Köpfe, blaßgolden und dunkelgolden, dicht beieinander, die sich leckend leicht bewegten. Wie zwei Ponys, die sich einen Salzblock teilen, mußte ich denken, aber ich verkniff mir das Lachen. Jeder machte dem anderen Platz, küßte und liebkoste, bis blasses und dunkleres, lockiges und welliges Haar vermischt waren. Ich liebte die Leichtigkeit, mit der ihre Körper sich so nahe waren, Bauch gegen Hüfte, Schenkel an Schenkel, obwohl sie vermutlich schockiert gewesen wären, wenn ich irgend etwas dergleichen erwähnt hätte. Stephans honigfarbene Hüften und Gesäßbacken waren schmal, sein Glied halb aufgerichtet und oben verjüngt wie eine zarte Skulptur, während Bobs Körper irgendwie kräftiger und doch gleichzeitig feiner gebaut war, sein Glied aufgerichtet und leicht gebogen und mit breitem, deutlich geformtem Kopf, doch besonders anmutig wie alles an ihm. Das Rosa von Bobs Brustwarzen und das dunkle Gold seiner Schamhaare waren die gleichen wie Stephans. Beide Brüder leckten nun im gleichen Rhythmus, Zungen glitten über mich von rechts, dann von links. Ich berührte wieder ihre Köpfe, jeden mit einer Hand, und drängte sie vorwärts zu meiner Klitoris.

Sie folgten, ihre Zungen einmal zusammen, dann wieder leicht nacheinander, so daß ein doppelter Rhythmus entstand, der mich unversehens einfing. Kleine Flammen gieriger Erregung durchzuckten mich. Ich wand meine Hüften in ihren Händen und umklammerte Fäuste voll Stroh, hob mich sehnsüchtig ihren Mündern entgegen.

Gleichzeitig hoben sie die Köpfe, sahen einander an und grinsten. Dann senkten sie sie wieder, Wange an Wange, und setzten ihren doppelten Rhythmus fort. Wärme flakkerte in meinem Rückgrat hoch und durchzog meine Schenkel. Mit geschlossenen Augen und zurückgeworfenem Kopf spürte ich das Streichen und Kneten von Stephans langen, schmalen Fingern und Bobs breite, empfindsame Hände überall auf meinem Körper; ihre Zungen weckten eine Hitze, die von meinem Schoß ausstrahlte, bis das Flackern zu einem langen, dringenden Begehren wurde und helle, schauernde Wellen durchbrachen. Ich schrie auf und grub meine Finger tief in ihre Rücken; es war mir gleich, wer mich hörte; ich war mir nur ihrer Arme um mich bewußt und ihrer Körper, die sich hart und trotzdem nachgiebig an meinen preßten.

Ein lautes, ungeduldiges Pochen ertönte hinter meinem Kopf. Ich fuhr auf, um auszuweichen. Rum, bum! Dann ein leises Schnauben. Die kastanienbraune Stute nebenan. »Sie sagt, wir sollen den Ton leiser drehen«, lachte Stephan. Ich lehnte mich zurück gegen die Wand, während Stephan meinen Bauch streichelte und mit dem Daumen um meinen Nabel herumfuhr. Ich streckte die Arme nach ihm aus, und er kam zu mir und küßte mich dabei weiter. Eine Weile küßten und liebkosten wir uns, während Bob an die Wand gelehnt nahe bei uns saß, uns aber nicht berührte. Stephans Küsse wurden intensiver, fühlten sich aber mehr verzweifelt als leidenschaftlich an. »Was ist los?« flüsterte ich schließlich.

Als Antwort preßte er sein Glied gegen mich. Es war klein und weich geworden. »Hast du ihm von uns erzählt?« fragte er abrupt.

Ich schüttelte den Kopf.

»Ich wußte, daß ihr irgendwann zusammenkommen würdet«, sagte Bob.

»Was, heute morgen?«

»Nein«, antwortete Bob und streckte behaglich die Beine im Stroh aus. »Ich dachte das sogar schon, bevor ich wegfuhr.«

Stephan machte eine verzweifelte Bewegung. »Warum hast du dann nichts gesagt?«

»Wozu? Um euch die Erlaubnis zu geben? Das ging mich nichts an.«

»Also«, sagte Stephan, »teilen ist mir recht, aber ich will nicht zuerst.«

Ich zog die Kurve von Stephans Rücken nach. »Willst du zusehen?«

»Sicher«, sagte er erleichtert und rutschte rasch beiseite.

Bob schüttelte den Kopf, tat so, als sei er schockiert, streckte sich aber neben mir aus. Er öffnete meine Lippen mit seinen und saugte sanft an meiner Unterlippe. Ich legte die Arme um ihn, fühlte seine starke Wärme an meinem ganzen Körper entlang. Langsam schob er seine Hüften vor, und ich schloß meine Finger um den Schaft seines Gliedes und streichelte es in einem trägen Rhythmus.

Stephan saß unter dem Fenster und sah uns mit offener Neugier zu. Ich bewegte mich nach unten zu Bobs Hoden, und während ich weiter sein Glied rieb, leckte und saugte ich an ihrer zarten Haut, teilweise, um Bob, teilweise, um Stephan zu erregen.

»Wie fühlt es sich an, Bruder?« fragte Stephan nach einer Weile, aber ich konnte nicht sagen, ob er aus Nervosität spaßte oder wirklich angeregt war.

»Ganz gut«, antwortete Bob in einem Ton, der beiläufig klingen sollte, aber doch etwas Weiches hatte wie die Laute einer Katze, die gleichzeitig miaut und schnurrt.

Ich leckte vom Schaft seines Gliedes nach oben und nahm es in den Mund, verweilte an seinen Lieblingsstellen, um den Rand herum, an der Unterseite der Eichel entlang. Ich schloß die Augen und nahm es ganz in den Mund mit langen, rollenden Saugbewegungen, bis salzige Tropfen kamen. Er zog mich herunter neben sich und wandte sich mir zu, richtete seinen steifen, feuchten Penis auf meine Öffnung.

Stephan saß vorgebeugt, die Ellbogen im Stroh, und beobachtete uns. Bob fühlte, daß ich ihn ansah. Er öffnete ein Auge, schielte über die Schulter und sagte: »Entschuldige uns einen Augenblick, Bruder, solange wir uns absondern.« Dann drehte er mir seine Hüften zu und drang in mich ein.

Ich lenkte seinen Penis, der mühelos in die Nässe meines

Schoßes glitt. Ihn so hart, warm und lebendig zu spüren, so gegenwärtig in meiner Mitte, ließ mich vor Wonne erschauern. Ich schlang die Beine um sein rundes, straffes Gesäß, ließ ihn tiefer eindringen, und wir begannen uns zusammen gemächlich zu bewegen, jede Empfindung auskostend. Ich wußte, daß Stephan von seinem Platz aus sehen konnte, wie Bobs Glied zwischen meinen nassen, geschwollenen inneren Lippen verschwand und wieder erschien. Ich fragte mich, ob er es häßlich, sexy oder vielleicht schön fände. Daß ich wußte, daß er da war, ihn aber nicht sehen konnte, machte mich ein wenig unsicher, regte mich aber gleichzeitig in einer Weise auf, die ich noch nie erlebt hatte. Es gab mir ein Gefühl, doppelt verwundbar zu sein, das mir beinahe Angst machte. Aber Bob lag ebenso ungeschützt da, seinen Kopf auf meinen Arm gebettet. Die Venen an seinem Hals waren groß wegen seiner bewußt langsamen Bewegungen. Seine kompromißlose, selbstvergessene Schönheit beschwichtigte mein Unbehagen. Ich küßte ihn wieder und rollte mich auf ihn. Er schob die Hüften vor und kam mir entgegen, drang so tief ein, daß ich mich durchbohrt fühlte, während intensiver Genuß sich immer weiter in mir ausbreitete. Wir stießen ineinander, sehnten uns nach noch tieferen Bewegungen, bewegten uns schnell und erregt, unsere Lippen fest verschmolzen, als die Flamme zwischen uns auffuhr, einen strömenden, geschmolzenen Fluß schuf, der unsere Haut und unsere Adern auflöste, uns aus dem sonnengestreiften Stall und über alles hinaustrug, als unser Blut zu einer einzigen, hellen, flüssigen Flamme verschmolz.

Langsam drehten wir uns um. Bob seufzte und ließ seinen Kopf auf meine Schulter fallen. Ich streichelte die Feuchtigkeit zwischen seinen Schulterblättern, selig benommen von dem Geruch des Strohs, vermischt mit Sex.

Etwas raschelte neben meinem Ohr, als Bob zur Seite

geschoben wurde. Grinsend, aber ohne sich die Mühe zu machen, die Augen zu öffnen, rollte er von mir herunter, und ich mußte ebenfalls grinsen, als ich meine Arme um Stephan legte. »Ungeduldig, was?« neckte ich ihn flüsternd.

Doch trotz seiner gespielten Tapferkeit war sein Lächeln noch immer ein bißchen verlegen. Ich küßte ihn und nahm mir viel Zeit, um seinen langen, schlanken Penis mit meiner Hand zu liebkosen. »Du bist mein Dessert«, flüsterte ich ihm ins Ohr, »der süßeste Teil.«

Aber er hob den Kopf und runzelte die Stirn. »Ist das alles?« Ich sah in seine fragenden blauen Augen, sah, daß die spielerische Herausforderung seine Verletzung überdecken sollte. Im vergangenen Monat hatte ich diesen Ausdruck bei ihm zum erstenmal wirklich wahrgenommen.

»Nein«, antwortete ich, »das ist bei weitem nicht alles. Du bist jemand, den ich liebe.« Ich küßte ihn, und er reagierte eifrig. Seine Küsse waren noch immer spielerisch, doch diesmal verbarg das Spiel keine geheime Wunde. Er rieb seine Hüften und seinen Bauch an meinen und begann, in mich einzudringen. Ich hob die Hüften an, damit er tief reichen konnte. Er sah zu seinem Bruder herüber, aber Bob lächelte ihm zu und schloß die Augen. Stephan lächelte Bob und mich an und begann mit dem Käferspiel, das er so gern hatte, mal einer von uns oben, mal der andere; wir rollten im Stroh herum, bis feiner, goldener Staub und kleine Strohhalme überall an unserer feuchten Haut klebten. Jedesmal, wenn wir wieder zusammenkamen, geschah es in einem anderen Winkel und mit ganz anderen Empfindungen. Echos meines Orgasmus hallten in mir wider, und ich hielt Stephan fest umklammert; unsere Herzen schlugen zusammen, unsere Zungen begegneten sich und leckten, Fohlenzungen ähnlicher als Menschenzungen. Sein Eifer weckte in mir eine antwortende Zärtlichkeit, und ich spürte, wie ich mich ihm noch weiter öffnete. Sein Hunger machte mich hungrig; ich zitterte vor Begehren, als hätte ich wochenlang nicht geliebt. Mein ganzer Schoß prickelte, als wirbele und pulsiere er um ihn herum. »Fühlt es sich gut an?« keuchte er, noch in seiner Leidenschaft besorgt.

Ich nickte nur, weil ich mich anstrengen mußte, nicht laut herauszuschreien, wie gut es sich anfühlte, und damit jedes Pferd in der Scheune scheu zu machen. Er brach auf mir zusammen und stieß seine Hüften vor, während Spasmen mich durchfuhren wie eine seltene Blume, die aufbricht und sich dann langsam und allmählich auflöst.

Am Rande meines Bewußtseins spürte ich nebelhaft eine vertraute Wärme neben mir. Ein starker Arm schob sich unter meinen Kopf, ein anderer streichelte meine Seite. Ich wandte mein Gesicht Bob zu, und träge vereinigten sich unsere Lippen und Zungen. Dann streiften Stephans schmalere, klar umrissene Lippen meine, so langsam wie Wasser, das nach einer Flut abfließt.

Alles fühlte sich natürlicher und angenehmer an, als ich je zu hoffen gewagt hätte. Beinahe vollkommen. Nur eine letzte Handlung blieb noch übrig. Ich öffnete die Augen und sah sie beide an. »Kommt her, ihr zwei«, sagte ich und hob meine Lippen zu ihren. Und unsere drei Münder trafen sich zu einem langen, ruhigen Kuß, während wir die Wärme unserer Körper zärtlich aneinanderschmiegten.

Helen A. Thomas

Kalifornisches Quartett

»Liebling«, sagte er, während sein Daumen abwesend über meinen Handrücken fuhr, »ich hoffe, mein Vetter hat gekühlten Wein für uns bereitgestellt.«

Ich nahm Kurts Finger, küßte einen nach dem anderen und murmelte: »Sicher würde Arthur keine Abendeinladung geben ohne die üblichen Annehmlichkeiten. Natürlich wird Wein da sein.« Obwohl Kurt und Arthur sich jahrelang nicht gesehen hatten, würde Arthur merken müssen, daß sein Vetter, ein internationaler Geschäftsmann, von allem nur das Beste ertrug. Ein schlechter Wein oder überhaupt kein Wein wären eine schwere Unterlassungssünde, wenn man jemanden wie Kurt bewirtete.

Ehe er die Glasscheibe schloß, die uns vom Chauffeur trennte, gab Kurt ihm die Adresse. Der Ort war mir unbekannt – eine obskure Straße abseits des San Diego Freeway. Ich stellte mir ein kleines Landhaus oder eine alternde kalifornische Ranch vor und war daher überrascht, als die lange, weiße Limousine vor einer exklusiven Häusergruppe vorfuhr, die von einem hohen Eisenzaun umgeben war. Am Tor stand ein Wächter. Mehrgeschossige Häuser mit roten Ziegeldächern, üppige Gartenanlagen ringsum, standen in starkem Gegensatz zur öden Trockenheit der Bergkuppe. Die Limousine glitt durch das Tor zu Arthurs Haus, das breiter und höher wirkte als die anderen.

»Was macht Arthur?« fragte ich Kurt.

»Schreibt fürs Fernsehen«, antwortete er.

»Dann muß er viel schreiben«, murmelte ich.

»Was immer er tut«, meinte Kurt, die Situation taxierend, »er tut es gut.«

Ein orientalischer Diener in weißer Jacke erschien an der Wagentür. Er verbeugte sich ganz leicht, fast unmerklich, und sagte, wie wir bereits wußten, daß Arthur sich verspäten würde. Er führte uns in ein Gästezimmer jenseits der Halle, wo wir unsere Badeanzüge anziehen konnten.

»Werfen wir zuerst einen Blick auf das Haus«, schlug Kurt vor und nahm mich beim Ellbogen. Hand in Hand wanderten wir durch Arthurs Miniaturschloß. Eine geschwungene Treppe führte in den ersten Stock. Ein weißer Flügel stand in der vom gebogenen Treppengeländer gebildeten Nische. Der Wohnraum war ganz in Weiß gehalten. Dicke weiße Teppiche. Weiße Wände. Mit weißem Samt bezogene Zweiersofas, alt und glänzend. Eine große, schwarze Vase, glasiert und poliert, enthielt riesige, schwarze Seidenorchideen und stand auf einem niedrigen, weißen Tisch. Weiße Seidenschirme krönten Acryllampen.

»Mein Vetter hat einen Hang zum Dramatischen«, kommentierte Kurt.

Die Zimmer im Obergeschoß waren normaler, in den verschiedensten Farben und Mustern dekoriert, mit ungemachten Betten, zerdrückten Sofas, Handtüchern auf dem Fußboden im Badezimmer. Im Studio – riesig, sonnig, luftig – betrachteten Kurt und ich Arthurs ledergebundene Fernsehmanuskripte. Eine Gruppe orientalischer Erotikdrucke war über dem massiven Schreibtisch angeordnet. Kurt lächelte, als er die Gestalten sah, die unter voluminösen Kimonos mit analem Sex beschäftigt waren. Er reagierte auf diese Kunstwerke, indem er eine Hand unter meinen Rock schob und spielerisch in meinen Po kniff. Ich antwortete, indem ich ebenfalls in sein Gesäß kniff. Er ließ einen Finger zwischen meine Beine gleiten, unbehindert durch Unterwäsche, und sagte zu dem feuchten Empfang, der ihm zuteil wurde: »Sind das die Bilder oder meine

Gesellschaft, Liebling?« Er nahm mich in die Arme, küßte mich und streichelte mich mit schnellen, starken Fingern.

»Du wirst mich erregen«, sagte ich lachend und entzog mich ihm.

»Das ist bereits ein *fait accompli*, meine Liebe«, erwiderte er und führte zum Beweis einen nassen Finger vor. »Mir scheint, die Dame ist schon bereit.«

»Das liegt an dir, Kurt«, sagte ich und sah ihn zärtlich an. »Wir wollen schwimmen. Die Liebe kommt später.« Ich knetete die Vorderseite seiner Khakihose und fühlte die Wärme, die durch den feinen Seidenstoff drang. Bloß ein bißchen Schmusen und Spielen, dachte ich und starrte in seine Saphiraugen, die bei geschäftlichen Besprechungen undurchdringlich waren, für mich aber durchsichtig.

Kurt ist groß und blond. Er sieht so nordisch und germanisch aus, wie sein Name vermuten läßt. Sein Bart, nach den Konturen seines Gesichts gestutzt, ist blond – und graugesprenkelt wie sein Haar. Mit sechzig ist er sich seines Alters bewußt, aber er ist vital, tatkräftig, verführerisch und aufmerksam. Und sexy.

Er folgte mir nach unten, wo wir uns auszogen. Ich bemerkte seine halbe Erektion und beugte mich hinunter, um leicht spöttisch mit meiner Zunge darüberzufahren; ich freute mich, daß sein Glied sich sofort versteifte. Wir wußten beide, daß wir uns nach dem Schwimmen in diesem Raum gemächlich lieben würden. Aber wir hatten unseren Gastgeber unterschätzt.

Arthurs Patio genügte sogar Kurts Jet-set-Maßstäben. Ein langer, eleganter Swimmingpool beherrsche die Fläche. Blaugrünes Wasser schimmerte im letzten Licht des Spätnachmittags. Zahllose halbtropische Sträucher rahmten den geschlossenen Bereich ein und dufteten vage nach Geißblatt. Persische Katzen sprangen im Hintergrund herum, und ein Paar bunter, papageienähnlicher Vögel beobachtete uns aus einem exotischen, in die Seite des Felsens eingelassenen Käfig.

»An Phantasie fehlt es meinem Vetter nicht«, bemerkte Kurt trocken.

»Fehlen nur noch umherstolzierende Pfauen«, sagte ich.

»Ins Wasser, Maria«, befahl er und sprang ins Becken. Eine Weile schwammen wir ernsthaft. Kurts langer, schlanker Körper – muskulös und hart – glitt anmutig durchs Wasser. Meine Schwimmbewegungen waren langsamer, aber ebenso rhythmisch. Als ich vom Schwimmen müde war, stieg ich aus dem Wasser, nahm meine Badekappe ab und ließ mein feuchtes, kastanienbraunes Haar lose auf die Schultern fallen. Kurt folgte mir und klopfte mir auf den Po.

»Jetzt brauchen wir einen Drink«, sagte er, während er sich abtrocknete.

Wir hatten uns an das Zwielicht der hereinbrechenden Dunkelheit gewöhnt und waren beide erstaunt, als Papierlaternen, die wir vorher nicht bemerkt hatten, plötzlich erleuchtet wurden und dem Garten etwas von einem Märchenland gaben. Kleine weiße Lichter, die in den Baumkronen hingen, funkelten. Dann füllten die Klänge klassischer Musik – schwer von Flöten und Geigen – die Luft.

Verblüfft sahen Kurt und ich uns an und lachten dann, belustigt über die Theatralik des Ganzen.

In große, weiße Badetücher mit grauen Monogrammen gehüllt, tappten wir in die Küche und fanden einen silbernen Eiskübel mit Champagner und ein Tablett mit Käse, Brot, Pasteten und Weintrauben. Der Diener erschien aus dem Nichts und verkündete *sotto voce*: »Ich werde es Ihnen bringen.«

»Wir werden zuerst unsere nassen Badeanzüge ausziehen«, sagte Kurt.

In dem kleinen Gästezimmer fanden wir weiße Frotteemäntel, die über das Sofa drapiert waren. »Arthur denkt an alles«, sagte Kurt. »Ich bin beeindruckt von meiner Verwandtschaft.«

Als wir aus unseren nassen Badeanzügen geschlüpft waren, zog Kurt mich an sich, kalt und naß vom Wasser. »Ich möchte deine Brüste an meiner Brust fühlen«, sagte er und küßte mich hinters Ohr. Wir küßten uns weiter, und ich legte meine Hand liebevoll um seine Genitalien. Sie waren feucht, schlaff und bedurften der Ermutigung. »Später«, flüsterte ich mit verheißungsvoller Stimme.

»Später«, flüsterte er zurück.

Wir kehrten in den Bademänteln zum Becken zurück und fanden den Champagner und die *Horsd'œuvres* auf einem kleinen Tisch. Im Hintergrund erklang Musik; die Nachtluft war mild.

Kurt brachte mir einen Kelch mit Champagner. Er setzte sich neben mich auf den Liegestuhl und öffnete meinen Bademantel, so daß meine Brüste im Mondlicht glänzten. Er ließ etwas Champagner auf jede Brust tropfen und beugte sich dann vor, um ihn abzulecken. Dabei streifte seine Zunge sanft meine Brustwarzen. Dann saugte er lange genug an jeder Brust, um meinen Schoß mit Begehren zu füllen. Er schloß meinen Bademantel wieder und kehrte zu seinem eigenen Liegestuhl zurück.

»Du siehst schön aus«, sagte er leise. »Ich höre nie auf, über deine Brüste zu staunen. Sie sind wie die eines jungen Mädchens.«

Eine laute Stimme vom Haus her unterbrach unseren Dialog. »Hallo, Kurt?« rief unser Gastgeber.

»Arthur!« rief mein Geliebter zurück.

Wir standen beide auf, um ihn zu begrüßen.

Ein jugendliches Ebenbild von Kurt trat vor, mit nackter Brust und einem um die Taille geknoteten weißen Sarong. Glänzendes, feines Haar bedeckte seine Brust. Sein schönes Gesicht mit den hohen Wangenknochen hatte weniger

Falten als Kurts. Kein Bart oder Schnurrbart. Das Haar fiel ihm lässig in die Stirn und betonte das schelmische Zwinkern seiner blauen Augen.

Seine Gefährtin, eine kleine, dunkelhaarige Frau, war ebenfalls barbusig und trug nur einen Sarong.

»Das ist Jasmine«, sagte Arthur, »und Sie müssen Maria sein.«

»Ja«, antwortete ich, überrascht über seine direkte Art, die so anders war als Kurts ruhige Zurückhaltung.

Er und Kurt umarmten einander. »Wie gefällt dir Kalifornien, mein Alter?« fragte Arthur.

»Au«, sagte Kurt zusammenzuckend, »alt trifft genau ins Schwarze.«

»Tut mir leid«, erwiderte Arthur und knüpfte seinen Sarong auf. »Wart ihr schon im Heißwasserbecken?«

»Nein«, antworteten wir gleichzeitig.

Arthur stand nackt vor uns. Jasmine, elfenhaft – ohne Hüften und Brüste –, folgte ihm. Ich mußte unwillkürlich auf Arthurs Penis starren – er sah aus wie eine Rosenknospe in einem Bett feiner, flachsblonder Haare. Jasmines Schamhaar war so dunkel wie Arthurs hell und beträchtlich üppiger.

»Das muß Hollywood sein«, sagte Kurt trocken.

»Wir haben für euch einen konservativen, häuslichen Abend geplant«, erwiderte Arthur. Er stand wie eine klassische griechische Statue vor dem Heißwasserbecken. »Ist Kurt noch so steif und korrekt wie früher?« fragte er. »Wir haben uns jahrelang nicht gesehen, wissen Sie. Und er war immer so wohlerzogen.«

»Und Sie?« fragte ich und hob meine Augen, die vor diesem Fleck zwischen seinen Beinen gebannt waren

»Eher ungezogen«, sagte er, »schon immer.«

Arthur griff nach Jasmines Hand und führte sie in das Becken.

»Was jetzt?« fragte ich Kurt.

»Wenn du in Rom bist...«, sagte er achselzuckend, ließ seinen Bademantel zu Boden fallen und stand nackt da. Er öffnete auch meinen Bademantel und zog ihn mir aus. »Sie sollen sehen, wie schön du bist«, flüsterte er mir ins Ohr. Dieses plötzliche Interesse an Exhibitionismus faszinierte mich. Kurt war gewöhnlich ein sehr zurückgezogener Mensch, vorsichtig, beim geringsten Verstoß gegen seine konservativen Verhaltensregeln gekränkt. Irgend etwas an diesem Abend verstörte seine Libido und seine Sensibilität. Er nahm meine Hand und führte mich zu dem Rotholzdeck. Unsicher und zweifelnd näherte ich mich dem Becken, nur von dem Glitzern in Kurts Augen aufrecht gehalten.

»Was für hübsche Brüste Maria hat«, rief Jasmine mit lebhaftem französischem Akzent.

Unbehaglich murmelte ich etwas Unverständliches und war dankbar für den schützenden Druck von Kurts Hand um meine.

Kurt half mir in das Becken. Im Halbdunkel wäre ich beinahe ausgerutscht, und meine gelobte linke Brust streifte Arthurs Wange. Er hob die Hand, um sie zu berühren. Ich zuckte zurück und saß einen Augenblick später zwischen Kurt und Jasmine, Arthur direkt gegenüber.

Arthur rief seinen Diener, der blitzschnell ein Tablett mit Drinks servierte. Als er sich entfernte und zum Haus zurückging, leuchteten bunte Lampen auf und bestrahlten das Becken. Zu meinem Entsetzen konnten wir einander ganz deutlich sehen, gebadet in diffuses, buntes Licht. Dieser neue, theatralische Effekt reizte mich zum Lachen. Arthur war einfach unbelehrbar mit seinem Spielzeug! Ich sah Kurt an und erkannte an der Kurve seiner Lippen und seinem Blick, daß auch er sich entspannte und sich damit abgefunden hatte, das dramatische, erotische Tableau seines Vetters zu genießen.

Das Wasser reichte mir gerade bis unter die Brüste, so daß sie wie Lotusblüten auf Lilienblättern im Wasser lagen. Meine Augen wanderten zu Jasmine, die auf französisch mit Arthur schwatzte. Ihre nicht existierenden Brüste befanden sich auf derselben Höhe. So saßen wir alle vier in der milden, halbtropischen Abendluft wie in einem Bühnenbild von Dali und machten höfliche Konversation.

Auf Arthur mußte die Szene erregend wirken, denn seine kleine Rosenknospe war erblüht zu einer riesigen Erektion. Wie ein Fahnenmast ragte sein Glied unter Wasser auf. Jasmines Hand flog zu Arthurs erigiertem Penis wie durch Radarsteuerung. Sie warf französische Kommentare in die Unterhaltung ein und übersetzte sie dann rasch ins Englische, während sie ganz beiläufig und unbeteiligt Arthur streichelte. Ihr ungehöriges Benehmen faszinierte mich ebenso wie unsere gemeinsame Nacktheit.

Beim Anblick von Kurts Penis mußte ich lächeln. Er hatte sich ebenfalls aufgerichtet wie eine Rakete auf der Suche nach einem Ziel. Seine und meine Reaktion auf diesen höchst kalifornischen Hedonismus amüsierten mich. Kurts Zehen berührten meine, und ich sehnte mich danach, seinen Penis – lang, hart und einladend – zu berühren; aber ich saß da, in puritanische psychische Fesseln geschlagen.

Jasmine kannte keine derartigen Hemmungen. Sie tauchte unter Wasser und nahm den nur zu entzückten Penis Arthurs in den Mund. Ihre schmalen Lippen umschlossen sein Glied fast ganz.

Meine Augen trafen die Kurts. Wir lächelten einander zu. Ich fühlte ein Prickeln im ganzen Körper.

Jasmine tauchte auf, um Luft zu holen, und verschwand dann wieder.

»Ihr wird doch nicht der Sauerstoff ausgehen?« fragte ich.

»Keine Angst, Liebling«, antwortete Kurt und legte eine

Hand zwischen meine Beine. »Ich bin sicher, daß Jasmine die Situation gut im Griff hat.«

»Oder vielmehr im Mund«, gab ich zurück, erschaudernd vor Genuß, als Kurts starke Finger gegen zarte Stellen drückten. Ich drehte mich ein bißchen, damit er mit seinen Fingern ein und aus fahren konnte.

Jasmine erschien wieder über Wasser. Sie sagte kein Wort, gurgelte mit Champagner, den sie anschließend ins Gras spuckte, und wandte sich mir zu. Spielerisch wiederholte sie ihre frühere Bemerkung: »Maria hat so hübsche Brüste.«

Ein bißchen ärgerlich gab ich zurück: »Das sagten Sie bereits.«

Ohne weiteren Kommentar beugte sie sich vor und legte ihren Mund auf meine Brust.

Ich war entsetzt. Ein Gefühl des Widerwillens überkam mich. Gerade wollte ich sie zurückstoßen, als ich spürte, wie Kurt meinen Arm festhielt – ein Befehl, ruhig zu bleiben. Seine Augen blickten gedankenverloren.

Ich sah Arthur an.

Er lächelte.

Mein Widerwille verschwand und machte einem ekstatischen Gefühl Platz.

Jasmine fuhr mit der Zunge um meine Brustwarzen und begann dann, ohne daß ihre Zähne meine Haut berührten, daran zu saugen. Dieses Saugen schuf Welle um Welle sinnlichen Genusses, der noch verstärkt wurde durch ihre nächsten Bewegungen: Sie hob leicht den Kopf und konzentrierte sich nur auf die Brustwarze, begann ganz zart in die rote, saftige Härte zu beißen. Das Stakkato ihrer winzigen, schneeweißen Zähne erfüllte meinen ganzen Körper mit einem herrlichen Prickeln. Hitze durchflutete mein Rückgrat. Ihre Technik war makellos.

Während ihre Zähne mich noch besaßen, schob sie Kurts

Hand zwischen meinen Beinen weg und ersetzte sie durch ihre eigene. Ihre Finger vollführten immer schnellere, kräftigere Stoßbewegungen, ein und aus, ein und aus.

Die Nacht erschien fremd, unwirklich, fern. Ich fühlte mich losgelöst von meinem Körper und vollkommen hilflos, als eine Hand die meine zu Kurts Penis führte, den ich inbrünstig ergriff. Ich versuchte, mich Jasmines Rhythmus anzupassen, und berührte ihn mit denselben pulsierenden Bewegungen, mit denen sie in mich eindrang. Nie zuvor war ich von einer Frau auf diese Weise berührt worden. Wäre Kurt nicht gewesen, hätte ich es nicht zugelassen. Doch inzwischen waren meine Einwände rein akademisch, da ich ihren stoßenden Finger, ihre forschende Zunge, ihren kenntnisreichen Mund genoß. Jasmine hob den Kopf von meiner Brust. Ich wollte schreien »Nicht aufhören!«, so herrlich waren die Gefühle, die sie erregte. Dann fühlte ich Kurts vertrauten Mund und seine Lippen an meiner anderen Brust. Die Rauheit seines Bartes erhöhte noch die Berührungsreize und stimulierte mich zusätzlich. Ich streichelte ihn heftiger, er reagierte mit primitiver Leidenschaft. Im Gegensatz zu dem sanften, disziplinierten Flattern und Beißen Jasmines geübter Lippen begann Kurt sich auf mich zu stürzen und nahm so viel von mir in seinen großen Mund, wie er konnte. Dann zog er sich zurück und leckte meine erigierte Brustwarze mit seiner freigiebigen Zunge. Zeit und Raum waren an den Rand meines Bewußtseins zurückgewichen. Meine Sinne wirbelten. Ich spürte nichts als den Genuß, die Süße der Nachtluft und die Klarheit der Musik im Hintergrund.

Kurts Begehren flammte nun unkontrollierbar auf. Er schob Jasmine beiseite und hob mich auf sich. Ich fühlte seine herrliche Härte, als er in meinen Körper eindrang. Während ich auf ihm auf und ab ritt, preßte er seinen Mund auf meinen, schob seine glühende Zunge zwischen meine

Lippen. Ich war sicher, er würde jeden Augenblick kommen, doch abrupt stieß er mich zurück, sprang aus dem Wasser. Sein Penis war riesig und prachtvoll.

Er zog mich hinter sich her und legte mich in das nachtfeuchte Gras. Mit angezogenen Knien hockte er über mir, so daß sein Penis mein Gesicht streifte. Mondlicht fiel in Streifen über seinen Körper. Schatten tanzten im Hintergrund. Er schien fern und gleichzeitig so nahe, daß er ein Teil von mir war. Ich erkannte seinen Wink und nahm ihn hungrig in den Mund. Sein Gefühl und Geschmack erregten mich wie immer. Spiralen des Entzückens zogen durch meinen Körper. Leidenschaftlich saugte ich an seinem Glied, stillte meinen wachsenden Hunger nach ihm. Ich nahm nichts mehr wahr außer seinem Stöhnen und ließ meine Zunge um seinen Penis kreisen. Er bewegte sich auf und ab, vor und zurück, um seinen Genuß zu steigern.

Ich fühlte, daß jemand zusah. In der Ferne bemerkte ich Arthur und Jasmine, die uns zuschauten, während sie einander weiter erregten. Sie wirkten wie gebannt, ihre Augen starrten ausdruckslos auf Kurts massives Glied, das sich in und aus meinem Mund bewegte und meine liebende, rastlose Zunge suchte. Ihre Gegenwart und Aufmerksamkeit erhöhten meine eigenen Empfindungen. Schockiert erkannte ich, daß ich ihre Anwesenheit genoß, als Wellen von Hitze durch meinen Unterkörper strömten. Alle meine Reaktionen wurden intensiver. Ich wollte, daß sie zusahen! Ich wollte Jasmine zwischen den Beinen berühren. Plötzlich zog Kurt sich aus meinem Mund zurück, streckte die Beine und drang mit einer schnellen, fast bösartigen Bewegung in mich ein. Sein geschwollenes Glied glitt in meine feuchte, begierige, erwartungsvolle Vagina.

Während Kurt vorwärts und aufwärts stieß, gegen die

Vorderseite meiner Vagina prallte und meinen Uterus berührte, durchzuckten mich Spasmen der Erregung. Ich stöhnte vor Lust. Meine Laute erinnerten mich irgendwie daran, daß die anderen mich hören konnten. Als ich die Augen wieder öffnete, sah ich, wie Arthur und Jasmine sich liebten, und eine neue, köstliche Empfindung durchlief meinen Körper. Ich fühlte mich, als rasten wir in einem zeitlosen Fall durch das Weltall, vorbei an glitzernden galaktischen Lichtern ins Unbekannte.

Arthur stand hinter Jasmine und hatte einen Arm um sie gelegt, so daß er mit den Fingern ihre kleinen Brustwarzen berührte. Seine andere Hand lag auf ihrem Schamhaar. Die ganze Zeit über waren Arthurs Augen auf uns gerichtet, wie meine auf ihn und Jasmine. Meine eigene Klitoris fühlte sich ungewöhnlich empfindsam und verletzlich an, während ich Arthurs Finger an Jasmine beobachtete.

Kurts Ausdauer bezeugte, daß er ebenfalls durch die Zuschauer sinnlich und erotisch angetrieben wurde. Sein Keuchen wurde heftiger. Er stieß in mich wie ein brünstiger Hengst und brachte mich auf Höhen, die ich nie zuvor erlebt hatte. Dann zog er sein Glied heraus, und in dem Augenblick, als ich es im Mondlicht glänzen sah, tropfend von meinen Liebessäften, wünschte ich, Jasmine solle ihn saugen. Ich wollte zusehen. Ich wollte Arthur saugen. Ich wollte von Arthur gesaugt werden. Ich schrie: »Bitte, bitte, jetzt!« Kurt drang zur letzten, höchsten Erlösung in mich ein.

Er drückte sein Gesicht in meines, Mund auf Mund, und versperrte mir den Blick auf die anderen. Aber ich wußte, daß sie da waren. Unsere Zungen vermischten sich. Ich hob die Hüften und kam ihm entgegen. Ich bog den Rücken durch. Hitze floß durch mein Rückgrat. Ich preßte mein Becken gegen ihn, als Kontraktionen meinen Körper durchzuckten, und er ergoß sich mit noch nie erlebter Kraft;

sein Samen floß wie geschmolzene Lava aus einem schon lange brodelnden Vulkan. Dann wurde sein Glied schlaff, und unsere Körper lockerten sich. Wir blieben ausgelaugt und erschöpft liegen, seine Wange an meiner, seine Hand auf meinem Schenkel.

»Mein Liebling«, flüsterte er.

Ich streichelte seine Wange und blickte nach oben in den indigoblauen Himmel, erschöpft, aber merkwürdig befriedigt. Ich hatte das Gefühl, wir seien aus dem Weltraum zurückgekehrt. Das Wirbeln hatte aufgehört. Frieden und Ruhe umgaben uns. Der Wahnsinn im Augenblick des Orgasmus war vergangen.

Ich wandte den Kopf.

Jasmine und Arthur liebten sich noch immer. Jasmine auf Arthur, ihr kleiner Körper ganz unproportioniert auf seiner massigen Gestalt.

Ich stieß Kurt leicht an, und er hob den Kopf und blickte in ihre Richtung.

Jasmine wand und drehte ihren Körper auf Arthurs und warf merkwürdige Schatten an die gekachelte Wand des Beckens. Kurts Hand glitt über meinen Magen, blieb einen Augenblick dort liegen. Ich fühlte, wie sein Atem sich beschleunigte, als er beobachtete, wie das Paar sich küßte und im Gras herumrollte.

Kurt küßte meine Wange und meine Augenlider. Seine Hände lagen warm auf meinen Hüften. Jasmine und Arthur wechselten die Stellung. Nun war er oben, wie eine Alabasterstatue im Mondlicht; sein muskulöser Körper und sein starkes Gesäß bewegten sich kraftvoll, während er in Jasmine eindrang.

Kurt stöhnte und rutschte dann schnell nach unten, so daß sein Gesicht zwischen meinen Beinen lag. Ich war naß und wund. Er begann mich zärtlich zu lecken, mit sanften Berührungen seiner Zunge, hungrig nach meinem Geruch und Geschmack. Er saugte die Säfte der Nachwirkungen unserer Liebe ein. Und dann, mit einer besänftigenden, balsamischen Wirkung, drang seine Zunge in mich ein. Ich beobachtete weiter Jasmine und Arthur, der, über sie gebeugt, sich versteifte, den Rücken durchbog, dann einen lauten Schrei ausstieß und neben ihr zusammenbrach. Gleichzeitig mit Arthurs Kommen spürte ich meine eigene, endgültige Entspannung.

Nach einigen Augenblicken der Stille stand Kurt auf, groß und nordisch aussehend. Er reckte sich und lächelte seltsam zufrieden. Seine Augen verweilten kurz auf Arthur und Jasmine. Dann reichte er mir die Hand und half mir aufzustehen. Wir standen da, die Arme umeinander gelegt, und fühlten uns befriedet. Wir hatten den Gipfel eines noch unentdeckten Berges erreicht, und jetzt stiegen wir zuversichtlich ab, kehrten zurück in die Realität, weiter und weiter fort von surrealistischen Bildern und wollüstigen Wünschen.

Wir gingen zurück ins Haus, barfuß im Gras, Hand in Hand, fröstelnd in der kühlen Nachtluft. Bevor wir in die Küche gingen, drehte ich mich noch einmal um und warf einen letzten Blick auf die flackernden Lichter in den Papierlaternen, atmete den Duft des Gartens ein. Wir waren in diesen Traum geführt worden, von unsichtbaren Kräften gedrängt, von einer Welle zur anderen getrieben. Ich fühlte mich heiter.

»Komm, Liebling«, drängte Kurt und drückte meinen Arm. Schweigend zogen wir uns an und sammelten unsere Sachen ein. Ohne ein Wort schlossen wir die Tür des lieblichen, weißen Miniaturpalastes hinter uns und stiegen in die wartende Limousine.

Als wir das Grundstück verließen, legte Kurt seine Hand auf mein Knie. Ich kuschelte mich an ihn und starrte auf die Lichter, die auf den trockenen Hügeln glitzerten. Meine

Brüste schmerzten von Jasmines Bissen. »Haben wir diesen Abend wirklich erlebt?« fragte ich Kurt flüsternd.

»Ja, Liebling«, antwortete er und strich mir das Haar aus dem Gesicht. »Wir haben ihn wirklich erlebt.«

Anonym

Ratatatam...ratatatam

Ich hatte Rick schon mehrmals am Telefon gesprochen, ehe der Filmtermin festgesetzt wurde. Jedesmal belebte ein Gefühl persönlichen Kontakts das, was sonst eine langweilige Besprechung administrativer Details gewesen wäre, und ich mußte noch lange darüber nachdenken. Ich mochte seine Stimme. Als ich an diesem Morgen den Hörer auflegte, spürte ich eine vage Erregung. Nicht Erregung über die eigentlichen Filmaufnahmen, die wir zusammen machen sollten, wenn auch die Vorfreude auf das Gefilmtwerden immer seinen eigenen Reiz hat. Der Augenblick enthielt mehr. Die Kraft der Stimme, der Humor, der Reiz von jemandem, der das Risiko einzugehen bereit war, das Unsagbare auszusprechen. Es war nicht zu leugnen, daß ich es gar nicht abwarten konnte, ihn zu sehen.

Und warten mußte ich. Ich hatte noch nicht gelernt, daß dieser Mann von unendlichem Charme und Witz unweigerlich zu spät kam. Als er endlich auf meinem Hausboot eintraf, das Filmteam im Schlepptau – und mit Blumen in der Hand –, schlug mein Herz bemerkenswert viel schneller.

»Die werden im Bild wunderbar aussehen«, sagte er, als er mir die Blumen überreichte. Gezwungen verzog ich die Lippen zu einem Lächeln, um meine Enttäuschung zu verbergen. Natürlich waren sie für das Szenenbild und nicht für mich. Doch als er mir die Blumen gab, aus einem Meter fünfundachtzig Höhe mit seinen klaren, blaßblauen Augen auf mich herunterblickend, fühlte ich mich verlegen wie ein junges Mädchen.

»Wo sollen wir das Zeug abstellen?« fragte er.

»Da hinten«, sagte ich und führte alle in das hintere Zimmer, wo wir bald Anzüglichkeiten mit politischen Angelegenheiten vermischen würden.

Die Gefolgschaft bestand aus einem großgewachsenen Kameramann, der seine dunkelbraunen Augen hinter dikken Brillengläsern versteckte, einem Tontechniker, klein und zerknittert, als habe er tagelang gearbeitet, ohne zu schlafen, und Ben, dem Coproduzenten, schlank, blond und gutaussehend – fast zu gut aussehend im klassischen Sinne. Zwar fühlte ich mich instinktiv zu Rick hingezogen, doch Ben war eindeutig der besser aussehende von beiden. Mit seinem großen, schlanken Körper und seinen feingeschnittenen Zügen sah er aus wie ein Mann, den man ohne weiteres auf einem Werbeplakat für den Playboy oder für Whisky hätte finden können.

Während sie damit beschäftigt waren, ihre Ausrüstung aufzubauen, zog ich mich an. »Was paßt am besten zur Couch?« überlegte ich.

»Als Regisseur werde ich das entscheiden«, bot Rick mir an. »Ich kenne mich mit solchen Sachen aus. Führen Sie mir etwas vor.« Ich errötete, und die Wärme meines Gesichts breitete sich in meinem Körper aus, als ich kokett ein oder zwei Kleider herauslegte. Und als ich mich umzog, mußte ich zugeben, daß ich gut aussah, sehr gut. Ich sah stark aus, professionell und *sehr* weiblich. Die endgültige Entscheidung war leicht. Ich hatte von Anfang an gewußt, daß die lavendelfarbene Seidenbluse und das dunkelblaue Wollkostüm das richtige, professionelle und doch sinnliche Aussehen hatten. Doch das Vorführen der Kleider hatte meinen Körper elektrisiert; es bildete ein subtiles Vorspiel, das für die weitere Begegnung den Ton angab.

Die Gefühle schienen sogar in die schlagfertigen Antworten des Interviews einzugehen. Seine Fragen hatten einen fast verführerischen Beigeschmack. Waren sie doppeldeutig, oder las ich nur das hinein, was ich hören wollte? Inzwischen spielte ich meine Rolle gut, beantwortete seine Fragen mit Stil, Witz und Intelligenz.

Als die Aufnahmen beendet waren und das Team packte, um nach Hause zu gehen, holte ich eine Flasche Champagner hervor. Wir hatten ja Grund zu feiern. Außerdem wollte ich ihren Aufenthalt verlängern. Ich war zwar nicht bereit, einen sichtbaren Schritt zu unternehmen, aber durchaus gewillt, die Szene vorzubereiten und ihr einen kleinen Schubs in die Richtung zu geben, die der Abend nach meinen Wünschen nehmen sollte. Außerdem wußte ich, daß sie am nächsten Tag Aufnahmen machen mußten und daher am Abend nicht nach Chicago zurückfliegen würden. Vor allem aber wollte ich diese tollen Männer etwas länger um mich haben.

Als der Kameramann und der Tonmeister ihre Geräte gepackt hatten und sich herzlich zu verabschieden begannen, überkam mich ein Gefühl von Enttäuschung. Meine Phantasie würde gleich zu Ende sein. Doch Rick und Ben machten keine Anstalten, mit ihnen zu gehen. »Warum sollten wir gehen, ehe die Flasche leer ist?« sagte Rick. »Außerdem habe ich bemerkt, daß Sie unten ein Jacuzzi haben.«

»Ich kann es in Null Komma nichts aufheizen«, antwortete ich, ehe er seinen Satz noch ganz beendet hatte. Der Abend würde also nicht gleich enden. Er könnte sogar gerade erst begonnen haben, und das Beste würde erst noch kommen.

Rick gab meine Gedanken präzise wieder: »Großartig. Ich habe viel über diese japanischen Heißwasserbecken gehört«, sagte er. »Das ist vielleicht der vollkommene Abschluß eines schönen Tages.«

Es *war* ein schöner Tag gewesen. Die Aufnahmen hatten wesentlich besser geklappt als erwartet, und nun schuf der Sonnenuntergang einen krönenden Glorienschein mit seinen dunkelrosa, purpurnen und goldgelben Tönen, die sich am Himmel ausbreiteten, als wir trinkend und redend beieinandersaßen. Während wir darauf warteten, daß das Wasser heiß würde, schien sich im Raum eine Hitze ganz anderer Art aufzubauen. Dann ging der Mond auf, ein riesiger, voller, orangeroter Herbstmond. Er war so vollkommen, daß er beinahe kitschig war. Mutter Natur hätte nicht besser mitwirken können. Und hätte Rick mir nicht in diesem Augenblick einen Joint angeboten, hätte ich geschworen, daß die Schönheit des Augenblicks bereits von Drogen gefärbt war.

Wir alle inhalierten tief, während wir den Joint kreisen ließen. Alle Anstrengungen des Tages schienen sich in eine weiche, warme Sinnlichkeit aufzulösen, die allmähliche Anregung, die den Körper langsam anheizt, im Gegensatz zur schnellen Hitze des eigentlichen Liebesaktes. Etwas leise Erwartungsvolles mischte sich in die Unterhaltung. Mein Geist eilte voraus. Wie konnte ich mein Interesse zu erkennen geben, ohne allzu forsch zu erscheinen? Und was könnte das für mein Ansehen und meine politische Karriere bedeuten? Doch Sinnlichkeit siegte über Schicklichkeit, als ich nach draußen ging, den Deckel vom Heißwasserbecken abnahm und die Temperatur prüfte. »Ich glaube, es ist soweit«, rief ich nach drinnen und riß uns aus unserer Träumerei. Mit Champagner und Joint in den Händen kamen Rick und Ben zu mir nach draußen. Der Mond, der nun höher am Himmel stand, hatte eine durchsichtig silberne Farbe angenommen und beleuchtete die Umrisse unserer Körper, als wir langsam unsere Kleider ablegten. Stück für Stück zogen wir uns einzeln und dennoch unisono aus. Dieser Vorgang hatte keinen platten sexuellen Beigeschmack, sondern war eher wie der subtile, sinnliche Tanz schöner Körper, die sich bewegen und einen visuellen Vorgeschmack von dem geben, was noch kommen soll.

Dann ließen wir einer nach dem anderen den silbergeränderten Glanz unserer nackten Körper in das dampfende Wasser gleiten. Rick saß neben mir, Ben gegenüber. Ich lehnte mich zurück gegen die pulsierende Wasserdüse, schloß die Augen und ließ die starken, glatten Luftblasen die Realität wegmassieren. Es war wirklich ganz gleich, ob sich etwas herumsprechen würde. Der Augenblick an sich war wundervoll.

Plötzlich spürte ich, wie ein Arm ganz leicht meine Schulter streifte. Diese Andeutung von Kontakt jagte einen Energiestrom durch meinen ganzen Körper. Die unmerkliche Berührung war wesentlich sinnlicher als ein festes, direktes Anfassen. Mein Gehirn raste. War das Absicht? Oder reagierte ich übertrieben auf eine zufällige Bewegung? Sollte ich sie erwidern? Ich beschloß, die Geste mit einem leisen Streichen meiner Hand über Ricks Unterarm zu erwidern. Nur eine ganz leichte Berührung; sie hätte leicht zufällig sein können. Doch die Elektrizität verriet ihre wahre Absicht, und Rick reagierte, indem er meine Seite und meinen Rücken unterhalb der Taille streichelte. Das Streicheln war so leicht, daß ich mich nach mehr sehnte. Und ich wurde nicht enttäuscht. Wir wechselten einander ab, hin und her, in sanften, zarten, spielerischen Bewegungen. Wir zogen die Umrisse unserer Körper nach, bewegten uns von den ungefährlicheren Regionen an Rükken, Armen, Schultern und Schenkeln zu den Kurven der Gesäße und in die Falten empfindlicherer Teile. All das blieb unsichtbar unter den Blasen aus der Düse, die den Unterwassertanz verbargen. Trotz der Sicherheit des transparenten Wasservorhangs aber, der unsere tastenden, doch erregenden Aktivitäten verbarg, fragte ich mich, ob Ben spürte, was vorging. Würde er uns ertappen? Würde er sich ausgeschlossen fühlen?

Der Mond stand nun hoch am dunklen, klaren Himmel.

Einen vollkommeneren Abend konnte man sich nicht vorstellen. Keiner von uns wollte das Becken verlassen und der
Schönheit des Abends ein Ende machen; und ich wollte
unbedingt die halben, träumerischen Bewegungen fortsetzen, die das Bevorstehen größerer Intensität versprachen.
Doch das Wasser war unerträglich heiß geworden. Ich
beschloß, die Heizung abzustellen; als ich das tat, hörte die
Sicherheit der Blasen ebenfalls auf. Die stille, klare Fläche
ließ jede Bewegung unter Wasser erkennen, und ich fürchtete, damit sei das Ende unseres verstohlenen Schmachtens
gekommen.

Zu meiner Überraschung machte Rick weiter, als lasse
der Vollmond nicht vollkommen klare Sicht auf die Wande-
rungen unserer Hände im kristallklaren Wasser zu. Ich
schloß die Augen und leugnete die Realität wie ein Strauß,
der den Kopf in den Sand steckt. Außerdem ist Ben sein
Freund, überlegte ich; er und Rick müßten damit klarkom-
men. Inzwischen ließen Ricks federleichte Berührungen
eine Gänsehaut auf meinen Armen, Beinen, Brüsten und
Gesäßbacken entstehen, selbst in dem dampfend heißen
Wasser.

Während mein Körper in dem stillen körperlichen Geben
und Nehmen schwelgte, das wir austauschten, glaubte ich,
eine neue Bewegung im Wasser wahrzunehmen. Als ich die
Augen öffnete, konnte ich sehen, daß Ben seine Stellung
leicht verändert hatte und dabei war, die Außenseite von
Ricks Schenkel zu streicheln. Als er dann auch meine
Schenkel zu streicheln begann, wußte ich, daß dieser
Abend mehr barg, als ich zu hoffen gewagt hatte. Während
ich in dem sicheren, sinnlichen Raum trieb, den nur Gras,
heißes Wasser und die liebende Aufmerksamkeit zweier
schöner Männer überhaupt schaffen können, geriet ich in
einen traumähnlichen Zustand. Alles war so natürlich, daß
ich mich fragte, wie oft diese beiden Männer eine solche

Situation schon geteilt hatten. Gewiß waren zahlreiche Erfahrungen notwendig gewesen, um einen so angenehmen, liebevollen Austausch zu entwickeln.

Ich lehnte meinen Kopf entspannt an den Rand des Beckens und ließ meine Beine ausgestreckt schweben. Als ich das tat, begann Rick langsam und zart eine meiner Brüste zu umfassen. Der weiche, fast unmerkliche Kontakt seiner Hände mit dem Wasser direkt um meinen Körper ließ mich vor Lust und Begehren stöhnen. Mein ganzes Sein vibrierte buchstäblich vor Spannung. Ich spürte, wie sich mein Körper fast aus dem Wasser hob vor Verlangen, ihnen näherzukommen, dieses herrliche Spiel einen Schritt weiter zu treiben, begierig nach dem Druck, der mich nur streifte. Dann nahm Rick, während er zärtlich meine Brüste streichelte, meine erigierte Brustwarze in den Mund, und als er saugte, durchschossen mich Ströme von Erregung. Als Ben dann an meiner anderen Brustwarze zu saugen begann, fragte ich mich, ob der Himmel wirklich schöner sein könne als das hier.

Nachdem nun unsere Absichten so eindeutig klargeworden waren, konnten unsere Hände frei umherwandern. Ich streichelte die Innenseiten der Oberschenkel beider Männer gleichzeitig. Rick antwortete, indem er an meinen Schenkeln entlangstrich, während Ben die Weichheit meines Schoßes zu erforschen begann. Ich wünschte ihn so glühend in mir, daß ich es kaum noch aushalten konnte. Ich fühlte mich vollkommen gespannt, fast bis zum Zerreißen. Rick fand meine Klitoris, Ben schob seine Finger in mich, und während ich begehrlich stöhnte, wurde mein Atem flach und schnell. Binnen Sekunden fühlte ich, wie ich mich ausdehnte, über die Grenzen meines Körpers hinaus, und ganz plötzlich ließ eine Explosion von herrlicher Kraft meinen Körper in einer Konvulsion nach der anderen erschauern. Nie zuvor war ich so schnell und nach so wenig

Berührung gekommen; dennoch war ich noch längst nicht befriedigt. Und wie in einer Phantasie, in der jeder Wunsch augenblicklich erfüllt wird, ging das Streicheln, Saugen und Lieben weiter.

Ich griff nach ihren Gliedern. Sie waren stark und hart. Mit dem Wasser als seidigem Gleitmittel nahm ich liebevoll und zart jeden Penis in eine Hand, strich daran auf und ab, auf und ab, während sie weiter mit meinen Brüsten, meiner Vagina, meiner Klitoris, meinem Gesäß spielten. Vier Hände und zwei Münder sättigten meine Sinne und tauchten meinen Körper in eine Welle des Genusses nach der anderen. Während die Spannung stieg, schien ein Orgasmus direkt zum nächsten zu führen; nachdem jeder Nerv und Muskel meines Körpers intensiver explodiert war als je zuvor, konnte ich es endlich nicht mehr aushalten. Meine Klitoris fühlte sich so empfindlich an, als würde sie überall gleichzeitig von winzigen Nadeln gestochen. Mein Körper begann sich zusammenzuziehen, fort von der Stimulierung, und ich lachte, als ich ausrief: »Pause!« Sie lachten ebenfalls, als wir einander so umarmten, wie gute Freunde es tun, wenn sie sich lange nicht gesehen haben oder wenn einer für den anderen etwas ganz besonders Großartiges oder Liebes getan hat. Dann stellte ich die Heizung wieder an, damit wir noch etwas länger im Becken bleiben konnten.

Inzwischen hatte ich Zeit zum Überlegen und merkte, daß das unbehagliche Gefühl zurückgekommen war und in meiner Magengegend nagte. Ich machte mir *doch* Gedanken darübe, was andere Leute denken könnten. »KONGRESSKANDIDATIN TREIBT GRUPPENSEX«, und Berichte darüber, wie ich diese Männer nur wenige Stunden nach dem Kennenlernen verführt hatte. Selbst in einer progressiven Stadt würde das sämtliche Wahlchancen zunichte machen. Als ich ihnen jedoch meine Befürchtungen mitteilte, beruhigte mich ihre warmherzige, liebevolle Reaktion. »Wir küssen nicht und erzählen es hinterher«, sagte Ben. Das war zwar abgedroschen, aber es gab mir ein Gefühl der Sicherheit.

»Sagt mir die Wahrheit«, bat ich, »wie oft habt ihr das schon gemacht?«

Ich war schockiert von ihrer Antwort. »Nie«, sagten sie fast gleichzeitig. Ich konnte es kaum glauben, da sie so unbefangen und völlig natürlich miteinander umgingen. Doch das Gespräch, das sich dann ergab, war vollkommen glaubhaft. Ich hatte keinen Grund, an ihren Antworten zu zweifeln. Beide waren sehr geradlinig, was erklärte, warum sie zwar liebevoll miteinander umgingen, sich aber niemals gegenseitig sexuell berührten. Dadurch wurde mir natürlich um so mehr Aufmerksamkeit zuteil, und darüber wollte ich mich gewiß nicht beklagen. Ihr vordringlicher Wunsch schien eindeutig zu sein, mich vollkommen zu befriedigen. Rick hatte zwar einmal mit zwei Frauen geschlafen, doch Ben hatte noch nie eine sexuelle Erfahrung mit mehr als einer anderen Person gemacht. Dennoch waren sie eindeutig entspannt – und ich hatte zwar schon ein paarmal in meinem Leben mit zwei Männern geschlafen, doch die völlig lockere und unglaublich liebevolle Atmosphäre der jetzigen Erfahrung übertraf meine kühnsten Erwartungen.

Nachdem wir noch eine Weile geredet und herumgespielt hatten, begannen wir uns Sorgen zu machen, ob unsere verschrumpelte Haut je wieder glatt würde. Langsam kletterten wir aus dem Becken; die Wassertropfen glitzerten im Mondlicht. Mit zwei Handtüchern trockneten wir jeweils den dritten ab; flauschige Tücher massierten sanft Hälse, Schultern, Brüste und Rücken, kreisten durch Achselhöhlen, um Genitalien, trockneten die Falten der Schenkelinnenseiten und Gesäßbacken. Wenn einer hinkniete, um das Handtuch über Beine und Füße zu reiben, strich der andere die Feuchtigkeit aus dem Gesicht, als führten wir einen gut geprobten Tanz auf. Nachdem wir einander abgetrocknet hatten, gingen wir in die Küche. Vier Stunden waren seit dem Beginn unseres Bades verstrichen. Ich konnte mich an keine angenehmere Zeitspanne erinnern.

Nachdem wir etwas Käse und Crackers geknabbert hatten, gingen wir, noch immer nackt, in den Wohnraum. Wir verteilten uns auf der Couch. Sie lehnten gegen die Seitenkissen, und ihre Beine kreuzten sich auf meinem Schoß, da ich in der Mitte saß. Wir sprachen über unser Leben. Selbst nach so intensivem Sex und so großer Intimität hatte ich keine Ahnung, daß sowohl Rick als auch Ben geschieden waren. Ihre Freundschaft war in den zwei Jahren gewachsen, in denen sie zusammen an einer Reihe von Dokumentarfilmen gearbeitet hatten. Ich teilte ihnen mit, daß ich ebenfalls geschieden war. Die nächsten paar Stunden brachten wir damit zu, einander über unsere dreißig-und-einige Jahre zu berichten; dabei streichelten wir uns liebevoll. Unsere Hände wanderten über die anderen Körper so sorglos, wie man mit den Fingern auf den Tisch trommelt, während man in Gedanken anderswo ist.

Unmerklich versickerte unser Gespräch, und die Berührungen nahmen zu. Ich war herübergerutscht und hatte mich fest in Bens Arme gekuschelt, während Rick meine Füße massierte. Ben beugte sich vor und küßte mich sanft. Ich reagierte mit einer überwältigenden sexuellen Energie, die inzwischen eigentlich mehr als erschöpft hätte sein müssen. Ich glitt weiter nach unten und nahm Bens Glied in den Mund. Rick kam herüber und küßte meinen Rücken, während er seine Brust und seinen Bauch um meine Gesäßbacken drapierte, die Knie auf dem Boden. Ich griff nach unten und ließ meine Hand zart an Ricks Penis entlanggleiten, benutzte sein öliges Sekret, um meine Hand geschmeidig zu machen. Wieder war mein Körper angefüllt mit

Genuß, als sie beide voll auf mich eingingen; mein Berührungssinn war so verstärkt, daß eine Million leichter Finger pulsierende Lustempfindungen durch meinen ganzen Körper jagten. Während ich ihre Gunst zu erwidern versuchte, neckten sie mich nur, indem sie mich kurz mit ihren herrlichen Schäften spielen ließen, ehe sie sie wieder zurückzogen und sich auf mich konzentrierten. Die Spannung stieg, während wir uns vor und zurück und in den verschiedensten Positionen bewegten wie in einem rituellen, jahrhundertelang geübten Tanz. Die Liebkosungen und Berührungen elektrifizierten mich, bis mein Körper innerlich danach schrie, gefüllt zu werden. Ich lag über die Couch gebeugt, meine Beine hingen zu Boden, Rick lag unter mir, und ich hatte sein Glied im Mund, als Ben in mich einzudringen begann. Seine seidige Glätte dehnte mein Inneres aus, als atme es den subtilen Duft einer Blume ein.

»Verdammt!« fuhr ich aus meiner Träumerei auf. Ich hätte es beinahe vergessen. »Ich brauche mein Pessar!« rief ich.

»Rühr dich nicht, ich hole es«, sagte Ben und stand auf. »Sag mir nur, wo es ist.«

»Oben neben meinem Bett in der Dose mit dem Keramikdeckel. Und wenn es dir nichts ausmacht, dann bring mir doch bitte auch meinen Morgenrock aus dem Wandschrank und ein Paar Strümpfe aus der obersten Schublade. Ich fange an, ein bißchen zu frieren.«

»Kein Problem«, sagte er und lief nach oben. Augenblicke später kam er zurück mit Pessar, Creme, Morgenrock und einem Paar roter Wollstrümpfe in der Hand.

»Geht es damit?« fragte er, als er mir den Morgenrock reichte und die Strümpfe auseinanderzurollen begann. »Sie sahen interessant aus.«

»Donnerwetter, wirklich«, sagte Rick, als der Morgenrock zu Boden fiel und er sich darauf konzentrierte, meinen

Fuß in einen Strumpf zu stecken und den Strumpf hochzuziehen, während Ben dasselbe mit dem anderen tat. Die Strümpfe reichten bis in die Mitte des Oberschenkels, und irgendwie war das Hingestrecktsein auf der Couch, nur mit roten Wollstrümpfen bekleidet, mehr sexy als ein schwarzes Negligé. Rick blieb auf den Knien, streichelte meine Beine und küßte meine Schenkel über den Strümpfen, während Ben die Creme in das Pessar gab. Dann rieb er mit einer Hand sein Glied, während er mit der anderen vorsichtig das Pessar einführte.

»Ich bin beeindruckt«, sagte ich scherzend. »Wo hast du das gelernt?«

»Ich war mal verheiratet«, sagte er, drehte mich auf die Seite und kniete sich hin, damit er von hinten in mich eindringen konnte, ohne Ricks Lecken und Streicheln zu unterbrechen. Dann glitt er vorsichtig hinein. »Man mußte etwas tun, damit Sex interessant blieb.«

Nun, Finger sind eine Sache, aber ein hartes Glied ist eine ganz andere. Während Ben sich sachte vor und zurück bewegte, begann Rick mich leidenschaftlich auf den Mund zu küssen und rollte gleichzeitig auf aufregend feinfühlige Art meine Brustwarzen zwischen seinen Fingern. Ich rieb sein Glied im gleichen Rhythmus mit Bens Stößen in mir. Wir bewegten uns, als ob wir eins seien, anwachsend, ausdehnend, stöhnend, bis wir den Gipfel des Empfindens erreichten und gemeinsam explodierten. Schließlich vergingen die intensiven Kontraktionen und Spasmen, unsere Körper sanken entspannt zusammen, unser Atem wurde wieder normal.

Gesättigt und erschöpft, gingen wir nach oben ins Schlafzimmer, um zu schlafen, ich in der Mitte, wie es unser Stil geworden war. Wir verbrachten die Nacht mit liebevoll umeinander geschlungenen Armen und Beinen. Als wir erwachten, stand die Sonne hoch am Himmel. Alle drei fühlten wir uns ausgeruht, und da ihre nächste Filmaufnahme erst am Abend stattfand, beschlossen wir, einen Ausflug zu machen und in den Zoo zu fahren. Bei aufgeklapptem Verdeck zwängten wir uns alle drei auf die Vordersitze eines gemieteten Sportwagens, ich wieder in der Mitte. Ich hatte das Gefühl, mich zwischen zwei meiner liebsten Freunde zu kuscheln, und dabei kannten wir uns weniger als einen Tag.

In einer kleinen Stadt hielten wir an, um zu essen. Als wir alle drei Arm in Arm die Straße hinuntergingen, mußte ich unwillkürlich grinsen. Rick bekam das sofort mit. »Da geht Gina mit ihren Jungens«, sagte er mit einem Funkeln in den Augen.

»Du hast recht«, sagte ich ganz schamlos. »Vielleicht habe ich diese Gelegenheit nie mehr in meinem Leben, und ich werde sie gründlich genießen.«

»Wir auch«, antwortete er. Und beide umarmten mich liebevoll.

Eve

Noch halb im Schlaf öffne ich die Augen. Die Straßen draußen sind mitternächtlich still; was könnte mich geweckt haben? Während ich mich im Bett bewege, merke ich, daß mein Körper heiß, mein Gesicht gerötet ist. Ich muß einen sexuellen Traum gehabt haben.

Ich drehe mich zu Steve um. Ich kuschle mich an seinen breiten Rücken und versuche, die Schlafstellung einzunehmen, die wir Löffelstellung nennen. (Wenn ich vorne liege und Steve hinter mir, fühlt es sich wirklich an, als wären wir zwei Löffel, die gemütlich zusammenliegen, Steves Arm um mich, seine Hand achtlos um meine Brust gelegt. Doch so herum, ich hinter ihm, fühlt es sich überhaupt nicht wie die Löffelstellung an. Steve ist zu groß, um sich um ihn herumzukuscheln.)

Ich weiß, daß Steve nicht aufwachen wird. In den zwei Jahren, die wir zusammenleben, waren wir noch nie beide gleichzeitig mitten in der Nacht wach. Steve hat einen unglaublich gesunden Schlaf; vermutlich ist das ein Teil seines einundzwanzigjährigen Seins: Er schläft schnell ein und wacht mit einem Lächeln auf. Ich bin nicht so leicht zufriedenzustellen.

Ich erinnere mich an den Abend, an dem ich Steve kennengelernt habe, einen kühlen, sternklaren Abend zu Beginn unseres zweiten Jahres im College. Wir saßen draußen auf den Stufen vor dem Studentenheim und schwatzten – was können wir gesagt haben, als wir mit rasendem Herzklopfen Konversation machten? –, und irgendwie endete es ein paar endlose Blocks weiter oben in Steves Zimmer. Unsere ersten Küsse waren zärtlich, forschend.

Wenn ich jetzt daran denke, merke ich, wie ich deswegen erröte – so naiv und doch so hungrig waren sie. Sie waren tiefer und verwirrender als alle Küsse, die ich zuvor erlebt hatte. Langsam half Steve mir auf sein schmales Bett. Als er meine Bluse aufknöpfte und seine Fingerspitzen auf meiner Brust auf und ab fahren ließ, prickelte meine Haut vor Erwartung. Als seine offene Hand, flach auf meinem Bauch liegend, den Weg in meinen Slip fand, wölbte ich ihm mit einer Dringlichkeit, die mich überraschte, den Rücken entgegen.

Seither ist so viel geschehen. Steve und ich haben in zwei verschiedenen Wohnungen zusammengelebt – zuerst mit dreien seiner männlichen Wohngenossen und jetzt mit der Frau, die während unseres ersten Collegejahres meine beste Freundin war, Eve. »Steve und Eve«, pflegte ich zu scherzen, »ihr hört euch an wie ein Vaudeville-Pärchen.« Die Leute rieten uns dreien, nicht zusammenzuleben. Sie meinten, daraus könnten Schwierigkeiten entstehen: Vielleicht würde Eve auf Steve und mich eifersüchtig sein; vielleicht würde Steve sich zu Eve hingezogen fühlen oder sie zu ihm; vielleicht, vielleicht, vielleicht. Doch die Leute wußten nicht, wie kompliziert das Arrangement wirklich sein konnte.

Ich rücke näher an Steve heran und öffne den Mund, um seinen süßen Geruch einzuatmen. Vor Jahren stellte ich mir gern den Hochgenuß vor, sich eine ganze Nacht lang zu lieben. Ich dachte, das müßte ein endloses Fest sein, bei dem man wie an einem Büfett einen Gang nach dem anderen verzehrt – auf einem Bett mit gemusterten Laken und dicken, warmen Decken. Doch für mich und Steve schienen die Vor- und Nachmittage die anregendsten Zeiten zu sein. Die magische Nähe der tiefen Nacht ist etwas, das wir selten miteinander geteilt haben. Wir bemühen uns, uns nur dann zu lieben, wenn Eve nicht da ist.

Abwesend streiche ich mir über Schenkel und Po, während ich an Eve denke. Eve hat Schauspiel als Hauptfach belegt, und sie ist schön; ihr Körper hat die weichen, mühelosen Bewegungen, die von jahrelangem Training zeugen. Als Eve die Hauptrolle in der Winterproduktion der Universität von *Endstation Sehnsucht* bekam, gingen wir alle drei zusammen aus, und zwar in das Lokal, das in unserer Universitätsstadt einem Jazzclub am nächsten kam. Wir tranken eine Menge Bier, und als die Musik begann, tanzten wir. Steve hatte nach ein paar schnellen Nummern genug, aber Eve und ich wollten mehr. Wir drehten uns umeinander wie kleine Mädchen und kicherten, wenn wir Po und Hüften bewußt sexy bewegten. Als ein langsamer Tanz kam, standen wir still, die Füße weit auseinander, und starrten einander an. Eve atmete heftig nach den vorherigen Tänzen, ich ebenfalls. Schließlich bewegten wir uns im Halbdunkel der Tanzfläche aufeinander zu. Wir öffneten die Arme, legten sie umeinander, hielten uns fest umarmt und begannen, uns zu der schwülen Musik langsam zu wiegen. Es war wie ein Tanz mit einem Mann, nur besser. Ich wünschte mir verzweifelt, Eve würde ihren Mund weit öffnen und mich auf den Mund küssen, aber ich wagte nicht anzufangen.

Auf der Heimfahrt an diesem Abend war mein Kopf schwer von Bier, und ich war noch immer erregt. Ich hörte Eves fröhlichem Geschwätz zu, während der Sitz von Steves altem VW unter meinem feuchten Schoß vibrierte. Es kam mir wie eine lange, lange Fahrt vor, und jedesmal, wenn die Straße eine Unebenheit hatte, spürte ich ein tiefes, wohliges Prickeln in meinem Inneren. Milde Orgasmen, dachte ich bei mir. Als wir nach Hause kamen, konnten Steve und ich einander gar nicht schnellgenug ausziehen. Er wußte, wie heiß, wie naß und wie bereit ich war, ihn zu empfangen, und als er in mir explodierte, fühlte ich mich merkwürdig ruhig und dankbar. Ich hatte mich den ganzen Abend nach irgend'etwas gesehnt, und Steve hatte mich ausgefüllt.

Was für starke Gefühle ein paar beiläufige Berührungen und Umarmungen mit meiner besten Freundin auslösen können! Was für tolle Empfindungen bei einer Autofahrt, während ich ihrer hellen, süßen Stimme lauschte! Und jetzt, als ich mich an diesen Abend erinnere, paßt plötzlich alles zusammen. Die Stimme! Eves Stimme. Es war Eves Stimme, die mich vor ein paar Augenblicken aufgeweckt hat.

Während mir das einfällt, höre ich die Stimme wieder. Eve flüstert mit jemandem, und es ist zwei Uhr nachts.

Ich wende mich von Steve ab, um besser zu hören. Die beiden Schlafzimmer der Wohnung sind nur durch eine dünne Wand getrennt, daher kann man sich gut hören. Eve redet mit einem Mann. Könnte es Frank sein, der dunkelhaarige, gutaussehende Hauptdarsteller in ihrem Stück? Eve hat in letzter Zeit viel von ihm gesprochen. Und obwohl ich ihn nie gesehen habe, bin ich sicher, daß meine Vermutung richtig ist: Die männliche Stimme, die Eve antwortet, hat genau den Ausdruck, den Tonfall und die Tiefe, die vom Theaterspielen kommt.

»Ich weiß nicht«, sagte Eves leise Stimme gerade. »Versuch es ein bißchen höher.«

Ich halte den Atem an und warte auf die nächsten Worte. Jetzt spricht er: »Deine Haut ist so weich. Köstlich.« Eve kichert.

Dann hört das Kichern auf, und Eve beginnt heftiger zu atmen. Ist es ihre Schauspielausbildung, die jeden Atemzug so laut macht? denke ich ärgerlich. Mir ist, als könnte ich alles sehen: Frank über Eves glatte Schenkel gebeugt und mit den kleinen Schmatzgeräuschen, die in meinem Schlafzimmer widerhallen, an ihr saugend. Und da ist Eve, die schöne Eve, sie liegt auf dem Rücken, die Beine weit gespreizt, ihre Brust hebt und senkt sich unter tiefen Seufzern, während die Empfindungen in ihrem Körper sich steigern. Eve hat schon lange mit niemandem mehr geschlafen, und ihre Laute gehen mir durch und durch. Sie sind so ekstatisch.

Während Eves Atem heftiger wird, reagiert mein Körper, als wäre ich es, die liebkost wird. Eve singt jetzt beinahe. »Oh, Gott, oh, Gott«, ruft sie mit ihrer hohen, süßen Stimme. Meine Schenkel und mein Becken sind heiß; meine Wangen ebenfalls, und mein Herz klopft so laut, daß ich meine, es könnte Steve aufwecken. Ich rutsche etwas weiter auf meine Bettseite und lausche.

Etwas später verändert sich der Ausdruck: »Ja, oh, ja, ja.« Sie zieht das »a« so in die Länge, daß es in meinem pochenden Kopf brennt, und fast ohne einen Gedanken lege ich meine Hand in den Schoß. Ich beginne zu reiben.

Eves Worte werden zu Stöhnen. »Ummmm, ummmm«, und die Intensität steigert sich noch mehr. Dann fällt Frank auch ein und stöhnt: »Ummmmm, ummmm.« Ich stoße einen Finger in meine Vagina und staune, wie naß sie ist. Ich hebe den Finger an mein Gesicht, damit ich daran riechen kann – so muß Eve jetzt riechen, denke ich –, dann führe ich ihn wieder ein.

Plötzlich beginnt Eve zu grunzen. Können Menschen wirklich solche Laute von sich geben? Das Bett quietscht, und ich weiß, was jetzt geschieht. Frank reitet auf Eves lebendigem, geschmeidigem Körper und stößt seinen Penis tief in sie hinein.

Ich gebe meinen heißen Empfindungen nach. Ich reibe meinen Schamhügel mit der Hand und spüre, wie mein eigenes Pulsieren sich vertieft, während Eve weiter grunzt. Sanft berühre ich meine Klitoris durch die Haut der Schamlippen hindurch. Mit geschlossenen Augen stelle ich mir Eve mit einem gesichtslosen, sexy Fremden vor, der auf ihr reitet. Ich male mir aus, wie sein Bauch und das dunkle, lockige Haar darunter aussehen. Meine Hand fängt an, schneller und schneller zu reiben, beschreibt lustvolle Kreise und erzeugt leise schmatzende Geräusche. Das Pulsieren in meinem Schoß ist jetzt stetig und tief, es gibt kein Zurück mehr. Die willkommene Wärme eines Orgasmus verebbt allmählich. Meine Brust glänzt von Schweiß. Ich berühre mit der anderen Hand meine Brustwarzen, umkreise sie. Ich habe noch einen Orgasmus, diesmal schwächer, und ich denke wieder an Eve und die dunkleren, härteren Brustwarzen ihrer straffen Brüste.

Plötzlich ist Frank an der Reihe. Ich staune, als ich ihn genauso heiser, so wollüstig grunzen höre wie zuvor Eve. Der Laut steigt mir sofort zu Kopf. Ich dachte, nur Frauen hörten sich beim Kommen so an.

Ich schiebe einen Finger in meinen After und spüre, wie er pulsiert, pulsiert, pulsiert... erst schnell und dann, als es nebenan still wird, langsamer und langsamer. Jetzt herrscht Ruhe. Frank ist gekommen, Eve ist gekommen, ich bin gekommen. Ich kuschle mich wieder an Steve und schlafe ein.

Ich habe verworrene Träume. Eve und ich laufen Schlittschuh, wirbeln fröhlich über die Bahn des College, als vier Männer in schwarzen Lederjacken und mit schwarzem, pomadisiertem Haar auf das Eis kommen. Sie fahren auf ihren Schlittschuhen nebeneinander, Hand in Hand, und die Arme voreinander gekreuzt; Eve und ich kommen nicht an ihnen vorbei. »Was sagen sie?« fragt Eve erschrocken.

Und dann wache ich wieder auf. Diesmal ist es Frank, der mich geweckt hat; er murmelt, flüstert ernsthaft auf Eve ein, und sie lacht ihr hohes, kristallklares Lachen. Dann lieben sie sich noch einmal. Wieviel Zeit ist vergangen? frage ich mich. Wie kann er so bald schon wieder hart sein?

Diesmal ist es stürmischer als beim erstenmal. Ich glaube, sie haben vergessen, daß im Nebenzimmer jemand schläft. Das Flüstern ist jetzt kein Flüstern mehr, sondern ein kehliges Geräusch, das zu lautem Sprechen werden möchte. »Diesmal will ich oben sein«, höre ich Eve sagen. Das Bett ächzt ein bißchen, und wieder male ich mir die Szene aus: Eve aufrecht, ihre Beine unter den Po gezogen, so sitzend, daß Frank ihre schönen, straffen Brüste streicheln kann. Ich sehe, wie Eve den Rücken wölbt, Franks Hände an ihrem nackten Bauch nach unten schiebt, seiner Hand mit ihrer eigenen folgt, die Hand mit einer gleichzeitig sicheren und zärtlichen Bewegung streichelt.

Eves Stöhnen ist jetzt tiefer, drängender, kommt nicht mehr aus ihrer Kehle oder Brust, sondern direkt aus ihrer Seele. Franks Stöhnen aber ist fast mehr, als ich ertragen kann. Wie sieht er aus? Ich sehe ihn mit schwarzem Bart, schwarzem Haarschopf, schwarzen Locken auf seinem flachen Bauch und um seinen stehenden Penis herum. Ich sehe ihn, schweißgebadet, seine rohen Empfindungen ausdünstend, hart, hart. Ich sehe ihn mit geschlossenen Augen, offenem Mund, nasser Zunge.

Keiner von beiden spricht ein Wort, sie stoßen nur animalische Laute aus – ihre hoch, seine tief.

Jetzt verrät mich mein Körper. Er schmilzt von neuem vor Verlangen, mit Eve und Frank in ihrem Bett zu sein. Diesmal sind meine Hände nicht nötig. Ich liege einfach in meinem eigenen Schweiß und spüre, wie Vagina und Po in gemeinsamer Lust pulsieren. »Nein«, denke ich, »ich werde nicht hier liegen und Eve beneiden.« Aber es ist zu spät. Die Wellen kommen ganz von allein. Ich habe wieder von dem Büfett gegessen, das Eve und Frank bereitet haben. Als mein Körper abkühlt, fühle ich mich schrecklich allein. Ab und zu höre ich Eve flüstern – diesmal ist es wirklich Flüstern, nicht die Grunzlaute von vor einer halben Stunde. Warum ist niemand hier bei mir?

Ich versuche, Steve aufzuwecken. Ich streichle seinen

kräftigen Rücken, umfasse sein Gesäß, reibe mich an der schmalen, harten Stelle, an der Rücken und Gesäß ineinander übergehen. Dann greife ich um seine Hüfte herum und streichle seinen Penis. Er ist schon beinahe hart – träumt er? Ich küsse seine Schultern.

Steve rollt zu mir herum, die Augen noch immer geschlossen. »Sie sind laut heute nacht, nicht?« flüstert er. Ich küsse seinen Mund; er ist schwer von Schlaf.

»Ich fühle mich, als hätte ich die ganze Nacht wachgelegen«, sagte ich. »Kannst du mich einfach eine Weile im Arme halten?«

Steve umarmt mich und preßt mich an sich. Seine und meine Beine verwickeln sich; sein Penis bahnt sich den Weg zu meiner Vagina. Ich nehme ihn in die Hand und reibe die Spitze an meiner Klitoris. Ich will ihn gar nicht wirklich in mir haben, aber ich will, daß er steif wird. Muß ich mir selbst beweisen, daß mir das gelingt? Ich schiebe meinen Kopf nach unten zu Steves Penis, ziehe langsam meinen Weg mit den Fingerspitzen nach, nehme sein Glied in den Mund. Diesen Geschmack liebe ich. Während ich sauge, wird er härter. Steve streichelt mein Haar. Ich sauge und sauge noch immer und ertappe mich bei dem Gedanken: Franks Penis ist genauso, aber größer. Franks Penis ist größer. Franks Penis war heute nacht in Eve.

Ich seufze. Ich bin überrascht, wie bedrückt sich mein Seufzer anhört.

»Oh, Baby«, sagte Steve sanft. Er zieht mich an den Schultern hoch, legt mich an seine Brust und umarmt mich. »Stört es dich, wenn du sie vögeln hörst?« fragt er. Ich grunze zustimmend. »Laß dich nicht stören, Baby«, sagt er. »Laß dich nicht stören.« Ich umarme Steve und rücke von seiner Brust ab. Ich rolle mich zusammen, lege die Arme schützend um meinen eigenen Bauch und bin bald auch eingeschlafen.

Susan Block

Frauen, die Männer lieben, die Pferde lieben

Sie hatte weder die Zeit noch die Energie, das rauhe, verführerische Lächeln und die harten Kurven anderer Männer zu bemerken. Sie war zu sehr damit beschäftigt, sie zu interviewen, dazu zu bringen, ihre tiefsten, wahrsten, persönlichsten Geschichten zu erzählen für eine Studie, die sie über Inserate für Bekanntschaften durchführte. Oh, manchmal ließen sie sich ein bißchen mitreißen. Nachdem sie einer attraktiven Frau wie ihr ihre erfreulichsten oder schmerzlichsten Erfahrungen gebeichtet hatten, und das in einer intimen Umgebung wie einer Bar oder ihrem Schlafzimmer, wollten sie natürlich mit ihr schlafen. Schließlich besaß diese Frau ihre Geheimnisse, und darum wollten sie die Frau besitzen. Doch sie war nie in Versuchung. Sie betrachtete alle als Material ihrer Studie, als Treibstoff für ihre Vorstellungskraft. Und jeden Donnerstag um Mitternacht, egal, in welcher Stadt sie war, konnte sie, wenn sie David anrief, immer sagen »Ich vermisse dich«, und dabei ein vollkommen reines Gewissen haben. Er fragte nie, ob sie »untreu« gewesen sei; solche Worte gebrauchten sie nicht.

Sie freute sich auf ihren nächsten Aufenthalt – eine Stadt, in der sie selbst vier ihrer wildesten Jahre verbracht hatte.

Als sie im Hotel ankam, wartete eine Nachricht auf sie. Sie war von einem ihrer Interviewpartner, der ungefähr folgende Anzeige aufgegeben hatte:

SWM, athletisch, attraktiv, Erbschaft von mehreren Millionen Dollar, möchte intelligente Dame mit Liebe zu Männern kennenlernen, die Pferde lieben.

Es war eine der Anzeigen, die sie als »zu gut, um wahr zu sein« bezeichnete und die einen Haken haben mußten. Die Sache mit den »Pferden« aber reizte sie. Sie hatte mit acht Jahren im Zoo zum letztenmal auf einem Pferd gesessen, doch Bilder von antiken, mythischen Zentauren – halb Mensch, halb Pferd – geisterten durch ihre Träume und weckten sie oft mitten in der Nacht. Sie setzte sich dann ruckartig auf, bereit, mit ihnen davonzureiten, enttäuscht, daß sie zurückgelassen wurde. Sie freute sich auf dieses Interview. Sie wollte wissen, was er herausgefunden hatte über Frauen, die Männer lieben, die Pferde lieben.

»Ein Herr Aaron Van der Tak hat angerufen«, sagte der Hotelportier, »um das Interview am Donnerstag um zwölf Uhr auf seinem Landgut zu bestätigen. Er fragt, ob Sie Interviews auch auf einem Pferderücken machen können.«

Sie ertappte sich dabei, wie sie laut antwortete: »Natürlich.« Sie konnte Interviews in Hubschraubern führen, in Swimmingpools, überall, wo es gewünscht wurde...

Zum Glück traf sie sich mit allen Interviewpartnern des Mittwochs in ihrem Hotelcafé. Um Mitternacht war sie erschöpft, bis zum Überlaufen mit den Liebesgeschichten anderer Menschen angefüllt. Doch das unablässige Dröhnen aus der Hoteldisco im Stockwerk über ihr hielt sie stundenlang wach; sie sah Paare in hautengen Tanztrikots vor sich, die herumhüpften und wirbelten, lachten und flirteten und sich durch die Stockwerke gegenseitig in die Betten folgten. Vielleicht würden sie in ihr Zimmer einfallen, sich auf sie werfen, über sie hinwegtanzen. Sie schauderte vor Abscheu und Entsetzen. Dann setzte sie sich auf und starrte auf ihre verschlossene Tür, besorgt, ihre monatelange Trennung von David habe sie zu einer kalten Beobachterin der Leidenschaft anderer Menschen gemacht, unfähig zu erotischen Gefühlen, entsetzt über die Geräusche des Liebesspiels. Sie überdeckte ihre Ängste mit der Vorstellung, wie David in seinen Schwerkraftstiefeln mit dem Kopf nach unten hing, was er jeden Tag nach der Arbeit tat. Sie ging gern zu ihm, wenn er da so hing, legte ihm die Arme um die Hüften, während er dasselbe tat, und küßte ihn zwischen den Schenkeln, während er die Innenseiten ihrer Beine leckte.

Sie zog sich das Kissen über den Kopf und weinte ein bißchen. Aber nicht viel. Sie weinte nie viel, wenn sie allein war.

Am Donnerstag zogen Reihen von Apfelbäumen in der Obstplantage an ihr vorbei wie goldene Armbänder. Es war seine Obstplantage, das heißt die Obstplantage der Familie Van der Tak auf dem Landgut der Familie Van der Tak; sie fuhr in ihrem Mietwagen daran vorbei, ehe sie in die Stallungen der Familie Van der Tak einbog, wo Aaron – und Aladin – auf sie warteten.

Aaron war natürlich nicht ihr Typ – zu jung, zu groß, zu sehr *macho* mit seinem arroganten, flammenden Schnurrbart. Sie bevorzugte Männer, die klein waren, sensibel und verfeinert wie David. Doch objektiv gesehen hielt sie ihn für »attraktiv«. Sogar für ein bißchen sexy – mit so endlos langen Beinen wie auf Werbeplakaten für Männerjeans. Obwohl seine Jeans sicher von keinem Modeschöpfer stammten – sie waren an beiden Knien zerrissen. Außerdem stand er bis zu den Absätzen in Pferdemist. Seine Augen aber beeindruckten sie, hellgrün wie junge Blätter, den Augen ihres Bruders Albert ähnlich.

Sie machten sich bekannt. Er wischte sich die Hand an seinem Arbeitshemd ab und schüttelte ihre. Plötzlich merkte sie, daß sie ganz in Weiß war – weiße Hose, ihre neuen, weißen Aerobic-Schuhe, elfenbeinfarbener Angorapullover. Während sie sich noch fragte, ob sie das Image der

Unberührbaren nicht übertrieb, schaltete sie schon ihr Tonbandgerät ein.

»Wieso hatten Sie den Wunsch, eine Bekanntschaftsanzeige aufzugeben?« fragte sie. Es war ihre Aufwärm-Frage.

»Oh, ich weiß nicht.« Er öffnete das Stalltor, und ein großes, ebenholzschwarzes Pferd trat langsam heraus. »Vermutlich bin ich zu schüchtern, um einfach eine intelligente, hübsche Frau anzusprechen. Obwohl ich ja jetzt mit Ihnen rede, nicht?«

»Das ist etwas anderes«, erinnerte sie ihn. »Es ist ein Interview.«

»Stimmt«, gab er zurück und bürstete das glänzende Fell des Pferdes. »Nun ja, wir wollten das Interview ja beim Reiten machen, oder?«

»O ja, sicher.« Davor hatte sie Angst. »Wo ist das andere Pferd?«

»Aladin kann uns beide tragen. Er ist jung, aber stark.«

»Wie Sie?« erwiderte sie, ohne zu ahnen, daß er so erröten würde.

»Ich reite gern ohne Sattel«, fuhr er fort. »Aladin mag das auch. Haben Sie etwas dagegen, ohne Sattel zu reiten?«

Sie zuckte die Achseln. Denn beides war ihr gleichermaßen fremd. Obwohl der Ausdruck »ohne Sattel« sie an kühne Rodeo-Cowboys erinnerte, die auf silbrigen, feurigen Pferden hin und her geschleudert wurden, ehe sie hart in den Staub fielen.

Doch Aladin war nicht silbrig. Er war schwarz und hatte einen weißen Streifen am Kopf, der sich von der Stirnmitte bis zu den Nüstern zog, die den Geruch der Menschen schnupperten. Sein eigener Geruch war dick und süß und erzeugte Benommenheit in ihren daran nicht gewöhnten Sinnen. Um das Gleichgewicht zu bewahren, sah sie ihm direkt in das Auge, das unter seiner Mähne hervorblinzelte. Dieses Auge, groß wie eine Babyfaust, tief und dunkel wie die Erde, starrte direkt in ihre Seele und schien zu sagen: »Halt dich an mich, Baby, wir werden fliegen.«

Sie hätte gern dieses riesige, rätselhafte Tier interviewt. Sie hätte es gern nach den Geheimnissen des wilden, ungezügelten Geistes gefragt, der in zahllosen Nächten durch ihre Träume galoppierte.

Aaron nahm zwei große, rote Äpfel aus einem Sack. »Hier«, sagte er, »lenken Sie ihn damit ab, und ich lege ihm den Zaum an.«

Ihn ablenken? Sie dachte einen Augenblick daran, eigenhändig mit den beiden Äpfeln zu jonglieren, etwas, das ihr Bruder ihr beigebracht hatte. Doch solche einfachen Tricks würden ein offenkundig so tief veranlagtes Geschöpf wie Aladin nicht beeindrucken. Sie hielt ihm den größeren Apfel hin, damit er ihn mit seinen seelenvollen Augen inspiziere. Ehe sie zurückzucken konnte, hatte er den ganzen Apfel direkt aus ihrer Hand genommen. Sein Maul war schaumig, Tropfen spritzten auf ihre weiße Hose, und Aaron war noch nicht einmal mit dem Zaumzeug zurückgekommen. Sie beschloß, der zweite Apfel solle so lange wie möglich vorhalten. Sie hielt ihn gerade außerhalb Aladins Reichweite, drehte ihn hin und her, ließ das Sonnenlicht auf seiner Oberfläche glänzen. Das Pferd trat einen Schritt vor; sie trat einen Schritt zurück. Es schnaubte, machte einen weiteren, größeren Schritt, und sie bot ihm den Apfel an, zog ihn aber so schnell wieder zurück, daß es nicht mehr als einen kleinen Bissen nehmen konnte. Es kaute und schmatzte, sein Auge sah sie an, ein Kriegerblick, eine Herausforderung. Sie hielt den Apfel hinter ihrem Rücken und wich aus, als Aladin wiehernd seinen Kopf hierhin und dorthin wandte. Sie lief ein paar Meter weg, und sobald er sie eingeholt hatte, hielt sie ihm den halb gegessenen Apfel hin. Er verschlang ihn lustvoll; seine nassen Lippen streiften ihre Handfläche. Sie lachte und schüttelte sich Apfelreste von der Hose, als Aaron mit dem Zaumzeug kam.

»Okay«, sagte er. »Jetzt lenken Sie ihn mit den Äpfeln ab.«

Doch Aladin brauchte nicht abgelenkt zu werden. Er akzeptierte die Beißstange, wie ein Krieger seinen Helm akzeptiert, sein Auge auf ihre Augen gerichtet. Sie saßen auf und ritten den Pfad hinunter.

Sie flogen! Zuerst waren sie Schritt, Trab und Galopp geritten, und dann – auf und davon durch rotgoldene Streifen, die eigentlich Bäume waren – sie flogen! Zumindest hatte sie das Gefühl. Sie erkannte die Empfindung wieder, verrückt und atemlos, die sie in der Achterbahn gehabt hatte, wenn sie in die Kurve und unter funkelnden Wasserfällen hindurchraste, und beim Sex mit David in den wilden, romantischen ersten beiden Monaten. Später war Sex mit David eigentlich nicht mehr wild; er war zärtlich, liebevoll, gut. Aber nicht dieses verrückte, grenzenlose Gefühl; dazu kannten sie einander zu gut. Sie waren weit über die anfänglichen betäubenden, sternezerschmetternden Marathon-Liebesnächte hinaus. Jetzt liebten sie sich ungefähr zweimal pro Woche. Es war ruhiger, tröstender, »reifer« Sex.

Doch hier war nun wieder dieses hochgespannte Gefühl, ohne Sattel auf einem Pferd hinter dem starken, geschmeidigen Rücken eines Millionärs durch den Herbstwind.

»Gefällt Ihnen der Galopp?« flüsterte er.

»Ja«, sagte sie. Ihre Arme umklammerten seine Taille. Ihre Beine, jetzt schmutzig, lagen fest um Aladins Flanken, sanken in den feuchten, schwarzen Samt seines Fells. Sie war wieder in ihrem häufig wiederkehrenden Traum, ritt auf dem mythischen Geschöpf, das halb Mensch, halb Pferd war, der edelsten der Kreaturen mit dem größten Appetit.

Sie fragte sich, ob David sie wohl sehen könne. Sie stellte sich vor, er hänge kopfunter am Ast eines Apfelbaumes, sie beobachtend. Seine Augen waren klar und blau wie Swimmingpools. Sie umfaßte Aaron fester, fühlte seine Wärme durch brennende Reifen.

»So, wir sollten ein bißchen traben«, sagte er. »Dann können Sie Ihr Interview machen.«

Die rotgoldenen Streifen zogen langsamer vorbei und wurden wieder zu Bäumen. Nach ihrem verrückten Flug waren sie wieder auf der Erde. Doch ihr Herz galoppierte noch immer, ihre Schenkel bebten wie elektrisch geladen. Langsamer werden war das letzte, was sie wollte. Sie wollte die Zügel selbst übernehmen und fliegen. Aber sie strich sich nur das feuchte Haar aus den Augen und überprüfte ihr Tonbandgerät. Aladin trabte dahin; sein scharfes Rückgrat schnitt in ihr Steißbein.

»Ja, das Interview«, wiederholte sie. »Also... erzählen Sie mit etwas... über Frauen, die Männer lieben, die Pferde lieben.«

»Sie meinen, über das, was wir zusammen gemacht haben?« Er wandte sich um; seine Jadeaugen blitzten. »Aber ich rede nie mit einer Frau über meine Erfahrungen mit anderen Frauen. Sie sind zu eifersüchtig.«

»Schauen Sie«, sagte ich, »das ist mein Job. Und ich habe keinen Grund, eifersüchtig zu sein, nicht?«

»Nun ja, in dem Fall... Mal sehen. Bei meiner ersten Verabredung trug ich meine Cowboystiefel und enge schwarze Hosen und sonst nichts. Sie war schön. Als wir in die Obstplantage ritten, sahen wir den Sonnenuntergang, und auf dem Rückweg ging der Mond auf. Wir massierten einander und zogen uns gegenseitig aus, Stück für Stück. Sie trug einen pfirsichfarbenen Satinslip mit solchen Bändern, wissen Sie...«

Über eine Stunde lang machte er so weiter, flüsterte

dampfende Geschichten von Eroberungen durch Bekannt-
schaftsanzeigen in ihr Ohr, während ihr Tonbandgerät lief
und Aladin dahintrabte und ihr Becken leicht gegen Aarons
Millionen-Dollar-Hüften stieß.

Das Geld, das ein Mann besaß, hatte selten Anziehungs-
kraft für sie. Gewiß liebte sie David nicht deswegen, weil er
fünfzig Dollar mehr Miete im Monat bezahlte als sie. Selbst
wenn ein Mann ihr Essen bezahlte, fühlte· sie sich ein
bißchen unbehaglich, als schulde sie ihm etwas. Doch ein
Mann mit Millionen – geerbten Millionen – war etwas
anderes. Von ihm könnte sie sich alles mögliche bezahlen
lassen, ohne auch nur einen Gedanken daran zu verschwen-
den.

»Wollen Sie wieder galoppieren?« flüsterte er. Es hörte
sich an wie das Rascheln von Blättern.

»Ja!« Sie vergrub ihr Gesicht im süßen Moschusgeruch
seines Haars. Er hatte Sommersprossen auf den Ohren. Sie
hatte Lust, ihn zu küssen. Sie stiegen auf und flogen. Und
dann landeten sie wieder.

Ihre Tonbänder waren zu Ende. Ihre Kleider waren in
verheerendem Zustand. Sie sah Aaron an, und er sah sie an.
Beide saßen an entgegengesetzten Enden der Couch in
seiner »Junggesellenbude« – einem kleinen Gästehaus hinter dem Landhaus der Familie Van der Tak. Sie fragte sich,
wie *sein* Hintern Aladins Rückgrat aushielt. Vielleicht hatte
er·Schwielen. Sie fragte ihn nicht. *Ihrer* tat höllisch weh. Er
grinste sie an und spielte mit dem Riß in seinen Jeans. Auf
dem Pferd hatte sie sich ihm unendlich viel näher gefühlt.

Auch recht so. Sie wurde seiner sinnlichen Abenteuer
müde, und sie wollte einen Salat oder so etwas, ehe sie ins
Hotel zurückfuhr und David anrief.

Doch er wollte ihr sein Fotoalbum zeigen. Er rückte
näher zu ihr und öffnete das Buch, das auf ihrer beider
Schenkel lag. Mitten unter allen möglichen Familienfotos

war eine Aufnahme von Aaron in Trikot und Stirnband mit einem Pokal in der Hand: »Studentenmeisterschaften 1968: RINGEN.« Sie starrte auf das Bild und legte es im Geiste über das Andenken an ihren Bruder, der das gleiche Trikot trug, den gleichen trunkenen Blick hatte und eine ähnliche Trophäe in der Hand hielt: »Studentenmeisterschaften 1968: RINGEN.« Es war ein merkwürdiges Zusammentreffen und ließ Erinnerungen aufsteigen an Ringergriffe, die er ihr beigebracht hatte – Halbnelson, Rückengriff, Schaukel. Jeden zweiten Abend, wenn ihre Eltern schliefen, hatten sie auf dem Teppich im Wohnzimmer ein paar Ringkämpfe gemacht. Es war eigentlich kein Wettkampf: Er war so viel größer und schwerer, und er gewann immer. Aber es war ein besonderes Spiel, ein geheimes Ritual, das sie nachts miteinander teilten.

»Mögen Sie Ringen?« fragte Aaron. »Die meisten Frauen mögen es nicht.«

»Ich... mein Bruder war Ringer. Er hat es mir beigebracht.«

»Oh, hat er?« Aaron sprang auf und kniete sich in der Ausgangsposition des Ringens auf den Teppich. »Lassen Sie sehen, was er Ihnen beigebracht hat.«

Sie blickte herunter auf die geschmeidige männliche Gestalt, die sie auf Händen und Knien erwartete. Er sah wie ein Pferd aus, das wartete, bis sie aufsitzen und losreiten würde. Sie kicherte bei dem Gedanken.

»Nicht in Form, he?« sagte er, ohne sich zu rühren, in dem gleichen, etwas höhnischen Ton wie früher ihr Bruder, wenn sie bei einer Herausforderung kneifen wollte. Sie fühlte die alte Geschwisterrivalität wieder in sich aufsteigen und sie zu dem Spiel verleiten. Sie wußte immer, daß sie nie gewinnen würde, aber sie mußte spielen, sie liebte das Ritual, und sie hatte es so lange nicht mehr gespielt.

Sie kniete auf dem Teppich nieder, umfaßte sein linkes Handgelenk mit ihrer linken Hand und legte ihren rechten Arm um seine Brust. Einen Augenblick lang dachte sie, sie hielte David, doch dann war sie wieder überwältigt von dem Gefühl, ihr Bruder sei irgendwie mit diesem fremden jungen Mann verschmolzen, dessen Herz hart gegen ihre Handfläche klopfte.

»Okay«, flüsterte sie.

Sie zog an seinem Handgelenk, und er drehte sich um, stieß, und sie purzelten in ein Durcheinander von Griffen und Ausweichmanövern. Sie rang mit reiner, hingebungsvoller Energie, versuchte diesmal wirklich zu gewinnen, alte Rechnungen zu begleichen zwischen ihr und Albert, der sie jedesmal geschlagen hatte. Doch ihr Gegner war weder höflich noch chauvinistisch genug, »die Dame gewinnen zu lassen«. Sie rollten durch den Raum, keuchend und stoßend, bis sie schließlich dalag, flach auf dem Rücken, seine langen, starken Finger auf ihren Schultern; wieder einmal wurde sie auf den Teppich gedrückt.

»Besiegt«, räumte sie ein. Schweiß ließ sie doppelt sehen. Sie blickte auf in seine Augen, grüne Blumen, die zu Alberts Augen erblühten, zu den Augen des Zentauren, der durch so viele ihrer Nächte geritten war.

»Scheiße«, sagte er heiser, »Sie sind stark.«

Bei diesem Segen entspannte sie sich. Vielleicht hatte sie schließlich doch gewonnen. Vielleicht hatte sie jedesmal gewonnen. Vielleicht war es egal. Verlieren war Gewinnen, wenn man wußte, wie man verliert, wie man das, was man bekommt, in das verwandelt, was man haben wollte.

Seine Lippen fielen auf ihre Stirn, schwer vor Anstrengung, drückten auf sie. Er zog ihre heiße Haut an seine, als ihre Zungen zu ringen begannen. Ihre Phantasie galoppierte durch die Zeit, landete wieder mit Albert auf dem Wohnzimmerteppich ihrer Eltern, die Ringergriffe wurden zu Ausweichmanövern und Zärtlichkeiten. »Ja«, flüsterte sie, als sie aufsah in die smaragdfarbenen Augen ihres Bruders, ihren Vater und dessen Vater und Großvater darin sah. »*Nein*!« schrie sie. Sie schüttelte sich entsetzt, aber sie hörte nicht auf. Sie wollte es tun, sie mußte es tun, ins Zentrum des Verbotenen fliegen, die Geheimnisse ergründen, den wirklichen Unterschied zwischen Körper und Phantasie, Bruder und Schwester in ihr. Sie küßte ihn mit einem langen, flüssigen Kuß, der durch ihre Adern strömte und ihre Knochen schmolz.

»Albert«, rief sie.

»Nein, ich bin Aaron.«

Sie öffnete die Augen und sah einen schönen, jungen Fremden mit grünen Augen. Und sie entspannte sich, erinnerte sich, wo sie war, erinnerte sich an Albert, David und alle Männer, die sie gekannt hatte, während sie Stück für Stück ihre Kleider auszog, alle Falltüren ihres Inneren öffnete. Sie erforschte die endlosen Hänge und Spalten, ein Konquistador, der die Goldene Stadt erobert; der Jungbrunnen umfing sie. Sie öffneten das Fenster zu ihrem Schoß, fachten das Feuer an, hielten es offen mit ihren Händen, so daß sie fühlen konnte, wie die wilden Pferde heraussprangen und galoppierten. Dann galoppierten sie in sie hinein, heiß und flink, tauchten hinein, füllten sie mit Kraft. Die Züge ihres Bruders flackerten vorbei, verwandelten sich dann in ihren wilden Zentauren, der mit ihr über den Mond hinwegfegte, als Aaron murmelte: »Heirate mich. Ich möchte dich heiraten. Ich möchte jeden Abend mit dir zusammensein... so wie jetzt.«

Auf unsichtbaren Pferden ritten sie ins All, schwerelos, zeitlos, wirbelten durch den dunklen Nebel.

Sie erwachte und fragte sich, wo sie war. Sie wußte, daß sie etwas in den Magen bekommen mußte, um wieder auf der

Erde landen zu können. Sie stand auf und machte überbakkene Käsesandwiches.

»Das ist ja phantastisch!« rief Aaron aus. »Du kannst kochen! Jetzt *muß* ich dich heiraten.«

Sie lächelte und staunte darüber, wie fremd und doch vertraut er zu gleicher Zeit sein konnte.

»Warum solltest du mich nicht heiraten?« fragte er. »Ich bin jung. Ich sehe gut aus. Ich bin Multimillionär. Und ich liebe dich. Ich kann mit dir reden. Ich tue alles für dich, und das ist kein leeres Versprechen, weil ich es mir leisten kann, alles für dich zu tun.«

Er stand vor ihr, die Arme ausgestreckt, ein goldener Apollo, ein großer Baum, der sich selbst und all seine Millionen darbot. Sie fühlte sich wieder benommen. Visionen von David sprangen wie Schachtelmännchen vor ihrem inneren Auge auf. Plötzlich fiel ihr ein, daß Donnerstagnacht war! Die Nacht, in der sie David anrief. Sie sah zu Aaron auf, dem herrlichen Banner jugendlicher Männlichkeit, nackt und glänzend von ihrer beider Säften.

»Kann ich dein Telefon benutzen?«

»Sicher«, sagte er und wandte sich ab.

Sie drückte langsam die Knöpfe, versuchte zu entscheiden, ob sie David wohl die Wahrheit sagen könnte, wie sie es immer getan hatte, und falls nicht, wie sie ihm sagen könnte, daß sie nicht aus ihrem Hotelzimmer anrief, ohne ihn direkt zu belügen. Das Haus eines Freundes? Noch immer bei einem Interview? Das war die Wahrheit, oder?

»Hallo.«

»David?«

»Hier ist kein David.« Es war die Stimme ihres Bruders. »Sie haben die falsche Nummer –«

»Albert?«

»Ja. Wer ist da?«

»Oh... deine Schwester.«

»Was? Oh, hallo! Was ist los? Geht's dir gut? Ist David –«

»David geht es gut, Albert. Ich bin nicht bei David. Ich habe... eh... gerungen.«

»Gerungen?«

»Mit dem Studentenmeister von 1968.«

»*Richtig* gerungen?«

»Richtig gerungen.«

»Hast du gewonnen?«

»Gewonnen?«

»Du weißt, was ich meine.«

»Oh, ja. Ja, ich habe gewonnen.«

»Das ist meine Schwester.«

»Ja. Also, es war schön, mit dir zu reden – ich meine, das ist ein Ferngespräch, darum –«

»Oh, natürlich. Also, mach's gut!«

»Okay, mach ich. Bis dann!«

Sie legte den Hörer auf, erstaunt über ihren Irrtum, und lachte. Sie schüttelte die Bilder aus ihrem Hirn und griff nach ihrem stürmischen Möchtegern-Verlobten. Sie leckte den überbackenen Käse von seinen Lippen. Sie leckte seine Ohren, stieß ihre Zunge tief hinein, bis sie ihn keuchen hörte, ihn wieder hart an ihrem Bauch spürte. Sie sanken auf den Teppich und warfen das Telefon herunter.

»Erzähl mir«, sagte sie, »von Frauen, die Männer lieben, die Pferde lieben.« Seine Augen öffneten sich weit, jade-grüne Windmühlenflügel drehten sich. Sein Kopf fiel herunter zwischen ihre Schenkel, seine Zunge bewegte sich in langsamen, wollüstigen Kreisen, schmeckend, berührend, ihren Garten wässernd. Eine Blume erblühte in einer anderen in ihr – ein riesiger Brautstrauß, der sich öffnete und schloß und wieder öffnete. Der Strauß zerbarst in tausend Seerosen, die auf einem Teich unter ihm schwammen, ihre Körper schwebten zusammen, vermählten sich. Er drang tiefer ein, tanzte langsam seinen Hochzeitstanz wie ein tänzelndes Pferd. Dann wurde sie das Pferd, das riesige Fabelpferd von Troja, und er war fünfzig Männer, alle ihre Liebhaber, die in sie eindrangen, sie erfüllten, bis sie nichts mehr aufnehmen konnte, und dann brachen sie durch die Mauern Trojas, sprengten die alten Kräfte, die sie festhielten, setzten die Stadt in Brand, enthüllten ihre alten Geheimnisse, befreiten die verbotenen Antworten, damit sie ihre Fragen finden konnten.

Am Morgen wußte sie, daß dies ihr letztes Interview war. Sie küßte Aaron auf die Stirn, während er noch schlief, dankte ihm im stillen und wünschte ihm Glück bei seiner Suche nach einer Frau. Dann zog sie ihre nicht mehr so weißen Kleider an und fuhr weg, um ein Telefon zu suchen und David zu sagen, sie käme nach Hause.

Anonym

Mond über Soho

Zum Beispiel heute abend: Zu zweit hängen wir herum, nachdem wir aus dem heißen Apartment auf die Feuertreppe geflüchtet sind; Frederica setzt zu einem ihrer Vorträge über Männer an. Sie ist kräftig und stolz – Neuseeländerin. Wenn man ihr glaubt, geht es da unten in Dunedin ganz schön heiß her. Mit zwölf wird man entjungfert, danach treibt man's mit jungen Globetrottern und Abenteurern, und später läßt man sich im weißen Spitzenkleid von einem Typen heiraten, der reich und angesehen ist und natürlich eine Menge Schafe hat.

Liegt Dunedin eigentlich in der Steppe? Vermutlich nicht, überlege ich. Die feuchte Hitze von Manhattan nimmt mir jedesmal den Atem, wenn ich denken oder mich bewegen will. Jedenfalls sitze ich da und stelle mir die Steppe vor: Sie flimmert in der Glut der Sonne, die alles beherrscht, Zebras dösen reglos im Schatten der Akazien, Heuschrecken surren unablässig... ich übertreibe mal wieder. Daran merke ich gewöhnlich, daß ich betrunken bin.

Kognak – Kokain unter den Schnäpsen. Das Aroma der alten Eichenfässer, in denen die bernsteinfarbene Flüssigkeit wer weiß wie viele Jahre unterirdisch irgendwo jenseits des Ozeans gelagert wurde... Ich habe uns die beste Marke gekauft – warum eigentlich nicht? Und auch, weil sie dann sagen würde: »Oh, Janine, was für ein *wunderbarer* Geschmack.« Nach anderthalb Litern ist es wirklich kein Wunder, daß wir betrunken sind und schweißnaß an den verrosteten Geländern kleben. Die ganze Woche lang gab es einen Hitzerekord – 38 Grad bis zwei Uhr nachts. Die Stadt ist voll von allen möglichen Gerüchen, die in der stickigen Luft hängen und einem ins Gesicht streichen.

Frederica kann jeden überschreien und tut das auch, ob die anderen zurückschreien oder nicht. Da liegt sie, über die Feuertreppe drapiert, in nichts als einem dünnen T-Shirt und Slip, beugt und streckt ihre langen, geschmeidigen Beine wie eine brünstige Leopardin und keift über Amerika. »Dieses Land ist absolut *verrückt*«, verkündet sie in dem unverkennbaren Akzent, den man gehört haben muß, um daran zu glauben. (Und wie könnte irgend jemand in den Häuserblocks ringsum ihn *nicht* hören?) »Und diese Männer! Die verdienen nicht mal den Namen, Gott steh ihnen bei...«

Wie kriegt man Frederica dazu, die Klappe zu halten, wenn sie betrunken ist? Ich bin zwar ganz schön in Fahrt, aber um mit ihr fertig zu werden, reicht es doch nicht. Unter uns hat sich mittlerweile eine kleine Gruppe junger Puertoricaner angesammelt, zweifellos angezogen von dem Wort »Männer«, vielleicht auch vom weißen Schimmer unserer Unterwäsche in Höhe des fünften Stocks. Sie starren nach oben und rufen in ihrem spanischen Englisch lachend zu uns herauf. Einer von ihnen steckt sich die Hände in die Hose und beginnt darin herumzudrücken. Ich hocke auf meinen Unterschenkeln. Als ich zwischen den Beinen hindurch auf die Boys herunterschaue – sie versuchen, die Feuerleiter zum Erdgeschoß zu ziehen –, kribbelt etwas in meinem Inneren und macht unhörbar »Ping!«. Plötzlich ist meine Möse ganz naß. Ich fasse mit der Hand hin. Ich wünschte, einer von den Burschen könnte seinen Schwanz über fünf Stockwerke hochschießen und mich genau da treffen... Ich stöhne leise, während ich mich selbst ein bißchen reibe. Die Sterne über mir schwanken.

Frederica springt auf das Außengitter und kauert sich hin, eine große, goldfarbene Katze. »Das wollte ich schon immer mal machen«, murmelt sie und zieht ihren Slip zur Seite, bis ihre große, dunkle Mieze sichtbar wird. Offensichtlich schickt sie sich an, auf unsere Zuschauer zu pinkeln. Ich öffne die Augen und kriege gerade noch mit, wie die Burschen auseinanderstieben. Aber Frederica bringt keinen Tropfen heraus. »Scheiße, ich muß *gehemmt* sein.« Die Jungs, die sich verständlicherweise verzogen hatten, versuchen nun im Ernst, die Leiter loszumachen. Das lassen sie sich nicht bieten. Fünf wütende Latinos sind unterwegs, die unverschämten Gringas zu ficken.

(Früher an diesem Abend mußten wir unter ähnlichen Umständen das Schwimmbad in der Carmine Street verlassen. Frederica hatte einem der miesen Bademeister ihre Brüste gezeigt. »Er hat mich provoziert«, schimpfte sie, als ich ihr die Sache zu erklären versuchte: »Sieh mal, diese Burschen sind nicht cool in bezug auf Titten und Ärsche. Du wirst einen Haufen Schwierigkeiten kriegen«, etc, etc. Es half aber nichts.)

Das wird wieder eine von diesen Nächten.

Während ich unsicher auf die Füße komme, überlege ich, daß Frederica vielleicht Spaß daran haben könnte, zur Abwechslung mal ein paar *echte* Männer zu treffen. Dann würde ich mich sofort verdrücken, noch einen Schluck Kognak oder zwei nehmen, irgendwelche interessanten Kosmetika auflegen, mich in meine tollsten Hippie-Klamotten werfen und auf die Suche nach Typen gehen, die ein bißchen mehr mein Fall wären...

Ich ziehe Frederica nach innen trotz ihrer Proteste, sie könne sehr gut auf sich selbst aufpassen, vielen Dank. (Allerdings habe nicht ich ihre Haut gerettet; die Feuertreppe ist im vierten Stock kaputt, so daß unsere Bewunderer uns ohnehin nicht hätten erreichen können. Sie begnügen sich damit, uns saftige Beleidigungen zuzubrüllen und an dem ganzen Aufbau zu rütteln, bis er schier zusammenbricht. Frederica zeigt ihnen ihren Hintern. Dann klettern wir durch das Fenster in die Wohnung zurück. Scheiß auf die Typen, wenn sie keinen Spaß verstehen.) Ich mache mich wieder über den Kognak her und bereite mich auf unsere nächste Unternehmung vor.

Irgendwann nach Mitternacht gehen wir die Eighth Street entlang in Richtung auf »St. Mark's Bar and Grill«, ein dunkles und verheißungsvolles Lokal. In den Straßen des East Village wimmelt es von Leuten, die auf der Suche nach Sex die Ausdünstungen ihrer Geilheit vor sich hertragen und die Luft durchschneiden wie heiße Messer die Butter. Ich fühle mich aufgehoben in einem sinnlichen Traum; ich weiß, daß bald irgendein süß duftender, steifer männlicher Schwanz in mich eindringen wird.

Wir haben fast die First Avenue erreicht. Ich weiß nicht, wie wir da hingekommen sind. Muß einen Blackout gehabt haben – bei Kognak keine Seltenheit. Trotzdem sind wir in Hochform – erst um sechs Uhr abends aufgestanden und in das Schwimmbad in der Carmine Street gegangen; um tagsüber herumzulaufen, ist es viel zu heiß. Frederica schreitet wie immer energisch aus wie eine Frau, die auf Skiern bergauf läuft. Mein Gang ist, glaube ich, den Umständen entsprechend normal.

Männer aller Farben und Formen reden uns an. »He, ihr Schönen!« »Kommt eine Minute her.« »Oh, là, là.« Ja, das sagt tatsächlich einer. »Ich könnte dich roh fressen, Baby.« »Komm, laß uns ficken.« Merken die, daß wir bereit sind? Es läuft bloß darauf hinaus, sich den Saftigsten auszusuchen. Beim Gedanken an diesen Saft verläßt das Blut meinen Kopf und fließt anderswohin. Ich stolpere und falle gegen den jungen Burschen, der mir seit drei oder vier Häuserblocks nachläuft.

»Verzeihung«, murmele ich. Er grinst bloß und streicht mit der flachen Hand langsam über meine Brüste; seine andere Hand liegt in meinem Kreuz. Er ist bildschön – etwa neunzehn, muskulös, mit olivfarbener Haut. Eine große Tätowierung ziert seinen Bizeps, den er mir, noch immer grinsend, zeigt; er hat glänzende braune Augen und lockiges Haar. Ich falle beinahe in Ohnmacht. Unwillkürlich bleibt mir der Mund offenstehen. Der ist es.

Vor dem »St. Mark's« eilt die Menge zielstrebig durcheinander. Der Lauf der Ereignisse tut jetzt einen Sprung. Frederica ist in dem Gewühl von Jägern und Beute verschwunden, und mein Junge winkt einem Taxi, Gott sei Dank. Ich will es jetzt *machen. Jetzt.* »Gehen wir zu mir«, sage ich. »Spring Street, Block zweihundert.«

»Okay«, sagt der Junge angeregt, und wir fallen in das Taxi. »Spring zweihundert«, sagt er zu dem Fahrer. Dann fängt er an, mich wild zu küssen, auf der einen Seite meines Gesichts herauf, auf der anderen herunter; er nimmt Lippen, Ohrläppchen und Augenlider in seinen heißen Mund, während unsere Hände wahllos nach Brustwarzen, Schenkeln, Bäuchen und Hintern greifen wie verzweifelte, blinde Kreaturen. Bis wir die paar Blocks zu Fredericas Apartment zurückgelegt haben, sind meine Beine breiter gespreizt als der ganze Rücksitz und mein schwarzer Samtrock bis über die Hüften hinaufgeschoben, um der großen Schwellung in seiner Hose Platz zu machen. Das Taxi hält. Mit unverkennbarem Groll zischt der Fahrer uns an: »Raus hier.« Wir schälen uns aus dem Rücksitz, und mein Süßer gibt dem Typen zehn Dollar.

Im Aufzug schiebt mir der Junge – ich glaube, er heißt Rick oder Ron – eine Flasche lauwarmes Bier in den Mund. Beim Trinken schmecke ich seinen Speichel. Donnerwetter, dieser Bursche kennt sich mit Weiberklamotten aus. Mit einer einzigen Bewegung schiebt er meinen Rock hoch und löst geschickt alle vier Strumpfbänder. Obwohl mein schwarzer Cashmere-Pullover aussieht wie eine Jacke mit

Perlknöpfen, *weiß* er, daß er über den Kopf ausgezogen wird. In eine Ecke des Aufzugs gedrängt, hebe ich die Arme, während er mich gewandt auszuziehen beginnt. Die Bierflasche fällt herunter und hinterläßt auf dem Boden ein Chaos von Scherben und Schaum. Mein Büstenhalter ist ein bißchen schwieriger zu öffnen, doch er schafft auch den und vergräbt sein Gesicht in meinen Brüsten, während ich hinter mich greife, um meinen Slip herunterzuzerren.

Kaum liegt der Slip am Boden, da sucht sein Schwanz auch schon nach den feuchten Lippen meiner Möse. Als ich ihn sehe, lang, schimmernd, mit purpurnen Venen, glatt wie rosa Seide, stöhne ich laut, so schön ist er. Ich kann es gar nicht erwarten zu spüren, wie er in mich eindringt. Schließlich ist es schon einen ganzen Tag her, seit ich zuletzt gevögelt habe. Meine Frisur hat sich inzwischen aufgelöst, Schweiß läuft über mein Gesicht.

Wie lange hat der Aufzug schon in Fredericas Stockwerk gestanden? Noch immer reibt der harte, schimmernde Kopf seines Penis gegen meine klaffenden Schamlippen, fährt rasch vor und zurück, hat aber keine Eile, richtig einzudringen. Ich sterbe. Seine Zähne und seine Zunge ziehen an einer meiner Brustwarzen, während seine Hände die andere kneten. Sein Schwanz steht wie ein leicht gebogener Pfeil aus seinen Jeans heraus und zielt so hoch, daß er scharf in die Knie gehen muß, um mir einen Geschmack davon zu geben und ihn dann zurückzuziehen. Eine köstliche Tortur. Jeden Augenblick kann mein Stöhnen in Schreien umschlagen.

Die Aufzugtür öffnet sich, und herein tritt das nette, gedrungene, ältliche Ehepaar aus Nicaragua, das neben Frederica wohnt. Genauso schnell treten sie wieder heraus. Zu ihren Gunsten muß gesagt werden, daß sie nicht mal kichern. Doch ihr Anblick reicht, um meinen Jungen zu Taten zu treiben. Er hebt mich hoch, packt meine Schenkel und legt sie um seine Hüften. Dann dringt er wie ein Bolzen in mich ein. Ekstase. Ich kann mich nicht rühren, mich nicht einmal winden, so fest umklammert er mich, während er hinter den Nicaraguanern her durch den Flur strebt. (Adieu, Pullover und Slip! Wozu hatte ich überhaupt einen Pullover an? Viel zu heiß dazu.)

»Die ist es«, murmele ich und zeige auf die Tür von 515, mein Gesicht an seiner Schläfe reibend. »Der Schlüssel liegt auf dem Türsturz.« (Kaum zu glauben, aber manche Typen müssen fragen, was ein Türsturz ist. Der hier nicht.) Er greift mit seinem harten, tätowierten Arm nach oben, nimmt den Schlüssel, und drin sind wir.

Das Zimmer ist schwach beleuchtet vom Schimmer der New Yorker Nacht. Sterne, Neonlichter, Vollmond, Scheinwerfer, Flutlichter, eine Million blauer Fernsehröhren – die Strahlen dampfen und vermischen sich mit dem Rhythmus einer entfernten Bahnstation, dem dumpfen Dröhnen der Klimaanlage, dem Geruch des Lavendelöls, das Frederica in ihr Badewasser gekippt hatte, den Verkehrsgeräuschen. Meine Matratze liegt am offenen Fenster, ein einziges verknittertes Laken und ein Kissen darauf. Langsam geht der Junge in die Knie und läßt mich rückwärts auf das Bett gleiten, wobei er seine Augen nicht von meiner Möse wendet. »Jetzt ficken wir«, stöhnt er, »jetzt machen wir Liebe.« Er streift Jeans und T-Shirt ab; meine Nylons hängen noch immer an meinen Fersen; wo ist mein Rock geblieben? Aber was soll's?

Rasch wischt er den Schweiß und meinen Saft von seinem Schwanz. Er legt seine Handflächen auf die Innenseiten meiner Schenkel und spreizt meine Beine, so weit es geht. Ich muß dauernd seinen herrlichen Schwanz ansehen, bis er beginnt, mich hart und schnell zu stoßen. Seine runden Eier schlagen gegen mein Fleisch, seine Hände quetschen meine Brüste. Er schiebt sie so weit wie möglich hoch. Sie brennen und prickeln von der Lust, die von meinem Becken bis zum Gaumen ausstrahlt. Ich keuche und schnappe nach Luft, werfe mich zurück und erwidere seine Stöße. Sobald mein Wimmern eine gewisse Höhe erreicht, zieht er seinen Schwanz heraus, wischt den Schweiß ab, der von seiner glänzenden Brust über seinen Bauch gelaufen ist, und dringt dann in mich ein, wieder und immer wieder.

Jetzt weiß ich, wie der Schwanz dieses Burschen krumm geworden ist; wenn er sich vorwärts stürzt, zielt er nicht, sondern stößt einfach drauflos, bis er bis zum Schaft drin ist. Als er mich umdreht und versucht, ihn mir in den Hintern zu rammen, geht mein Wimmern jedoch in einen schrillen Schmerzensschrei über. Ich bin nicht eng, aber die Natur hat ihre Grenzen... Er packt meine Hüften und zieht meinen Hintern hoch, ändert den Winkel und stößt seinen Schwanz statt dessen in meine Möse, so tief es geht. »Genau wie Tiere«, singt er mit seiner merkwürdigen, berauschten Stimme. Ich merke, daß ich gegen ihn stoßen kann, so fest und so schnell ich will; dieser Bursche wird nicht eher aufhören, als bis ich nicht mehr kommen kann.

Gelbes Licht aus dem Hausflur fällt auf uns, als Frederica und ein großer Schwarzer in das Apartment stolpern. »He, hör doch mal 'nen Moment auf«, protestiert mein Junge. »Nicht aufhören«, dringt meine Stimme aus dem verschwitzten Laken. »Das sind Freunde – von mir –« Aus dem Augenwinkel sehe ich, wie der Mann uns zynisch betrachtet. Er ist bereits bis zur Taille nackt und trägt eine helle Lederjacke über dem Arm. Er sieht aus wie ein Gott aus Bitterschokolade.

Mein Junge schaut ebenfalls zu, während er die ganze Zeit weiter zwischen die gespreizten Backen meines Hinterns stößt, mal Stakkato, mal Glissando, und dabei meine Brüste streichelt. Hin und wieder fahren seine Hände an mir herunter und spielen mit meinen Schamlippen. Ohne ein Wort ziehen Frederica und ihr Liebhaber sich aus. Unsere Erregung steigt: Ich hätte mir nicht vorstellen können, daß wir noch mehr in Fahrt kommen, als wir ohnehin schon sind, doch genau das passiert beim Anblick Fredericas, die sich hinkniet, um den sich aufrichtenden Schwanz des Burschen zu lutschen. Ihre goldenen Schenkel zittern vor Erregung.

Jetzt kommt es mir in einem unaufhörlichen, hysterischen Strömen; der Schmerz der Penetration durchfährt meinen ganzen Körper. Ich beiße in das Kissen und umklammere die Ecken der Matratze, als ginge es um mein Leben. Der Schwarze öffnet sehr bedächtig den Kühlschrank, wirft einen verächtlichen Blick hinein und nimmt dann etwas heraus, das ich nicht sehen kann. Er zieht seinen Schwanz aus Fredericas gierigem Mund und reibt ihn mit irgendwas ein, das er im Kühlschrank gefunden hat. »Pussy«, zischt er. Augenscheinlich versteht Frederica diese rätselhafte Bemerkung, denn sie steht auf, dreht sich um und beugt sich tief über die Badewanne; ihr Hintern ragt wie zwei runde, weiße Hügel in die Luft. Sie »präsentiert« – es gibt kein anderes Wort dafür. Irgendwie schafft es der Schwarze, von diesem verlockenden Anblick loszukommen. Er legt nur eine schwarze Hand auf ihr weißes Fleisch und schiebt seinen langen, schwarzen Schwanz zentimeterweise in ihren Hintern.

Frederica liebkost selbst ihre festen Brüste mit den rosigen Warzen und gibt Geräusche von sich, die tief aus der Kehle dringen. Bei weit geöffnetem Mund, halb Ächzen, halb Husten, hört es sich an wie das Keuchen einer brünstigen Löwin. »Du – Bastard – du – Bastard – du – Bastard –«, stöhnt sie. Jetzt ist mein Junge hart wie ein Fels, seine Eier sind straffe, zum Platzen pralle Pfirsiche. Selig wünsche ich mir, daß sie schließlich bersten.

Ich streiche mir das schweißnasse Haar aus den Augen

und schaue: Der Schwarze fettet jetzt seine linke Hand ein. Seine Rechte liegt noch immer auf Fredericas weichem, weißem Hintern. Mein Junge umfaßt mich noch heftiger und beißt in meinen Nacken. Der Schwarze erwidert meinen Blick mit kalter Verachtung. Während er seinen dunklen Schwanz wieder und wieder in Fredericas Hintern rammt, steckt er einige schwarze Finger in ihre Möse. Mein Junge sieht einmal hin, dann bricht es aus ihm heraus. »Ahhhhhhhhhhhh«, und er kommt, heiß und naß. Erschöpft fallen wir zusammen, und ein Strom von Samen läuft aus mir heraus ins Bett.

»Du *Bastard*«, röchelt Frederica. Sie genießt es. Ein Schwanz in ihrem Hintern und eine Hand in ihrer engen, kleinen Möse. Doch mit einem Ruck zieht der Schwarze sich aus ihr zurück. Frederica dreht sich langsam um und lehnt auf dem Rand der Badewanne; mit eisblauen Augen sieht sie ihm zu. Er fährt rasch, doch methodisch in seine Kleider und stapft mit einem Ausdruck kontrollierter Gewalttätigkeit zur Tür. Ein hingeworfenes »Verfickte weiße Nutte«, und weg ist er.

»Wahrhaftig«, kichert Frederica und massiert ihren feuchten Hintern. Sie wirft einen hungrigen, unternehmungslustigen Blick in unsere Richtung, doch vielleicht spürt sie, daß sie mir in diesem Augenblick in meinem Bett nicht willkommen wäre. Sie dehnt und räkelt sich ausgiebig, trollt sich dann zur Leiter und klettert in ihre behelfsmäßige Koje.

Der Junge ist jetzt irgendwie in Hochstimmung, doch ich habe keine Lust mehr, darauf einzugehen. »Du vögelst wirklich gut«, sagt er leise. Ich murmele etwas als Erwiderung. Er küßt mich höflich. Zum letztenmal fühle ich seine weiche Wange an meiner. »Gute Nacht, Rick«, flüstere ich im Einschlafen. Er lächelt. »Ich heiße Ron.«

Carol Conn

Ein ganz besonderer Tanz

Der schwere, süße Duft von Räucherstäbchen hüllt mich ein, als ich allein den Reggae-Club betrete. Die Musik hat schon begonnen; die Zuhörer wiegen sich auf ihren Stühlen zu dem hypnotischen Tempo. Ich schlendere herum, begrüße Freunde und Bekannte. Einer bietet mir Cola an, ein anderer gibt mir etwas Gras aus Jamaika.

Bald bin ich high, und die Musik trägt mich in eine andere Dimension. Der Reggae-Baß dringt in mein Nervensystem, jeder Schlag pulsiert tiefer und tiefer in meine Wirbelsäule hinein.

Ah, Entspannung. Der Körper lockert sich, während jedes Gelenk und jedes Glied sich löst. Arme fließen wie Tücher, die sich in sanfter Brise bewegen. Hüften winden sich und tanzen in langsamen Drehungen. Schultern wogen flüssig und geschmeidig wie Wellen auf dem Meer.

Der Geist wirft nach und nach alle Ängste, Sorgen und Kümmernisse ab. Verantwortung hört auf, wichtig zu sein. Mein ganzes Sein ist auf die Musik eingestimmt.

Ich bin jetzt auf der Tanzfläche, bewege mich mit der Menge. Meine Gedanken sind nicht bei den Lesbierinnen links von mir, den Rasta-Groupies vor mir, dem attraktiven schwarzen Paar rechts von mir. Ich bin völlig versunken in meine eigenen, freien Bewegungen. Direkte Kommunikation mit der Musik. Ekstatisches Gebet.

Die Menge ist gewachsen, die Luft dampft. Eine feine Schweißschicht bedeckt meinen Körper, von den Poren der Kopfhaut bis zu der Feuchtigkeit zwischen den Beinen. Der Rhythmus geht weiter, bringt mich tiefer in seine sinnliche

Entspannung. Die Tanzfläche ist so voll, daß Arme, Hüften und Hände weich gegen andere stoßen.

Hinter mir aber fühlt sich einer anders an. Ich kann nicht sagen, ob dieser Tänzer ein Mann oder eine Frau ist. Ich bin zu sehr in die Musik versunken, um mich umzudrehen. Gelegentlich streift ein Knie leicht meinen Po, eine Hand meine Hüfte. Trotz der hypnotischen Musik dringt dieser Tänzer in meinen Dämmerzustand ein. Ich bewege mich vorwärts, um ihm auszuweichen, aber die achtlosen Füße der Groupies vor mir treiben mich zurück.

Ich stolpere nach hinten, spüre eine harte Schwellung und weiß, daß es ein Mann ist. Ich wende mich leicht um, aber die Wellenbewegungen meiner Hüften reiben mich weiter gegen diese Erektion. Mein Körper beginnt nach diesem Kontakt zu verlangen, während mein Rücken, meine Hüften und mein Po sich mehr und mehr auf die Bewegungen des Fremden einstellen. Seine Hände lenken die Schwünge meiner Hüften; wir tanzen nahezu vollkommen synchron.

Jetzt läßt mein Herz jedesmal einen Schlag aus, wenn mein Po oder meine Hüften ihn berühren. Seine Hände bleiben auf meinen Hüften, ziehen mich nach und nach näher heran, bis ich fühle, daß seine Brust meine Schultern, seine Gürtelschnalle meine Wirbelsäule berührt. Die Musik hält mich hier fest. Ich gerate nicht in Panik, weil die Berührung, das Gefühl, ja sogar der Geruch dieses Fremden so vertraut sind.

Seine Hände streicheln meine Brüste, Brustwarzen richten sich unter Fingerspitzen auf. Plötzlich habe ich einen hellsichtigen Moment von Angst. Doch ich merke, daß alle ganz in die Musik vertieft sind und ihre Umgebung nicht wahrnehmen.

Der Fremde lullt mich wieder ein, zieht mich zurück in seine Sphäre. Ich verlange nach seiner sanften Stärke. Seine

Arme umfangen mich, und wir wiegen uns zur Musik wie ein einziger Mensch. Meine Hüften reagieren automatisch, erwidern seinen Druck. Weiter, weiter.

Irgendwie hat sich seine Hand verstohlen unter die losen Falten meines schwarzen Rocks geschoben. Mühelos zieht er meinen Slip herunter. Seine Finger beginnen im Takt der Musik mit einer langsamen Massage. Jeden Ton des mächtigen Basses begleitet er mit einem tiefen Stoß. Meine einzige Angst ist jetzt, daß die Musik vor mir den Höhepunkt erreicht. Die Spannung wächst und wächst. Die Musik ist endlos.

Ich zittere, atemlos und heiß.

Instinktiv drücke ich den Po nach hinten und reibe ihn an seinem Penis. Er erregt mich, bis ich stöhne. Die Spannung ist zu viel für mich. Ich wende leicht den Kopf, kann im Dämmerlicht aber nur einen graumelierten Bart sehen.

Es spielt keine Rolle. Ich weiß jetzt, wer er ist.

Er nimmt seine Finger nicht von meiner pochenden Klitoris, macht mich atemlos, läßt mich keuchen. Ein kaltes Feuer breitet sich aus, hält mich endlos am Rand eines Abhangs. In einem explosiven Höhepunkt löse ich mich auf; sein Körper pulsiert im Gleichklang dazu.

Meine Knie werden schwach. Er fängt mich auf, als ich im Begriff bin zu fallen, hält mich fest, bis ich mein Gleichgewicht wiederfinden kann.

Die Musik hört auf, und die Menge wird wild. Schlaff klatsche ich in die Hände und drehe mich um, um diesen freundlichen Partner zu küssen. Geringer Dank für einen so denkwürdigen Tanz.

Autoren-Biographien

Lonnie Barbach ist sowohl als praktizierende Psychologin wie auch als Autorin international bekannt. Neben Beiträgen in Fachzeitschriften und Lehrbüchern erscheinen von ihr auch populärwissenschaftliche Arbeiten in Magazinen und Frauenzeitschriften. Von den Büchern, für die sie als Autorin oder Herausgeberin zeichnet, sind in deutscher Sprache erschienen: »For Yourself. Die Erfüllung weiblicher Sexualität«, Berlin 1977; »Der einzige Weg, Oliven zu essen«, Berlin 1984.

Susan Block ist Sachbuchautorin, freie Mitarbeiterin bei Zeitschriften, schreibt aber auch Lyrik, Theaterstücke, Drehbücher und tritt als Schauspielerin in einer selbstgeschriebenen und selbstproduzierten Ein-Frau-Show auf.

Carol Conn gehörte dem Feuilletonstab der »Washington Post« an. Sie schrieb über Wirtschaft, Politik und Kunst und bearbeitete mehrere Sachbücher. Als freie Schriftstellerin arbeitet sie jetzt an Fernsehserien und veröffentlichte zahlreiche Kurzgeschichten und Gedichte.

Mary Beth Crain schreibt für zahlreiche Zeitungen, redigiert und gibt Bücher heraus und arbeitet ihre Kurzgeschichte »Picasso« zu einem satirisch-erotischen Roman aus.

Susan Griffin veröffentlichte mehrere Sachbücher und gewann für ein Theaterstück den begehrten »Emmy«-Preis. Sie arbeitet als freie Schriftstellerin.

Signe Hammer hat bereits drei Bücher veröffentlicht: »Väter und Töchter im heutigen Amerika«, »Töchter und Mütter, Mütter und Töchter« und »Frauen: Körper und Kultur«. Ihre Artikel erscheinen in bekannten Zeitschriften, sie hat auch Gedichte veröffentlicht und lehrt außerdem an der Universität New York.

Valerie Kelly verfaßt Texte für Werbefirmen, arbeitet als Journalistin und Redakteurin für Zeitschriften und schreibt an ihrem vierten Roman. Sie lebt als alleinstehende Mutter mit ihrem Sohn.

Sharon Mayes ist Psychotherapeutin, Lehrerin und Schriftstellerin. Neben ihren Lehraufträgen veröffentlichte sie zahlreiche Arbeiten in Fachzeitschriften und schreibt Romane und Lyrik.

Suzanne Miller hat eine Praxis für Transformationsanalyse. Sie veröffentlichte zwei Lyrikbände, schrieb ein Theaterstück und einen Roman.

Lynn Scott Myers ist Künstlerin, spielt Cello und besitzt eine Kunstgalerie. Sie schrieb einen Roman über Ästhetik und Gesundheit.

Brooke Newman hat drei Kinder, war Verlagslektorin, arbeitete bei Filmproduktionen mit, schreibt für Zeitschriften und bringt Sachbücher und Romane heraus.

Jacquie Robb lebt mit ihrem Freund und drei Katzen in Nordkalifornien, schreibt gelegentlich Kurzgeschichten, arbeitet an einem Roman und jobbt dazwischen, um den Lebensunterhalt zu verdienen.

Dorothy Schuler arbeitet als Verlagslektorin, Buchkritikerin, Redakteurin, Ghostwriter und erwarb sich in fünfzehn Jahren Verlags- und Zeitschriftenarbeit große literarische Erfahrung.

Beth Tashery Shannon schreibt experimentelle Literatur und hat gerade ihren ersten erotischen Roman fertiggestellt.

Helen A. Thomas verfaßt seit Jahren Kommentare, technische Texte und arbeitet an einem Roman über das Leben einer alleinstehenden Frau in Beverly Hills.

Grace Zabriskie, erfolgreiche Schauspielerin, bekannt durch Film, Bühne und Fernsehen, schreibt Gedichte, Stücke, ist verheiratet und schreinert in ihrer Freizeit.